U0573971

安全无小事
——园长安全管理能力的提升

苏 婧 丛书主编

申桂红 本书主编

北京师范大学出版集团
BEIJING NORMAL UNIVERSITY PUBLISHING GROUP
北京师范大学出版社

图书在版编目(CIP)数据

安全无小事：园长安全管理能力的提升/申桂红主编. —北京：北京师范大学出版社，2017.4(2023.5 重印)
(幼儿园园长专业能力提升丛书/苏婧主编)
ISBN 978-7-303-22276-6

Ⅰ．①安… Ⅱ．①申… Ⅲ．①幼儿园—安全管理 Ⅳ．①G617

中国版本图书馆 CIP 数据核字(2017)第 068189 号

图书意见反馈　gaozhifk@bnupg.com　010-58805079
营销中心电话　010-58802181　58805532

出版发行：北京师范大学出版社　www.bnup.com
　　　　　北京市西城区新街口外大街 12-3 号
　　　　　邮政编码：100088
印　　刷：三河市兴达印务有限公司
经　　销：全国新华书店
开　　本：787 mm×1092 mm　1/16
印　　张：14.75
字　　数：260 千字
版　　次：2017 年 4 月第 1 版
印　　次：2023 年 5 月第 6 次印刷
定　　价：39.00 元

策划编辑：罗佩珍　　　责任编辑：齐　琳　康　悦
美术编辑：焦　丽　　　装帧设计：锋尚设计
责任校对：陈　民　　　责任印制：马　洁
封面插图：米渼妍(北京市西城区槐柏幼儿园，4 岁)
指导教师：张　伟

版权所有　侵权必究
反盗版、侵权举报电话：010-58800697
北京读者服务部电话：010-58808104
外埠邮购电话：010-58808083
本书如有印装质量问题，请与印制管理部联系调换。
印制管理部电话：010-58805079

丛书编委会

主　编：苏　婧

副主编：吕国瑶　张伟利　田彭彭

编　委：（按姓氏拼音排序）

曹慧弟　陈　立　成　勇　范建华

李　奕　刘峰峰　刘淑新　刘晓颖

柳　茹　申桂红　王　岚　王艳云

杨　颖　于渊莘　张爱军　朱继文

朱小娟　邹　平

本书编委会

主　编：申桂红
撰　稿：申桂红　李　奕　张　伟　羡建新

　　这几年在和园长交流和接触的过程中，他们经常谈到的一个话题就是，现在当一个园长太不容易了，甚至怀疑自己是不是能力不行，胜任不了园长这个岗位。当然，这并不代表现在我们园长的能力下降了，有这种感觉恰恰说明他们已经在思考：新的社会和时代背景下，怎样才能当好一个园长？随着国家教育改革的不断深化，学前教育也越来越受到重视，迎来越来越多的发展良机，当然也面临着越来越多的挑战。一方面，在市场经济条件下，如何使自己的幼儿园办出特色、树立品牌，从而能够在竞争激烈、百花争放的大环境中站稳脚跟，长远发展，是所有园长必须考虑的现实课题；另一方面，在校长专业化的大背景下，园长专业化的呼声已初见端倪，公众对幼儿园园长的要求越来越高，怎样通过提升自身素养，进而提升幼儿园管理品质，推动幼儿园质量的全面提升，并最终促进幼儿的全面和谐发展，也是园长们不可回避的现实问题。所以，作为幼儿园的管理者、第一责任人，园长在幼儿园的改革和发展中，发挥着举足轻重的作用，不能觉得自己"业务"强就可以应对幼儿园发展过程中的所有问题，新的形势要求园长必须全面提升综合素养。

　　北京作为经济、文化、科技创新迅速发展的现代化都市，其幼教事业也发生着日新月异的变化。作为首都幼教改革的"火车头"，幼儿园园长们的专业水平决定着这列火车跑得有多快、跑的方向对不对。能不能在新的发展机遇中准确把握国家政策文件精神，做好幼儿园的整体规划？能不能在更为重视公共关系的社会背景下，协调各种关系，服务于幼儿园的对外宣传和品牌建设工作？能不能在家长整体素质提升、需求多样化的要求下，探索新的家长工作思路和方法？能不能结合幼儿园实际工作中遇到的困境，拓展资源渠道，运用科学思维研究出带有规律性的成果，提升幼儿园的整体科研水平？能不能在新教师成为保教工作主力的现实中寻求突破口，探索教师队伍建设的新模式，确保幼儿园保教质量的稳步甚至快速提升？能不能在国家日益重视幼儿身心健康发展的整体趋势下，切实做好幼儿卫生保健和安全管理工作……新的问题不断涌现，我们必须认真想一想：这些我们曾经思考过也取得了大量成果的工作，是否真正摸索到了规律？可以从中借鉴什么？如何在《幼儿园园长专业标准》的要求下真正发挥引领作用？这都是我们要继续深入研究的。

在这个机遇与挑战并存的时代，作为主管全园工作的领导者，园长肩负的责任、使命可谓任重道远。一个人成长为园长是不容易的，从初任园长到一名优秀园长短则需要三五年时间，长则需要六七年甚至更长时间。传统的师傅带徒弟式的传帮带方法仍不失为一种不错的方法，但在今天这样一个讲求成本和效率的时代，我们完全可以通过更加科学有效的方法，更快更好地促进园长的专业化成长，提升其领导力。因此，对幼儿园园长的领导行为、专业素养、专业能力进行研究，既是一个在幼教改革中必须面对的现实课题，具有重要的现实指导意义，也是一个事关幼教可持续发展的长远问题，具有深远的历史意义。

现代社会具有复杂性、多变性、随机性和竞争性，发展节奏快，新知识、新科学、新技术不断涌现。幼儿园并不与世隔绝，同样处于多变的社会之中，幼儿园的发展也要适应全面改革和社会发展的需要。所以，现代的幼儿园园长除了要拥有热爱幼教事业的情怀外，还需要有终身学习的意识，要在实际工作中通过不断学习、思考、再学习、再思考，掌握解决、处理各项园所事务的能力。

北京教育科学研究院早期教育研究所苏婧所长和她所带领的北京市学前教育兼职教研员队伍"园长管理组"成员，从 2013 年起致力于幼儿园园长专业素养、专业能力的研究。团队成员都是来自北京市各区县的教研员和名园长，在园长管理工作模式和专业发展等方面都很有心得，具有丰富的实践经验。这个团队在深入研究的基础上奉献给大家的这套《幼儿园园长专业能力提升丛书》，以扎实的理论知识结构为基础，以多年认真积累的实践研究为依据，总结提炼出 12 项园长胜任本职工作应具备的专业能力。书中对每一项专业能力的概念、基本原则、方法和途径等都进行了详细的论述，同时又通过大量的图示和鲜活的实例，让所述的内容变得生动活泼，便于理解和操作。对于幼儿园管理者来说，这 12 项专业能力既是要求，也是目标。他山之石，可以攻玉。虽然别人的经验并不能完全解决我们现实中遇到的问题，但是，借鉴别的园所好的经验，一定会有助于我们幼儿园园长的成长，帮助我们明确一个合格园长需要具备的基本能力和素质要求。同时，也会对我们科学系统地规划自己的园长职业生涯提供必要的指导，帮助我们成为全面而又专业的幼儿园管理者。此外，这套丛书也有助于我们澄清工作中一些认识不清的问题，提升我们的专业理论水平。

这套丛书是幼教工作者在幼儿园园长专业发展方面持续探索过程中的阶段性成果，它不仅给我们提供了借鉴，也为我们指引了方向。我相信，今后一定会有大量关于幼儿园园长专业发展的研究成果出现，这将对我们首都学前教育，甚至全国学前教育的发展产生积极的影响和促进作用。

北京市教育委员会学前教育处处长　张小红

2017 年 2 月

园长专业素养的研究框架、实施途径和策略

学前教育是终身教育的开端，是基础教育的基础，是国民教育体系的重要组成部分。办好学前教育，关系到亿万儿童的健康成长和千家万户的切身利益，关系到国家和民族的未来。

教育部颁发的第二个学前教育三年行动计划提出的重点任务是扩大总量、调整结构、健全机制、提升质量，而"提高幼儿园教职工的专业素质和实践能力，进一步规范办园行为，深入贯彻落实《3—6岁儿童学习与发展指南》，促进幼儿身心健康和谐成长"是其中的重要内容。"提升学前教育质量，是当前和今后学前教育必须努力的方向，对质量的追求是学前教育工作者必须不断付出努力的工作。"幼儿园园长作为幼儿园的第一责任人，其素质直接关系到幼儿园的发展及幼儿教育的质量。学前教育的内涵发展急需具有专业水准的园长队伍的支撑和保障。但是，由于历史原因，我们的园长职业资格准入要求不高，多由一线幼儿教师升任或由上级行政部门直接派遣，加之近几年扩大办园规模涌现了不少新任园长，缺乏全面、系统的专业培训，致使很多园长的实际能力和素质与园长管理工作的要求还存在一定差距，这在一定程度上限制了园长的专业发展，也影响到了幼儿园的科学、优质发展。

专业能力是园长专业化发展在教育实践中的集中体现，是保障其完成职业要求和工作职责的必要条件。园长的专业能力不同于中小学校长，因为中小学是以学科教学为核心的能力结构，而幼儿园必须凸显幼儿园保教结合、以游戏为基本活动的特点，以及环境、生活对幼儿发展的重要价值和独特作用。因此，幼儿园园长的专业能力结构是全方位的、多方面的，具有综合性特点。从新颁布的《幼儿园园长专业标准》看，幼儿园园长被定义为履行幼儿园领导和管理工作的"专业"人员。园长的专业发展水平直接影响到幼儿园的发展方向，直接影响到幼儿园教师的专业发展，直接影响到一个幼儿园的教育教学质量，并最终影响到幼儿的发展。

基于园长职业的特殊性和重要性，我们将研究的视角聚焦于此，拟基于幼儿

园管理实践现场，梳理幼儿园园长的专业素养结构和能力要求，提供有针对性的培养策略与支持途径，从而助力于高质量、专业化和可持续发展的学前教育实践管理者队伍的建设。在分析国内外文献的基础上，我们参考教育部颁布的《义务教育学校校长专业标准》《幼儿园教师专业标准(试行)》和《幼儿园园长专业标准》，从横向和纵向两个角度来构建幼儿园园长专业素养结构(见表1)。从横向来看，我们认为幼儿园园长专业素养结构包括四个方面，分别为研究维度、研究领域、每个领域所包含的支撑要素以及针对支撑要素所细化出的基本指标。从纵向来看，我们认为园长的专业发展是一个动态的过程，不同的园长有着不同的专业发展历程，这是一个不断变化着的、开放的系统，受到多种因素综合作用的影响和制约。园长专业素养是指园长为实现其园所管理目标、承担其园长角色时，在专业精神、专业知识和专业能力三个维度所需具备的素质及要求。其中，专业精神和专业知识都是相对固定的，是经过系统的培训和学习就能够基本具备的，是一种偏静态的素养构成。而专业能力则是灵活和可变的，而且具有鲜明的个性特色，是专业精神、知识以及指导下的行为三者的结合，是真正决定园长素养高低的关键要素。因此，我们将研究重点定位在园长的"专业能力"上，并将其分为"本体性能力"和"延展性能力"两方面。其中，"本体性能力"是指园长在胜任其岗位职责时所应具备的基本能力，而"延展性能力"则是对园长在专业发展的道路上提出的目标和努力方向。我们梳理出园长的专业精神、专业知识以及各项专业能力所涉及的"领域""要素""基本指标"，并进一步针对"本体性能力"整理归纳出更为清晰的、操作性强的培养策略与途径。这样，不仅能将动态和静态两方面因素有机结合起来，而且也能更加深入地把握园长专业素养的本质。

表 1 幼儿园园长专业素养结构

维度	领域	要素	基本指标
专业精神	专业理念	儿童观	对儿童发展整体性的理解与认识
			对儿童发展阶段性的理解与认识
			对儿童发展差异性的理解与认识
		教育观	对于教育本质的理解与认识
			对于教育目的的理解与认识
			对于教育方式、方法的把握
		职业观	对幼儿教育工作的态度与看法
			对于园长角色、职责的理解与认识
			对园长职业的规划

续表1

维度	领域	要素	基本指标
专业精神	专业品质	个性品质	具有主动、积极的品质
			具有诚信、公平、敢于担当的品质
			具有终身学习的意识
		职业道德	奉献精神
			爱岗敬业
			服务意识
专业知识	通识性知识	哲学基本知识	运用辩证唯物主义的观点看待问题
			系统性思维
		管理学基本知识	科学管理理论
			过程管理理论
			系统管理理论
			决策管理理论
		社会学基本知识	组织文化理论
			组织行为学理论
		法律法规基本知识	宪法相关知识
			民法相关知识
			经济法相关知识
			教育法相关知识
		财务基本知识	经费预算知识
			经费管理知识
		信息技术基础知识	有关教育技术发展趋势的知识
			教育技术的基本概念、基本理论知识
			教育技术与课程、教学开发相结合的知识

续表2

维度	领域	要素	基本指标
专业知识	专业性知识	教育学基本知识	课程、教学知识
			教育科研方法知识
		心理学基本知识	普通心理学知识
			发展心理学知识
		学前教育基本知识	学前儿童心理学知识
			学前教育学知识
			学前儿童卫生保健知识
			幼儿园课程知识
			幼儿教育科研方法知识
		幼儿园管理基本知识	幼儿园行政管理知识
			幼儿园保教管理知识
			幼儿园科研管理知识
			幼儿园总务管理知识
			家长工作知识
			教职工队伍建设知识
			文化建设知识
	实践性知识	园所文化建设知识	幼儿园文化特征的知识
			幼儿园文化创建的知识
		教育教学指导与评价相关知识	促进幼儿发展的知识
			促进教师专业发展的知识
		应激性知识	处理突发事件的知识
			危机管理知识
专业能力	本体性能力	政策把握与执行能力	掌握学前教育相关政策、法律法规
			了解学前教育发展趋势与改革动态
		园所规划、计划能力	了解、诊断幼儿园发展现状
			明确发展愿景、目标
			突出发展规划、计划重点
			保障发展规划实施

续表 3

维度	领域	要素	基本指标
专业能力	本体性能力	园所文化建设能力	建设园所精神文化
			建设园所物质文化
			建设园所制度文化
			建设园所行为文化
		保教工作指导能力	指导保教工作计划的制订
			指导保教工作的组织与实施
			对保教工作进行评价与反馈
		卫生保健工作指导能力	指导卫生保健工作计划的制订
			指导卫生保健工作的组织与实施
			对卫生保健工作进行评价与反馈
		课程领导能力	具有关于幼儿园课程及课程领导力的知识
			具有课程改革与实践的专业精神
			选择与规划幼儿园课程
			开发与建设幼儿园课程
			推动幼儿园课程实施
			组织和开展幼儿园课程评价
		教科研管理能力	发现、筛选研究问题，把握研究方向
			做好课题研究的过程管理
			总结、固化、推广教科研成果
		队伍建设能力	选拔、聘用教职工
			规划教职工队伍建设
			提升教职工队伍素质
			稳定教职工队伍
		指导家长工作能力	指导教师树立正确的家长工作观念，学习家长工作的基本方法
			关注教师与家长沟通能力的提升
			指导教师整合家长资源
		公共关系协调能力	与相关部门沟通、协调
			整合、利用资源
		安全管理能力	组织安全工作
			预见安全隐患并提前预防
			应对和妥善处理幼儿园突发事件
			指导开展幼儿园安全教育
			管理幼儿园信息安全

续表4

维度	领域	要素	基本指标
专业能力	本体性能力	后勤管理能力	指导后勤工作计划的制订
			指导后勤工作的组织与实施
			对后勤工作进行评价与反馈
	延展性能力	学习能力	信息的捕捉能力
			信息的筛选能力
			信息的加工、利用能力
		反思能力	自我监控能力
			自我评价能力
			自我调控能力
		创新能力	把握前沿能力
			批判思考能力

　　相对应提炼出的12项幼儿园园长应具备的本体性能力，我们又逐一细化出"基本指标"及"培养策略与途径"（见表2），在明确园长专业角色的基础上，进一步对园长的工作内容进行分析，同时为园长专业能力的自我提升提供抓手。

表2　幼儿园园长专业能力(本体性能力)的培养策略与途径

专业能力（本体性能力）	基本指标	培养策略与途径
一、政策把握与执行能力	1. 掌握学前教育相关政策、法律法规	(1)熟悉幼儿园政策、法律法规的基本体系，包括： ·国家层面的法律法规； ·国家部委颁布的条例、法规； ·地方政府、教育行政部门颁布的地方性幼儿教育法规。 (2)依法治园，包括： ·开展幼儿园相关政策、法律法规的宣传教育； ·营造依法治园的环境； ·加强制度建设，对幼儿园依法管理。 (3)维护幼儿园的合法权益，承担法律责任。
	2. 了解学前教育发展趋势与改革动态	(1)成为办园思想的领导者。 ·躬身实践，学会在实践中深入思考教育问题，让管理生"根"； ·不断学习，善于与自己、同伴对话。 (2)具有敏锐的教育洞察力。 ·广泛涉猎，扩宽自身的教育视野； ·善于发现问题，积极开展行动研究。

续表1

专业能力 （本体性能力）	基本指标	培养策略与途径
二、园所规划 与计划能力	1. 了解、诊断幼儿园发展现状	把握幼儿园发展现状，分析幼儿园发展面临的问题和挑战，形成幼儿园发展思路。
	2. 明确发展愿景、目标	树立正确的办园思想，把握办园方向。 ·坚持贯彻落实党和国家的教育方针，有正确的办园指导思想，能够带领教职工认真学习有关幼教工作的行政法规和规章，并努力付诸实施； ·及时纠正重教轻保、重智轻德、保教分离等违背教育规律、偏离教育目标的倾向，牢牢把握正确的办园方向。
	3. 突出发展规划、计划重点	充分听取园务会议和教职工的意见，组织专家、家长、社区人士等多方力量参与制订幼儿园发展规划，正确决策，科学制订本园工作计划。
	4. 保障发展规划实施	(1)依据发展规划指导教职工制订并落实学年、学期工作计划，提供人、财、物等条件支持。 (2)对计划的实施过程加强检查督促，及时发现和处理问题。 (3)善于总结经验教训，将有成效的措施与做法逐步标准化、规范化，充分发挥集体的智慧和力量，完成工作计划，实现教育目标，提高管理水平。
三、园所文化建设能力	1. 建设园所精神文化	(1)重视幼儿园精神文化建设，关注精神文化潜移默化的教育功能，提升对幼儿园的专业理解与认知。 (2)宣传幼儿园文化建设的基本理论，利用多种渠道，开展丰富多彩的活动，营造专业、科学、和谐的氛围。 (3)加强教师专业知识与方法的学习，引导教师丰富人文、自然知识，提升个人综合素养。
	2. 建设园所物质文化	(1)将安全放在首位，确保场地、玩教具等的安全，积极排查和消除环境中可能存在的不安全因素。 (2)整体设计，合理规划，满足幼儿、教职工的不同需求，营造和谐、统一的环境。 (3)因地制宜，从园所实际出发，整合家长、社区等多方资源。 (4)注重发挥环境的育人功能，重视物质环境创设中幼儿的参与及环境与幼儿的互动。

续表2

专业能力 （本体性能力）	基本指标	培养策略与途径
三、园所文化建设能力	3. 建设园所制度文化	(1)召开党支部会、园务会、全体教职工大会等，帮助教职工明确制度建设的重要意义。 (2)发动全体教职工参与讨论，在统一认识的基础上制订合适的制度。 (3)建立健全各项规章制度。 (4)强化日常的过程考核，将考核结果与年终考核、调资、职评等挂钩。
	4. 建设园所行为文化	**幼儿园交往行动文化之——教师间交往** (1)和谐相处原则。要做到鼓励教师之间欣赏优点，包容缺点；真诚交流，建立信任关系。 (2)合作分享原则。要做到增加教师交流机会；慎用评比，不用一把尺子衡量。 **幼儿园交往行动文化之——师幼交往** (1)尊重幼儿原则。要做到接纳幼儿的年龄特点；鼓励幼儿大胆尝试；重视幼儿教师的情绪管理。 (2)关注幼儿个体差异原则。要做到接纳幼儿的不同个性特征；鼓励幼儿表达不同观点；敏锐发现幼儿的不同需求与变化。 **幼儿园交往行动文化之——家园交往** (1)平等相处原则。要做到鼓励换位思考，互相理解；满足不同家长的需求；谨慎谈论幼儿的不足。 (2)互动合作原则。要做到培养教师的积极态度；目标一致，合力合作；加强教师的沟通技能。 (3)深入交往原则。要做到增加交往的频率；丰富交往的形式。 **幼儿教师学习行为文化** (1)关注教师学习整体性原则。要做到提供充足有用的学习资源；园长与教师有效沟通，做到期待与理解一致；以多元化路径激发教师主动发展。 (2)尊重教师学习个体差异性原则。要做到倾听并了解教师的学习需要；提供差异化学习培训。 (3)重视教师反思能力原则。要做到鼓励参与式学习、探究式学习和反思训练；给予教师反思的时间。 (4)重视团队合作原则。要做到营造宽松的团队学习氛围；组织多元化的团体学习。 (5)支持教师自主学习原则。要做到给予教师可自由支配的时间；以教师为主导，改变单向的学习模式。

续表3

专业能力 （本体性能力）	基本指标	培养策略与途径
四、保教工作指导能力	1. 指导保教工作计划的制订	(1)看计划，想实践。结合园长进班看实践获得的第一手材料、信息，审视保教计划的适宜性和可行性。 (2)听思路，细沟通。倾听业务管理者的想法和思路，通过研讨的方式共同制订工作计划。
	2. 指导保教工作的组织与实施	(1)随机和定时进班相结合。 (2)共同经历实践，研讨分析问题，寻找解决办法。 (3)注重个别沟通技巧，树立园长威信。
	3. 对保教工作进行评价与反馈	(1)通过自下而上和自上而下双向结合的方式研究、制定评价标准，开展教育教学工作评价、幼儿发展水平评价。 (2)确保评价过程的公开公正。 (3)对评价结果进行反思与反馈。 •了解、分析和反思评价结果，予以奖励或查找问题原因，并改进、完善工作计划； •针对问题与教师或班级进行个别反馈沟通，引导教师调整改进。
五、卫生保健工作管理能力	1. 指导卫生保健工作计划的制订	(1)加强领导，有序安排。 •成立幼儿园卫生保健工作领导小组； •制定园所卫生保健检查标准； •依据标准定期对卫生保健工作进行检查； •了解当前卫生保健情况，依据所发现的问题制订相应计划并有针对性地予以指导。 (2)明确任务，制订目标。 •加强卫生保健人员的思想意识和学习，定期组织培训； •针对上学期出现的问题以及可预知的问题，明确本学期的工作任务，根据任务制定本学期要完成的目标。 (3)突出重点，要求明确。 •制订具体可行的措施，明确规定各项工作的内容及质量要求。
	2. 指导卫生保健工作的组织与实施	(1)明确卫生保健工作的任务与内容。 (2)加强卫生保健机构和设施建设。 •配备专职保健人员，设保健室； •重视卫生保健设施的配制，从行政上和经济上给予保障。 (3)完善卫生保健工作制度建设。 (4)加强卫生保健队伍业务能力建设。 (5)形成卫生保健工作程序。 (6)加强部门沟通与协作。 •成立相应的协作组织(如膳食管理委员会、卫生检查小组、安全保卫小组等)，来完成各项卫生保健工作。 (7)建立家园联系，共促幼儿健康成长。

续表4

专业能力 （本体性能力）	基本指标	培养策略与途径
五、卫生保健工作管理能力	3. 对卫生保健工作进行评价与反馈	(1)完善检查与评价标准。 (2)多种评价方式相结合。 · 定期评价与不定期评价相结合； · 单项评价与综合评价相结合； · 阶段性评价与结果性评价相结合。 (3)建立科学的评价机制。 · 建立专门的考评小组； · 加强日常考评； · 完善考评程序。 (4)建立有效的反馈机制，及时反馈。 · 考核评价结果要及时公示； · 考核评价结果要正确反馈； · 考核评价结果要充分利用。
六、课程领导能力	1. 具备关于幼儿园课程及课程领导力的知识	(1)了解和反思课程领导和园长课程领导的概念、特征、构成要素、现实迫切性等。 (2)了解和反思幼儿园课程的概念、构成要素和我国幼儿园课程的历史发展等。 (3)结合实践进行反思和总结。
	2. 具备课程改革与实践的专业精神	(1)提升勇于课程改革和实践的自觉意识(专业自信、专业坚守、专业追求)。 (2)提升领导课程改革和实践的自主实践能力(研究幼儿、研究幼儿园课程、研究幼儿园文化)。 (3)促进自身在引领课程改革和实践的过程中不断自我超越(自我培训、专题培训)。 (4)不断反思，明晰课程的价值取向(把握关键要素，掌握方法策略)。
	3. 选择与规划幼儿园课程	(1)掌握课程选择与规划的原则，基于本园特点选择与规划课程。 (2)"博览"多家课程、多种课程表现形式。 (3)对比分析和深入分析，准确判断本园课程的现状和发展目标。 (4)在讨论和实践的过程中摸索、制订幼儿园课程规划，并着力实施规划。

续表 5

专业能力 （本体性能力）	基本指标	培养策略与途径
六、课程领导能力	4. 开发与建设幼儿园课程	(1)深入认识和理解课程开发与建设的含义，尤其是理解园本课程的含义。 (2)认识和了解园本课程开发与建设的背景和条件。 (3)掌握园本课程开发与建设的原则、方法与策略。
	5. 推动幼儿园课程实施	(1)构建推动课程实施的领导体系。 (2)推动和保障课程实施的管理制度建设。 (3)遵循推动课程实施的原则（课程领导是核心，发挥教职工的主动性，系统推进，共同愿景）。 (4)在参与和指导课程实践中推动课程实施。
	6. 组织和开展幼儿园课程评价	(1)深刻认识幼儿园课程评价的重要意义。 (2)了解和掌握幼儿园课程评价的功能、对象与类型。 (3)遵循幼儿园课程评价的原则（功能多样性，评价主体多样性，诊断和改进性）。 (4)掌握幼儿园课程评价的组织方法与策略。
七、教科研管理能力	1. 发现、筛选研究问题，把握研究方向	(1)双向互动，聚焦关键问题。 • 园长从自身经验、入班观察记录、家长问卷、教师访谈和上级文件精神等出发，结合园所发展现状，初步确定可作为教科研专题的内容； • 教师聚焦本班幼儿发展、家长工作、教育教学、班级管理等方面存在的突出问题，通过教研组等向园长反映。 (2)借助外力，为我所用。 • 积极与园外科研机构、高校、研修部门及各级主管部门沟通，共同分析并明确幼儿园的教科研思路和基本方向，保证教科研思路的科学性和研究的可行性，提升教科研方向的引领性。 (3)客观分析，准确定位教科研方向。
	2. 做好课题研究的过程管理	(1)园长亲自参与研究，把握教科研过程。 (2)定期了解、检查各项教科研工作的开展情况，做好阶段总结。 (3)合理配置资源，人尽其才，物尽其用。
	3. 总结、固化、推广教科研成果	(1)定期对教科研成果进行总结和梳理，进行阶段性总结。 (2)通过专业期刊发表教科研成果，扩大影响效果和范围。 (3)通过观摩展示的方式，分享和交流经验，进而提高教师的教科研能力。

续表6

专业能力 （本体性能力）	基本指标	培养策略与途径
八、队伍建设能力	1. 选拔、聘用教职工	(1)明确实施原则： • 理念层面：以德为先； • 专业层面：结构合理； • 方法层面：秉持原则； • 全局层面：可持续发展。 (2)选拔与聘用教师的实施途径与方法： • 要关注教师所实习的幼儿园的评价； • 要关注教师对面试问题的回答； • 需要借助一定的工具，有针对性地了解教师； • 保持开放的心态； • 与高校合作培养、选拔； • 要关注园所的可持续发展和人的可持续发展； • 要关注教师成长的关键期； • 要关注教师队伍中的特殊群体。
	2. 规划教职工队伍建设	(1)明确实施原则：先进性、前瞻性、计划性、独特性。 (2)教师队伍规划的实施途径与方法： • 进行教师队伍现状分析； • 明确教师队伍规划的理念与目标； • 明确教师队伍规划的具体思路与措施：自上而下型；自下而上型。
	3. 提升教职工队伍素质	(1)明确实施原则：师德为先、以人为本、质量为先。 (2)提升教师队伍质量的实施途径与方法： • 重视师德建设，提高教师道德素质； • 完善培训机制，有效支持教师专业发展； • 完善教师管理机制，调动教师工作积极性； • 促进教师专业化发展，提升教师队伍质量。
	4. 稳定教职工队伍	(1)明确实施原则：自主原则、幸福原则、服务原则、发展原则。 (2)稳定教师队伍的实施途径与方法： • 环境育人，文化聚人； • 双激励，满足教师需要； • 成就自我，享受幸福； • 心有所属，体验归属感。

专业能力（本体性能力）	基本指标	培养策略与途径
九、指导家长工作能力	1. 指导教师树立正确的家长工作观念，学习家长工作的基本方法	(1)引导教师树立家园共育的意识，明确家园合作的重要性。 (2)引导教师树立正确的家长观，明晰家长的角色定位，对不同类型家长进行分析，采取有针对性的工作方法。 (3)建立有效的家长工作制度和流程，比如，形成家园联系的"三会"模板： ·新教师家长工作的难题分享会； ·经验型教师家长工作的创意会； ·骨干教师家长工作的微课展示会。 (4)引导教师逐步掌握家园形成合力四部曲： ·"拽"出来的前奏； ·"顺"出来的精彩； ·"引"出来的高潮； ·"牵"出来的完美。 (5)指导教师学习、掌握家长工作的基本方法： ·讲课式指导和活动式指导相结合，以活动式指导为主，增强家长的主动性、参与性； ·选择家庭中教子有方的家长组成骨干队伍，促进指导活动的互补性； ·随机指导、个别指导和集体指导有机结合，提高指导活动的针对性。
	2. 关注教师与家长沟通能力的提升	(1)提升教师的沟通意识，通过案例分析、问题解答等引导其学习家园沟通的艺术，丰富其家园沟通的策略与方法。 (2)搭建现代化的家园沟通平台（如 APP、微信公众号），增强家园沟通的便捷性、实效性、情感性。 (3)开展多种形式的家园沟通： ·随机面谈，彰显师者的智慧； ·集体沟通，亮出专业的水准； ·电话沟通，提纲挈领先梳理； ·书面沟通，传递浓浓的关爱； ·网络沟通，拉近心与心的距离； ·短信沟通，换位思考的理解； ·环境沟通，潜移默化的表达； ·家访沟通，倾听家庭的故事。

专业能力 （本体性能力）	基本指标	培养策略与途径
九、指导家长工作能力	3.指导教师整合家长资源	(1)明确利用家长资源的原则： ·机会均等原则； ·双主体原则； ·幼儿为本原则； ·家园双促进原则。 (2)发挥家长的主观能动性，以多样化的形式、灵活多变的方法引领家长参与到教育中： ·家长委员会——人尽其才，资源互补； ·家长志愿者——凝心聚力，牵手前行。
十、公共关系协调能力	1.与相关部门沟通、协调	(1)谦虚谨慎，好学多问。 ·要不断学习，掌握较为广博的知识，吸收各方面的信息。 (2)主动应对，用足政策。 ·注重采取多种形式与公众交往，并在交往中促进了解，沟通感情，促进发展； ·要主动、积极地宣传国家相关的法律法规和本园的办园理念、成果，争取各级领导、相关部门的重视和支持。 (3)长期规划，适度宣传。 ·建立幼儿园对外合作与交流机制，开放办园，形成幼儿园与家庭、社会（社区）及其他园所间的良性互动； ·加强幼儿园与社会（社区）的联系，利用文化、交通、消防等部门的社会教育资源，丰富幼儿园的教育活动； ·引导家长委员会及社会有关人士参与幼儿园教育、管理工作，吸纳合理建议。
	2.整合、利用资源	(1)在观念上，树立任何资源都是可用的现代管理理念。 (2)在眼界上，要具有开阔的视野和独到的眼光。
十一、安全管理能力	1.组织安全工作	全面了解幼儿园安全管理的基本形式和主要问题，对幼儿园安全工作的重要性有全面、深刻的认识。
	2.预见安全隐患并提前预防	(1)建立科学、规范的安全管理体系。 (2)把安全教育融入一日生活，定期组织开展多种形式的安全教育和事故预防演练。

续表9

专业能力 （本体性能力）	基本指标	培养策略与途径
十一、安全管理能力	3. 应对和妥善处理幼儿园突发事件	制订幼儿园安全应急预案，如公共卫生事件预案、社会安全事件预案、自然灾害安全预案、应急演练预案。
	4. 指导开展幼儿园安全教育	(1)面向不同人群开展幼儿园安全教育： ·对教师的安全教育； ·对幼儿的安全教育； ·对家长的安全教育。 (2)开展多种形式的幼儿园安全教育： ·文字资料的宣传教育； ·事故案例的宣传教育； ·亲身体验的宣传教育； ·走出去培训与请进来培训结合的宣传教育； ·日常生活中的安全教育。
	5. 管理幼儿园信息安全	配备专职人员管理网络，并对本单位的网络使用情况进行监督、检查。
十二、指导后勤工作能力	1. 指导后勤工作计划的制订	基于已有成绩，预测未来发展，制订切实可行而又鼓舞人心的必达目标，做到"长计划，短安排"。 ·集思广益汇问题； ·七嘴八舌说计划； ·管中窥豹订计划； ·逐层递进做计划。
	2. 指导后勤工作的组织与实施	(1)利用心理效应，营造适度、规范的激励环境。 ·瓦拉赫效应：资源优化配置； ·共生效应：前勤后勤齐心做； ·蝴蝶效应：精益求精共努力； ·鲶鱼效应：不拘一格降人才； ·南风效应：心平气和破难题； ·扁鹊兄弟治病：未雨绸缪有规划。 (2)认识"四个理解点"，强化"创新型"人才的培养。 ·理解前瞻性的教育观点； ·理解园所文化理念； ·理解幼儿的年龄特点； ·理解教师的思维特点。

续表10

专业能力 (本体性能力)	基本指标	培养策略与途径
十二、指导后勤工作能力	3. 对后勤工作进行评价与反馈	(1)深入一线，发现问题，现场指导，及时纠错。 ·奖惩机制人性化； ·奖惩机制公开化； ·奖惩机制可操作化。 (2)开展不同类型的过程评价，如幼儿评价、教师评价、园所评价、自我评价、社会资源评价。 (3)搭建平台，进行多样化学习。

  园长的专业发展，是对幼儿园园长职业的重新定位，对园长胜任岗位职责应具备的专业精神、专业知识和专业能力提出了更高的要求。通过与北京市一百多位优秀幼儿园园长的共同研究与探讨，分析影响园长专业发展的综合性因素，挖掘影响其专业发展的多种因素，探讨促进园长专业发展的策略，我们最终搭建出园长专业素养的结构框架，并在此框架的基础上编写成本套《幼儿园园长专业能力提升丛书》。丛书以领导力理论和心理学相关研究为新的理论支撑，目的是帮助广大园长从优秀园长专业发展历程中借鉴经验，明确专业发展意识，从而有目的地确定努力方向，从根本上促进园长个人专业发展，进而推进园长职业群体的专业化进程，实现园长专业化；同时为园长专业发展的研究提供事实和理论依据，也为学前教育管理研究奉献绵薄之力。

  本套丛书包括11本分册，涵盖12项幼儿园园长应具备的专业能力(其中，政策把握、规划制订两项能力合为一册)。书中不仅系统梳理了每项专业能力的组成要素、培养策略与途径，而且贯穿设计了案例分析、办园经验分享、拓展阅读资料等多样化的板块，力求使这些专业能力真正做到"看得见，摸得着"，使处于不同发展阶段、不同类型幼儿园的园长更清晰地了解自己所从事岗位的专业要求、内涵以及实施路径，最终达到促进园所保教质量提高，促进幼儿全面、健康、快乐发展的目的。

  参与本套丛书编写的作者都是北京市学前教育兼职教研员队伍"园长管理组"的成员。丛书是这个团队全体成员在四年的研究和探讨中，系统梳理工作经验、感悟和思考，提炼而成的有教育理念支撑、有研究过程思辨、有实践经验提升的教育成果。可以说，每一项专业能力都能体现和运用于园长与幼儿、与教师、与家长、与行政部门相处的过程中，每一本书都蕴藏着教育的智慧，都能带给人新的思考。更进一步说，本套丛书是"园长管理组"全体成员对我们所热爱的幼教事业的真诚回报。感谢参与编写的幼儿园园长、教研员以及提供案例支持的幼儿园。主编苏婧负责了整体策划及全书统稿工作。

由衷地感谢北京师范大学出版社罗佩珍编辑，在时间紧、任务重的情况下，正是由于她努力工作，认真负责，本套丛书才得以顺利问世。

期待着《幼儿园园长专业能力提升丛书》能为幼儿园管理者们提供有益的参考，也衷心希望幼教同仁提出宝贵意见。

苏婧

2017 年 2 月

随着《国家中长期教育改革和发展规划纲要(2010—2020 年)》《国务院关于当前发展学前教育的若干意见》《幼儿园工作规程》《3－6 岁儿童学习与发展指南》的贯彻实施，各地学前教育三年行动计划纷纷出台，大力发展学前教育成为我国教育事业发展新的风景线。学前教育的发展不仅要依靠国家财政的支持和设施设备的投入，更应拥有一批投身教育事业、师德高尚、业务精湛、充满活力的园长。在办园过程中，园长始终处于幼儿园管理系统的核心，发挥着主导和决策的作用。一名合格优秀的幼儿园园长，往往对一所幼儿园的发展发挥着至关重要的作用；一支优秀合格的园长队伍，则是促进学前教育高效发展的重要软实力和关键要素。基于此背景，北京市早期教育研究所所长苏婧创建并领导了由专家、园长组成的"园长专业管理能力研究"团队，该团队针对园长课程领导能力、园长教师队伍建设能力、园长教科研管理能力、园长公共关系协调能力、园长安全管理能力等方面开展了近两年的研究，旨在全面提升园长的专业管理能力，为学前教育事业的发展服务，为办好人民满意的学前教育奠定幼儿园管理人才基础。

作为幼儿园的管理者，园长怎样有效地解决目前幼儿园安全管理工作中存在的严峻问题，构建一套科学规范的安全管理体系，保护幼儿的生命安全和促进幼儿的健康成长呢？

安全管理能力是幼儿园园长最为基础和首要的专业管理能力，是维护幼儿园师生安全的关键因素，是贯彻执行国家安全工作指示精神的重要保障。为全面提升园长的安全管理能力，本书特别为园长梳理出幼儿园安全工作所应具备的五大关键能力：组织安全工作的能力、预见安全隐患并排查整改的能力、应对突发事件的能力、指导安全教育的能力和管理信息安全的能力。

本书通过案例分析提炼出了幼儿园安全管理的六大原则：合法依规原则、全面覆盖原则、提前预见原则、资源整合原则、随时排查原则、危情减损原则。这些原则是帮助园长制定本园安全管理制度和职责、确定安全管理内容、选择安全管理方法、解决安全事故的重要依据。

为了更细致有效地指导园长完善幼儿园的安全管理工作，本书介绍了幼儿园安全管理的九大内容：幼儿一日生活安全管理，大型群体活动安全管理，校园建筑、设施设备安全管理，食品安全管理，卫生保健安全管理，用电安全及电气设备安全管理，消防安全管理，网络与信息安全管理，治安防范工作管理。安全管理的内容应关注到幼儿园工作的每一个细节，力求全面覆盖幼儿园工作的各个方面。

为了保障幼儿园安全工作的有效落实，本书结合大量的幼儿园实例，梳理出幼儿园园长的安全管理方法：建立幼儿园安全管理组织；建立健全安全责任制；制定安全管理制度；明确岗位安全职责；制订幼儿园安全应急预案及处置程序；开展幼儿园安全教育；进行安全检查；建立幼儿园安全档案。这八种方法能够为园长管理安全工作提供有效的支持。

此外，园长在实行安全管理时，必须了解和掌握有关幼儿伤害事故处理的内容。本书结合具体案例，分析了常见的幼儿伤害事故类型、预防与处理方法以及责任承担的问题，以期帮助园长从园所管理的角度有效预防、合理处理幼儿伤害事故。

全书采用了北京市西城区槐柏幼儿园和西城区信和幼儿园大量的安全管理制度、人员职责、预案和案例，力求体现科学性、系统性、指导性与操作性相结合，为园长和教师提供可借鉴的经验。

编者

2017 年 1 月

目录

引 言

　　新闻媒体不断报道在园幼儿发生的各类人身伤害事件，引起了社会各界的高度关注，成为社会的热议话题。幼儿走失、摔伤、跌伤、烫伤、咬伤、抓伤等事故时有发生，近几年更是出现过恶性砍伤、集体食物中毒事件和重大园车交通事故，这些事故让人触目惊心的同时，也给幼儿园安全工作带来更加严峻的挑战。幼儿园安全成为社会关注的焦点，如何建立幼儿园安全防范的长效机制，是摆在全社会和各级政府相关部门面前的一个棘手问题。

　　《幼儿园教育指导纲要（试行）》明确指出："幼儿园必须把保护幼儿的生命和促进幼儿的健康放在工作的首位。"这充分表明幼儿园安全工作是幼儿园整体工作的重要组成部分。幼儿的生命安全和健康成长，关系到千家万户的幸福和社会的安宁，关系到国家的长远发展和民族的未来。幼儿园是针对3～6岁儿童实施教育的机构，是幼儿进园以后活动、学习、休息的场所。认真做好幼儿园安全工作，是践行"三个代表"重要思想、落实"科学发展观"的必然要求，是人本思想的具体体现，是实施科教兴国战略、建设社会主义和谐社会的重要基础。当在园幼儿的安全和健康得不到保障时，为幼儿提供的各项保育和教育活动都将失去存在的意义。幼儿园有责任、有义务采取各种措施切实保障好在园幼儿的安全和维护好在园幼儿的身心健康。

　　认识到加强幼儿园安全管理工作重要性的同时，我们也不得不思考造成在园幼儿人身伤害事故频频发生的原因，这不是单方面因素造成的，而是多种复杂的因素共同作用的结果，其中包括幼儿层面、家长层面和幼儿园管理层面的问题。

　　第一，幼儿年龄的特殊性。3～6岁幼儿活泼好动，对外界事物充满了强烈的好奇心，缺乏对危险事物或行为的认识与判断能力，什么都想看一看、摸一摸、试一试。这个年龄段的幼儿身体虽然处在快速发展的阶段，但身体各项机能的发育还不是很完善，能力和体力都十分有限，动作的灵敏度和协调性也较差，又缺乏生活经验。因此，幼儿常常不能清楚地预见自己行为的后果，理解力和判断力差往往会诱发危险因素，对突发事件不能做出准确的判断，当处于危险之中时，也缺乏保护自己的意识和能力。

第二，幼儿家长的不恰当干预。家庭是幼儿活动的另一个重要场所。父母作为幼儿的第一监护人，对幼儿的安全问题有着不可推卸的责任。首先，家长对孩子存在过度保护的问题。一个孩子由6个成人照顾的溺爱现象让幼儿园工作左右为难。现在幼儿园孩子的家长大都是"80后"，这类家长一般是受过高等教育的独生子女，而且现在处于知识爆炸和信息泛滥的时期，所以他们在家长工作中的参与意识和话语权很强。他们的要求也是各式各样的："我的孩子在幼儿园生活，那么孩子的一切都要由幼儿园负责"；"我家的孩子不能受欺负，如果受到同伴的欺负就要还手"……家长对幼儿的智力发展越来越重视，但是对于幼儿的生活习惯和自我服务能力存在培养松懈的问题。如果家长放纵对幼儿危险行为和不良习惯的管理，采取不制止的态度，那么这种不良的生活行为习惯可能会对其他幼儿造成伤害。其次，有些家长的安全意识薄弱。家长将幼儿送入幼儿园时，没有如实将幼儿的身体情况告知教师，导致幼儿园不能及时控制和预防幼儿的疾病。最后，家长对幼儿园的理解和支持不够。接送幼儿时，有的家长说"我就送一下孩子，车放这儿一会儿不影响什么"，还有的说"接送卡没必要每天带着"，有的家长久久不愿离开，和其他幼儿家长聊天，任其孩子在园里做一些危险的游戏……家长不能全面看待幼儿园的看管任务和难度，提出的种种他们看似无关紧要的小要求都给幼儿园的安全工作带来了不少困难。

第三，幼儿园安全工作的隐患。首先，教师队伍年轻化。《幼儿园教师专业标准（试行）》在"专业能力"第九条"一日生活的组织与保育"中要求教师"有效保护幼儿，及时处理幼儿的常见事故，危险情况优先救护幼儿"，对幼儿教师提出了具体要求和规范。现在一大批"80后""90后"的年轻人成为教师队伍的生力军，他们中的绝大多数本身就是独生子女，他们在工作中兢兢业业，但是在保育工作中容易存在经验不足的问题：不能及时发现班级工作中的安全问题；不能提前预见户外游戏的危险性；偶尔还会存在松懈的状态等。这样一支年轻的教师队伍在落实幼儿园一系列安全措施时必然会存在一些问题，需要管理层不断地培训、锻炼、检查。其次，幼儿园安全职责不清。《中华人民共和国教育法》《中华人民共和国义务教育法》《中华人民共和国未成年人保护法》及《幼儿园管理条例》等都明确规定，在教育教学活动期间，幼儿园对幼儿负有进行安全教育、通过约束指导进行管理、保障其健康成长的职责。这说明幼儿园对在园幼儿主要负有三个责任：一是教育责任，二是管理责任，三是保护责任。但是在园幼儿发生安全伤害事故后，具体的责任应该由谁来承担？是幼儿园、幼儿家长，抑或是其他人？没有非常明确的责任制度，成为长期困扰着幼儿园及幼儿家长的一个难题。不同的安全事件会存在不同的责任划分，目前幼儿园缺乏完善的安全责任文件，导致一些安全事故无法得到快速有效的处理。最后，幼儿园安全制度不完善。幼儿园设施设备的检查和维修制度、校车安全监管制度、食品质量检测制度、安全责任划分制度等制度都不够系统、科学和健全，需要幼儿园管理层自上而下制定完善的安全制度体系，为幼儿园筑起严密的安全保护网。

《幼儿园管理条例》和《幼儿园工作规程》都明确规定了我国的幼儿园实行园长负责制，园长作为幼儿园的直接负责人，处于幼儿园管理系统的核心，发挥着主导和决策的作用。复杂多样的因素导致幼儿人身伤害事故频发，这对园长的知识素养和能力水平提出了新要求，这就需要园长具有较强的安全管理能力，发挥引领和服务的作用，明确自身在幼儿园安全管理工作中必须遵循的原则、必须囊括的内容和必须明确的管理制度，这样才能有效地解决目前幼儿园安全管理工作中存在的严峻问题，成功构建一套科学规范的安全管理体系，从而切实有效地保护幼儿的生命安全和促进幼儿的健康成长。

《安全无小事——园长安全管理能力的提升》这本书，致力于解决目前幼儿园安全工作存在的各种问题，为园长开展各项安全工作提供有效借鉴和应对之策。该书从幼儿园园长安全管理的能力、幼儿园安全管理的原则、幼儿园安全管理的内容、幼儿园安全管理的方法和幼儿伤害事故处理办法及案例分析五大方面展开分析，结合幼儿园的实践经验和案例，帮助幼儿园园长全面提升自身的安全管理能力，构建起园所的安全管理体系，协调各管理要素之间的关系，使之良性地互动发展，形成统一协调的安全管理整体，进而有效预防在园幼儿人身伤害事故的发生，切实保障每个幼儿的健康安全。

第一章　幼儿园园长安全管理的能力

晶晶的父亲去幼儿园接晶晶时，发现晶晶已被人接走。晶晶的父亲找到值班老师询问，老师也一脸茫然。幼儿园最终确认晶晶是被一名自称为"叔叔"的陌生人带走的。孩子被找到时已被摧残得浑身是伤。事件发生后，晶晶的父母将该幼儿园起诉到法院，索赔精神损失费及医疗费。

上述安全事故的发生，主要是因为幼儿园的安全管理存在以下问题：接送制度存在漏洞，安全责任人未认真履行职责；幼儿园管理不到位，未及时发现安全管理制度的执行浮于形式。重大的安全管理漏洞，造成了幼儿伤害事故。园长作为幼儿园安全工作的第一责任人，必须承担管理责任。因此，要保证幼儿在园安全，园长必须具备以下五方面安全管理的基本能力。

一、组织安全工作的能力

园长作为幼儿园的行政负责人，负责幼儿园全面工作的管理，是幼儿园安全工作的第一责任人，应全面了解幼儿园安全管理的基本形式和主要问题，对幼儿园安全工作的重要性有全面、深刻、科学的认识，掌握与幼儿园安全工作相关的法律法规，指导安全保卫负责人员制定安全工作管理系统，以应对各类突发事件的发生，同时接受相关部门的专业检查指导，消除安全隐患。园长还要关注全体教职工的思想工作，及时发现、化解教师之间及教师与家长之间的各种矛盾，妥善处理与师幼切身利益相关的问题。

案例　"安全第一"才是硬道理

> 　　某园要组织幼儿外出春游，需要租赁车辆作为交通工具。幼儿园后勤教师建议节约资金，选择价格低一些的车辆。园长提出关键性问题：一、租车公司是否是合法公司；二、费用是否包括乘车过程中的意外保险；三、是否保证幼儿每人一座，不能超载；四、建议租车公司配备有经验的司机保证行车安全。后勤人员根据以上要求为幼儿租赁了车辆，以保证安全出行。出行前幼儿园制订了安全预案，包括教师要随时观察车辆的安全状况和司机的健康、情绪状况，发现问题及时执行安全预案，妥善处理。

　　在这个案例中，园长将安全问题放在首位，而不是节约资金、降低成本，有"以生命关爱生命"的胸怀。幼儿园的玩具购置、食品采购、外出活动等，都会关系到资金成本问题。园长要始终将安全问题作为重中之重，保证幼儿的安全健康。

二、预见安全隐患并排查整改的能力

　　预防是幼儿园安全管理工作中较经济、简便的方法。园长要对幼儿园安全工作的各个要素进行分析，及时提出有效的预防控制对策，最大限度地减少突发事件造成的损失。作为幼儿园安全管理第一责任人，园长应具有预见安全隐患并排查整改的能力。

　　一是辨识安全隐患的能力。园长要对安全工作具有强烈的责任心和敏感性，随时发现幼儿园安全管理中存在的薄弱环节和容易发生安全事故的重要环节，辨识是否有隐藏或潜伏在内部的隐患、危机或危险事件，牢固树立"隐患就是事故"的思想，从而去辨识并认真对待每一个安全隐患。

　　二是排查整改安全隐患的能力。切实做到安全自查，隐患自除。安全隐患的排查整改是贯穿安全工作的主线，是一切工作的核心、基础。在排查安全隐患和整改工作中，相关人员要认真做好记录，填写安全隐患排查整改登记表，做好隐患排查整改台账。园长在隐患排查前制订排查方案，明确排查的目的、范围，选择合适的排查方法。排查过程中，如果遇到不能下结论的问题，应请有关部门和相关领导进行鉴定，以防发生事故，做到早发现、早处理、早上报、早预防。

案例 及时发现并消除安全隐患

> 某幼儿园为增强楼道的照明度，增加了走廊照明灯的数量。施工方如期完工。幼儿园在物业维修和接受街道安全生产部门的检查中发现有些电线安装得不够规范，存在安全隐患。于是，幼儿园找到施工方进行了整改，消除了隐患。

以上案例的发生，提示幼儿园管理者可以借助社会消防、安全生产、食品药品监督部门的专业力量，帮助幼儿园设立一道专业的安全屏障，及时发现并消除安全隐患，保证幼儿安全。

三、应对突发事件的能力

突发事件具有突发性和难以预料性。一旦发生突发事件，幼儿园就要开展有针对性的应急处置工作，这是幼儿园危机管理的中心和关键环节。作为幼儿园安全管理第一责任人，园长应具有应对突发事件的能力。

第一是依法应对能力。在应对突发事件时，园长要做到头脑冷静，判断准确，反应迅速，措施正确。在处理突发事件时，园长要秉承以人为本、分级负责、快速反应、依靠科学、信息公开的原则。

第二是决策指挥能力。一旦出现紧急突发事件，作为第一指挥官，园长要确保发现、报告、指挥、处置等环节的紧密衔接，及时应对，保证紧急突发事件的有效控制和快速处置。

第三是协调和沟通能力。园长要及时启动相应的应急预案，组织教职工各负其责，密切配合，保证预案的有效落实，把人员伤害和财产损失降到最低，并控制好现场，便于上级相关部门的现场勘查和调查取证。

第四是新闻应对能力。突发事件会引发公众的心理波动。因此，当突发事件发生后，园长不能采用"瞒、躲、顶、拖、推"的态度，而要做到：一要遵循真实、坦诚的原则，主动、及时、客观、真实地向外界叙述突发事件的真相，赢得舆论引导主动权；二要遵循前后一致的原则，增强对突发事件各个阶段产生的热点议题的预见性，秉承前后一致的原则，不自相矛盾；三要全面提升自身素养，要努力提高自身的政治素质、理论水平、人文素养及语言表达能力，具备良好的心理素质。

案例　突发火情，冷静应对

> 某幼儿园围墙外是一家酒楼。某日上午 10 点，小朋友正在院子里游戏时，酒楼突然起火。教师一边带领幼儿回到楼内，一边报告园长突发的火情。园长马上启动火灾应急预案；保卫干部及时拨打报警电话；后勤教师关闭烟雾飘入一侧的门窗，防止烟雾进入楼内；教师带领幼儿从幼儿园另一侧消防安全通道撤离到了安全地带，并根据预案及时向园长报告班级撤离情况；园长第一时间向上级管理部门汇报了情况。消防车及时赶到，火灾被扑灭，幼儿园恢复了正常的教学秩序。

面对突发事件，发现火情的教师和园长都保持镇静，没有慌乱，而是快速反应，立即启动火灾应急预案。全体教职工早已经熟悉应急预案，所以接到通知后，反应迅速，各负其责，保证了幼儿和财产安全。这所幼儿园面对突发事件做出的快速正确反应，也体现了该园日常安全管理工作落实到位，教职工安全责任意识强、分工明确，有效保证了幼儿和财产安全。

四、指导安全教育的能力

园长首先应掌握比较系统全面的安全知识，重视并参与幼儿园的安全教育工作，指导、支持安全保卫负责人对教师、幼儿进行安全教育，实施安全演练，提高教职工的安全防范意识，培养教职工处理、应对安全问题的能力，培养幼儿的自我保护意识与能力。

安全教育是幼儿园教育的重要组成部分。为保证幼儿园的师幼安全，幼儿园要实行常态化的安全教育，将幼儿自我保护教育纳入幼儿园课程内容，融入幼儿一日生活的方方面面；对教职工开展专题化安全教育讲座，定期组织安全演习，发放安全教育问卷，通过多种形式帮助教师掌握安全教育知识，提高安全事故处理能力。[1]

 拓展阅读

英国《儿童十大宣言》

英国非常重视对孩子进行全方位的安全教育。《儿童十大宣言》是目前世界公

---

[1]　吕猛. 武汉市幼儿园安全教育的问题研究[D]. 武汉：华中师范大学，2013.

认的最为全面的儿童安全教育指南之一，内容包括 10 个方面，让孩子从小懂得尊重生命，维护自己的生命权，保护自己的安全。

①"平安成长比成功更重要。"这一点教育孩子人人有若干权利，如呼吸权、生命权、隐私权，这些权利任何人不能剥夺。任何人也无权剥夺孩子的安全权，安全重于一切。

②"背心裤衩覆盖的地方不许别人摸。"孩子应当知道身体属于自己，身体的某些部分应被衣服覆盖，不许别人看，不许别人触摸。孩子有拒绝亲吻、触摸的权利。

③"生命第一，财产第二。"这一点告诉孩子在遇到坏人索要东西时，要知道拒绝他的要求；但是，遇到身体的威胁，就要懂得放弃财产，保护身体安全最重要。

④"小秘密要告诉妈妈。"父母要向孩子保证，无论发生什么事情，只要孩子向父母讲明真情，父母就不会怪罪，而且会尽力帮助孩子。

⑤"不喝陌生人的饮料，不吃陌生人的糖果。"孩子有权不听陌生人的话，不喝陌生人的饮料，不吃陌生人的糖果，有权对毒品、烟酒坚决说"不"。

⑥"不与陌生人说话。"孩子有权不和陌生人说话。当陌生人与孩子说话时，孩子可以假装没听见，马上跑开。陌生人敲门可以不回答，不开门。告诉孩子，对陌生人不理睬是对的，他们没有能力帮助陌生人，大人绝对不会认为这是不礼貌的。

⑦"遇到危险可以打破玻璃，破坏家具。"为了保护自己，孩子有权打破规章和禁令。告诉孩子，在紧急之中，他们有权大叫、大闹、踢人、咬人，甚至打破玻璃，破坏家具。

⑧"遇到危险可以自己先跑。"遇到坏人、地震、大火，孩子应当果断逃生，拔腿就跑，自警、自救、自助，可以不等大人的指挥。

⑨"不保守坏人的秘密。"告诉孩子，即使自己曾发誓不告诉别人，但遇到坏人欺负一定要告诉家长，这些秘密千万不要埋藏在心里。比如，有人欺负了你，他往往说："小朋友，这个事告诉爸爸妈妈是不对的，咱俩拉个钩，这是咱俩自己的小秘密。"这个对不对？坚决不对，所以要让孩子知道他们有不保守坏人的秘密的权利。

⑩"坏人可以骗。"遇到坏人，可以不讲真话。机智应对，才是好孩子。

五、管理信息安全的能力

随着互联网的飞速发展，网络信息安全的问题日渐突出。作为移动互联网时代的园长，他们必须具有管理信息安全的能力。

第一，加强网络安全宣传力度，教育教职工正确使用网络资源，不传谣、不信谣，不传播有害、淫秽图像信息。

第二，增强网络信息安全保障能力。幼儿园应设立专职网络管理员。网络管理员应掌握必要的安全防范知识和处理紧急情况的能力，随时对幼儿园网络进行监管，做好计算机的保密工作和网络安全工作，建设绿色健康的幼儿园信息网络平台。

第三，加强对涉密人员的管理。幼儿园留存的有关幼儿园、教职工、幼儿和家长的各类信息应妥善保管，杜绝涉密信息泄漏事件的发生。一旦发现问题，幼儿园应严格执行责任追究制度。

案例　"你的孩子被人绑架了"

> 某天下午，王先生接到一名女子打来的电话："我是幼儿园张老师，您的孩子小宝被人绑架了。"听了这话，王先生吓出一身冷汗。接着，又一个电话打了过来。一位男性对王先生说："你的孩子小宝现在就在我手里，要想保证小宝的安全，立即向银行某账号汇款10万元。"王先生定了定神，立即找到幼儿园班级老师留给家长的联系电话，拨打此电话进行核实。幼儿园老师听到王先生的叙述后非常惊讶，并告知王先生的孩子小宝现在就在幼儿园。王先生不信，要求通过视频与孩子进行通话，看到手机里传来自己孩子的声音和影像，王先生这才放下心来，仔细想想方知刚才自己遭遇了诈骗电话。

事件发生后，幼儿园园长立即进行了调查，发现共有6位家长反映像王先生一样接到了类似的诈骗电话。那么，孩子和家长的电话号码等信息是如何到诈骗者手里的呢？我们应该如何避免发生此类事件呢？

第一，幼儿园应向家长宣传信息安全知识，如在日常生活中注意自身及幼儿信息的安全，在微信朋友圈发布有关幼儿的信息时，不透漏幼儿姓名、幼儿所在幼儿园名称、家庭电话等私人信息。当出现此类事件时，家长应冷静应对，拨打幼儿园公布的电话或直接到幼儿园进行核实，并拨打"110"报警，不给骗子留下可乘之机。

第二，幼儿园应严格落实网络信息安全制度，由专人严格管理幼儿的各项信息，做好保密工作，保证幼儿信息不从幼儿园泄露。

第二章　幼儿园安全管理的原则

一、合法依规原则

合法依规原则是指幼儿园应当严格执行国家和地方与幼儿园安全管理相关的法律法规、安全设计标准及安全质量标准，例如食品药品安全法律法规、幼儿园建筑设计安全规范、幼儿园玩教具质量安全标准等，做到幼儿园安全工作依法管理，依规实施。

案例　食品库房里有未及时清理的过期食品算违法吗

北京食品药品监督管理局到某幼儿园检查食品安全工作时，发现该幼儿园食品库房里制作西餐的"比萨草叶"调料已过期两天，食品药品监督管理局对该幼儿园进行了相应的处罚。幼儿园园长觉得很委屈，认为幼儿园是在调料保质期内使用调料的，近一段时间根本没有用过这个调料，幼儿园也从未给幼儿使用过过期产品，不应受此处罚。

针对上述案例，我们应明确，保证幼儿园食品安全是幼儿园膳食管理工作的重中之重。食品安全监督管理部门依据《中华人民共和国食品安全法》对幼儿园食品安全进行监督、检查、指导、处罚是该部门的职责，是有法可依的。《中华人民共和国食品安全法》第三条表明"食品安全工作实行预防为主、风险管理、全程控制、社会共治，建立科学、严格的监督管理制度"。该幼儿园虽然没有使用该过期调料，但库房中存放过期食品，就意味着有使用过期食品的可能性，有可能造成食品安全事故的发生。因此，对作为监督执法部门的食品药品监督管理局来说，为确保幼儿食品安全，严格执法是非常正确的，是对幼儿园食品安全尽到了监督、检查、指导责任的表现，对幼儿园进行相应的处罚是十分必要的。该案例警示我们必须重视食品安全工作，确保幼儿食品安全。

为避免上述案例的出现，幼儿园应做到以下几点。

第一，食品进货环节，要有专人认真查验食物的生产日期、保质期等食品相应信息，如有接近保质期的食品要进行退货，确保货物相对新鲜。

第二，定期(一星期)对库房内所有食品进行检查，如有接近保质期的，要尽快使用或者清理；如发现过期食品必须清除，不能留存。

第三，为避免食品积压而导致食品过期现象的发生，每次进货不要过多，尽可能根据定好的食谱随买随用。

第四，针对保质期较长、使用机会比较少的一些调料(已经出库的调料)，食堂管理员及厨师要定期检查其保质期，确保已经出库的食品及调料不过期。

🔗 法条链接

为使幼儿园安全工作能够顺利实施和落实，国家相关部门制定并发布了相关法律和文件，见表 2-1。

表 2-1　幼儿园安全工作相关的法律和文件①

法律和文件	发布时间	颁发部门
《中华人民共和国药品管理法》	1984 年 9 月 20 日	全国人大常委会
《中华人民共和国传染病防治法实施办法》	1991 年 12 月 6 日	卫生部
《食物中毒事故处理办法》	1999 年 12 月 24 日	卫生部
《消毒管理办法》	2002 年 3 月 28 日	卫生部
《中华人民共和国药品管理法实施条例》	2002 年 8 月 4 口	国务院
《学校食堂与学生集体用餐卫生管理规定》	2002 年 9 月 20 日	教育部、卫生部
《突发公共卫生事件应急条例》	2003 年 5 月 9 日	国务院
《学校和托幼机构传染病疫情报告工作规范(试行)》	2006 年 4 月 6 日	卫生部、教育部
《中小学幼儿园安全管理办法》	2006 年 6 月 30 日	教育部、公安部等
《中华人民共和国食品安全法实施条例》	2009 年 7 月 20 日	国务院
《托儿所幼儿园卫生保健管理办法》	2010 年 9 月 6 日	卫生部、教育部
《托儿所幼儿园卫生保健工作规范》	2012 年 5 月 9 日	卫生部
《中华人民共和国食品安全法》	2015 年 4 月 24 日	全国人大常委会

---

①　李静．学前卫生学．北京：北京师范大学出版社，2015：341～342，有改动．

二、全面覆盖原则

幼儿园安全管理工作的内容覆盖幼儿园工作的方方面面，不仅包括幼儿园内部的人、财、物，还包括幼儿园门口及周边环境中存在的安全隐患，以切实保障幼儿安全。

案例 校园门口的交通安全不容忽视

2012 年 9 月 17 日，北京市西城区厂桥小学门口，放学高峰时段，一名接孩子的女司机误将油门当刹车，致使所驾驶的越野车撞上接学生放学的拥挤人群。

北京市城区幼儿园大多集中在主干道附近。随着市区汽车保有量不断增加，人车混行情况突出，加上部分家长随意停车，造成入园、离园两个特定时段经常出现交通瘫痪现象，影响进出幼儿园的家长和幼儿，同时也给校园门口带来交通安全隐患。

针对幼儿园门口存在的交通安全隐患，建议采取以下方法进行交通安全管理，保证幼儿的接送安全。

方法一：采用分时段接送幼儿的方法，对离园高峰期进行疏导。分时段接送幼儿的工作实施前可以通过幼儿园家长会、致家长的一封信、安全教育课等形式进行宣传发动，使家长认识到分时段接送幼儿的重要性，进而使家长能主动自觉配合实施和落实。每天在早晚高峰时间段，幼儿园应专门安排护导教师值班，引导家长在园门外排队。该措施有利于缓解幼儿园门口的拥堵现象，提升幼儿园的安全管理水平，切实保障幼儿的接送安全。

方法二：协调交通队在早晚高峰时间段，抽派民警和协警维护校园门前及附近道路的交通秩序，加强对幼儿入园、离园和过马路的交通护导，重点查处机动车乱停乱放、不按规定让行、不遵守交通信号、超速等交通违法行为，加大对校园周边交通违法行为的打击力度，进一步规范周边道路行车秩序，减缓校园周边道路交通堵塞，保障幼儿出行安全畅通。

方法三：利用宣传展板对家长进行安全教育，提示家长幼儿园门口交通安全的重要性，使家长能主动将车有序地存放在离幼儿园大门稍远一点的地方，或者骑车接送幼儿，以保证园门口的交通安全。

三、提前预见原则

提前预见原则是指幼儿园应建立科学规范的安全管理防范体系，包括幼儿园安全制度、职责、预案等，通过安全培训增强教职工、幼儿、家长的安全防范意识，通过安全演习让教师和幼儿掌握基本急救常识和避险、逃生、自救的基本方法，把安全教育融入一日生活，并定期组织开展多种形式的安全教育和事故预防演练。

 **案例　"桑枣奇迹"是偶然事件吗**

> 2008 年 5 月 12 日，汶川大地震中，震区不少学校教学楼瞬间坍塌，夺走了许多鲜活如花的生命，而与灾情最严重的北川县毗邻的安县桑枣中学的多名师生在地震中无一伤亡，被世人誉为"桑枣奇迹"。

这一奇迹既非上天的惠顾，亦非命运的侥幸，而是源于该校对安全工作的极度重视，源于该校校长叶志平对安全工作的高度负责，源于全体师生强烈的自我保护意识和科学的紧急避险能力。该校有一栋 20 世纪 80 年代建造的实验教学楼，由于此楼当时不是正规建筑公司所建，亦未经竣工验收，新任校长叶志平在安全检查中发现整栋实验教学楼充满了安全隐患。于是，叶校长利用寒暑假和周末，组织施工队伍开展隐患治理。强烈地震发生时，重新加固后的实验教学楼巍然屹立，当时在楼内上课的师生安然无恙；新盖的教学楼，连瓷砖都没掉一块，这是创造奇迹的硬件基础。这个案例给我们的启示就是：作为幼儿园的负责人，园长要具有极高的提前预见能力，对幼儿园安全管理现状进行分析，构建严密的防范体系，防患于未然，这样才能在事故来临之际保障教师和幼儿的安全。

四、资源整合原则

资源整合原则是指幼儿园根据自身特点，整合安全工作内部及外部资源，为保障幼儿园安全服务。内部资源的整合包括安全保卫人员与安全防范设备的整合利用，各岗位工作人员在安全保卫工作中的合理分工与配合，安全防范设施设备的存放、安装位置合理有效。外部资源的整合包括外部安保人员、设施设备与幼儿园的整合，街道、社区、派出所、消防部门等协同配合做好幼儿园安保工作。

📎 **案例** 男子持刀冲入幼儿园砍伤 32 人引发我们思考

> 2010 年 4 月 29 日上午 9 时 40 分，在江苏省泰兴市泰兴镇中心幼儿园小二班教室中，一名持刀男子砍伤 32 人。

　　幼儿园是特殊机构，3～6 岁幼儿因其生长发育特点不能保护自己，教师又多是女性。这就对幼儿园门口秩序维护、安全防范工作提出了更高要求。其实，做好安全维护工作，可以借助全社会的力量，如派出所、交通队、街道、消防等部门的力量。例如，在早晚高峰时间段，北京市中小学、幼儿园门口会有一位交通队委派的协警(负责校园周边的道路交通)、派出所委派的两位安保人员(负责校园门口的反恐工作)，与幼儿园一位护导教师、两位保安，构筑"警、校、民"三方联动、齐抓共管的安全防线，切实推动护校护学工作。

◇ 五、随时排查原则

　　随时排查原则是指在建立健全幼儿园安全管理体系的基础上，最为重要的是随时排查安全工作的落实情况，及时排除发现的安全隐患，确保安全，关注安全工作的过程管理，做到管理的细节化、精细化。安全管理的检查环节不能走过场，要关注过程，重在指导。[①] 例如，校舍环境中、设备使用中由于物品损坏所出现的安全隐患，特殊天气导致幼儿环境改变所造成的隐患，教职工、幼儿、家长情绪问题造成的安全隐患等，都应成为安全管理中随时排查的内容。

📎 **案例** 不能忽视每年的消电检

> 　　某幼儿园装修时，为了美观，在教学楼的楼道内进行了吊顶装饰。一天清晨，一位早到的老师刚走进一楼楼道就闻到了一股烧焦的味道，可是看看自己的周围，发现地面、墙面都没有异常。此时，一位男家长也紧随其后进入了教学楼，他也闻到了烧焦的味道，无意中一抬头，发现吊顶里面似有火星，赶紧拿起灭火器对着吊顶就开始喷射，将火星喷灭。

　　在平时的安全隐患排查过程中，我们一般都会注意检查消防栓、灭火器、配电箱、应急灯、有无私接电线等，往往会忽视吊顶上看不见的、墙体里埋藏的电

---

　　① 邹慧敏. 浅论幼儿园安全管理[J]. 学前教育研究，2006(09)：34～35.

线。《中华人民共和国消防法》提出，为防止和减少火灾的发生，保障公民人身安全和社会财产安全，遵循"预防为主、防消结合"的消防工作方针，应进行有效的消防检测工作。检测内容如下：消防设施检测内容包括火灾自动报警系统、自动喷水灭火系统、室内消火栓系统、排烟系统、室外消火栓、防火卷帘、防火门等的消防安全检测；电气防火检测内容包括配电柜、配电箱、开关、插座、照明灯具、线路敷设等的安全检测。这个案例提示我们只有坚持每年做消电检，才能将隐藏起来的安全隐患排除。

◇ 六、危情减损原则

危情减损原则是指在紧急情况下，幼儿园应本着优先保护幼儿和教职工人身安全的原则，在避免造成人员伤害的基础上，尽量减少财产损失，建议为教职工和幼儿办理相关的伤害保险。

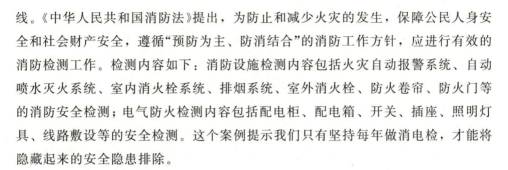

🌿 **案例**　校园安全事故校方责任保险制度引入的必要性

> 某幼儿园大班里，笑笑将自己的衣服脱掉准备放在楼道里的衣格中，在准备打开班级活动室门时，无意中将小手放在了门缝里，此时小树跑过来，正好把门撞开，笑笑的小手瞬间就被门挤压掉了一小块指尖肉。老师抱起笑笑并通知保健医，并立即赶到三甲医院进行治疗，同时通知家长赶到医院进行沟通。
>
> 事件过后，家长要求幼儿园赔偿 20 万元，其中包括医药费、误工费、精神损失费、营养费等。因为该园引入了校方责任保险，所以保险公司及时介入，在认定了此事故属于校方责任保险事故后，保险公司依据保险理赔规定，及时将 3 万元送到了家长手中。此时，幼儿的手指已长好，没有留下任何后遗症。

在这次事故中，保险公司让家长得到了经济补偿的同时，又很好地化解了幼儿园的风险。事实证明，校方责任保险在保障幼儿园和家长、幼儿的合法权益，维护幼儿园的安全稳定和正常的教育教学秩序，构建和谐校园及和谐社会方面都具有不可替代的作用。

面对 3～6 岁的幼儿群体，幼儿园通过安全教育和安全防范工作可以降低事故的发生率，但是杜绝事故的发生是不现实的。一般说来，幼儿园意外事故发生后，幼儿家长和园方发生纠纷的关键往往就是治疗费用和赔偿责任问题，并常常因此而引发法律纠纷，给教育行政管理部门、幼儿园、教师和家长带来巨大的精神压力和沉重的经济负担，直接影响了幼儿园正常的教育教学秩序，影响了社会稳定。如果幼儿园引入了校方责任保险，那么就可以根据保险合同将原来由个人或校方承担的这一部分经济赔偿转到保险公司。这样就可以在一定程度上避免校方与幼儿及家长因经济问题产生的纠纷，从而化解矛盾，让幼儿园能够全面贯彻党的教育方针，开展正常的教育教学活动，让教师集中精力促进幼儿的健康成长。

从根本上讲，采取措施尽量减少幼儿园安全事故的发生是解决问题的根本。具体来讲，一方面，幼儿园要注意加强安全设施建设，如改善校舍条件、拆除危房、在容易发生安全事故的设施旁设置警示牌等；另一方面，要建立幼儿园、家庭和社会相结合的安全教育网，如加强对幼儿集体春游、参加社会活动的组织与管理，在活动开展前有针对性地对幼儿、教师、家长进行安全教育，告知他们可能遇到的各种安全事项，严防因管理松散、运动不当或场所问题而出现意外伤害等。

第三章　幼儿园安全管理的内容

　　小班在上美术课，老师正对幼儿进行逐个指导。一部分幼儿已经完成了自己的作品，他们中有说话的，有离开座位玩的，有满地跑的，但老师并没有注意到这些，还在专注于对个别幼儿的指导。突然一阵哭泣声传来，老师此时才发现已经有很多幼儿不在自己的座位上了，赶紧喊着让他们回到座位上，并查看幼儿哭泣的原因。原来洋洋在教室里跑的时候摔倒了，她摔倒的地方地板松动了，碰巧夹到她的下巴，使她的下巴出现了一个不算小的伤口。老师马上找来班级的另一位老师，两个人一起将这名幼儿抱到医务室检查伤口、上药，并通知家长。家长表示理解老师的工作，并没有责怪老师。

　　其实，这个事件是完全可以避免的，从中我们会发现，两个问题的疏忽造成了该伤害事件。一是教师安全意识薄弱。在教学过程中，教师只专注于对个别幼儿的指导，没有关注全体幼儿，对完成作品的幼儿的活动没有进行管理。幼儿活泼好动，兴奋强于抑制，动作协调性差，缺乏安全意识，易出现在教室里乱跑的现象；而教师此时把注意力放在了指导个别幼儿上，没有对乱跑的幼儿进行及时制止，造成了事故隐患。二是硬件安全检查不到位。教师没有及时发现松动的地板，或者发现了却忽略其是安全隐患，没有及时进行修缮，也成为事故发生的因素。教师管理的人为疏忽和地板松动的环境因素是造成这起幼儿伤害事故的两个关键。因此，幼儿园安全管理的内容应力求涵盖幼儿园工作的每一个环节，关注到人和物的每一个细节。

　　本章将从以下九个方面介绍幼儿园安全管理的内容：幼儿一日生活安全管理；大型群体活动安全管理；校园建筑、设施设备安全管理；食品安全管理；卫生保健安全管理；用电安全及电气设备安全管理；消防安全管理；网络与信息安全管理；治安防范工作管理。

一、幼儿一日生活安全管理

(一)生活活动的安全管理

幼儿园安全管理工作中，对幼儿的安全教育与管理主要通过幼儿在园一日生活的各个环节来实现，包括入园、如厕盥洗、进餐、值日、饮水、睡眠起床、服药、离园。在此过程中，教师的首要任务就是要把安全工作渗透于幼儿一日生活的各项活动之中，确保幼儿平安、快乐地生活和游戏。做好这一工作的关键是，教师要明确一日生活各个环节的安全工作常规要求，并按照各个环节的具体要求进行组织和实施。例如，在如厕盥洗环节，教师要观察盥洗室和卫生间环境是否存在安全隐患，地面是否干燥，避免幼儿滑倒；洗涤、消毒用品是否放在指定的安全位置，避免幼儿拿到造成皮肤灼伤；教师应站在盥洗室或卫生间门口组织幼儿有序进行如厕盥洗，及时擦拭多余的水，随时保持地面干燥；提示幼儿在盥洗室、卫生间内轻轻走路，注意躲闪其他同伴，避免相互碰撞。

 小贴士

幼儿生活活动中的自我保护指导要点

一、入园

(一)小班

①高高兴兴随家长一起进班；把孩子教给老师后，家长方可离去。

②与老师一起做晨间游戏活动，不再离开班级，不追家长。

③养成良好的生活常规和卫生习惯。

④能随时表达自己的需要和想法，有事情会对老师说。

⑤带药的小朋友家长要在药品登记卡上进行登记，并把药品交给老师。

(二)中班

①愉快来园，主动配合保健老师进行晨检。

②按时来园做早操，迟到的幼儿由家长送到操场上与老师打招呼后家长方可离去。

(三)大班

①家长必须把幼儿送进班级，与本班老师交接后方可离开，不能只把幼儿送

到幼儿园大门口和楼门口让幼儿独自进班。

②会整理自己的物品，有序地进行晨间常规活动，增强自理意识和自理能力。

二、如厕盥洗

(一)小班

①有秩序地如厕，地面有水时注意小心行走，防止摔倒。

②逐渐学会正确的洗手方法，知道洗手的好处，不湿袖子，避免着凉。

③洗手后不甩手，不弄湿地面，以免摔倒，知道把手擦干，给小手抹油，使手不皲裂。

④知道用自己的小毛巾擦手。

(二)中班

有秩序地如厕盥洗，会躲闪并且不推挤他人，有初步的安全意识。

(三)大班

坚持良好的如厕盥洗习惯，做事有序，有安全意识。

三、进餐

(一)小班

①懂得饭前如厕、洗手的好处。

②坐姿端正，会一口接一口地吃自己的一份饭和菜，干稀搭配，不挑食。

③饭菜烫时，会吹一吹慢慢吃。

④进餐后把小嘴擦干净，用正确的方法漱口，保护牙齿。

(二)中班

①会使用筷子进餐，不让筷子对人，不让筷子在嘴中停留，避免扎到自己和其他小朋友。

②吃鱼时要小心，遇到鱼刺挑出来。

③不吃掉在地上的食物。

④不用掉在地上的餐具。

⑤咳嗽、打喷嚏时要捂嘴，不冲人。

(三)大班

①汤洒了会马上闪开，避免弄湿衣服。

②生气或哭时不吃东西，以免食物误入气管。

③知道调节进餐量，不暴饮暴食。

④了解营养搭配的知识及均衡营养对身体的好处。

四、值日

中班、大班

①将手洗干净后有顺序地一下一下擦桌子，注意不弄湿衣服。

②不把筷子贴在身上，不发放掉在地上的碗筷。

五、饮水

（一）小班

①知道适量喝水对身体好，双手端好小水杯不洒水，不弄湿衣服。

②喝水时知道按标志站好，有秩序地接水。

③知道水烫时要吹一吹、等一等。

（二）中班

①喜欢喝白开水，知道适量喝水对身体好，随渴随喝。

②接水时有秩序，不接得太满，小心地面上有水，防止滑倒。

③饮水时，要小口慢慢喝，避免呛水。

④集中注意力喝水，如果洒水或衣服湿了主动告诉老师。

（三）大班

①知道主动喝水，初步养成勤喝水的习惯，保证一日饮水量，排队有秩序。

②水杯要端稳，不洒水，以免弄湿衣服、地面，防止滑倒。

六、睡眠起床

（一）小班

①知道午睡要脱衣服，起床要穿衣服，不光脚踩地，防止着凉生病。

②会在老师帮助下按顺序穿衣服、脱衣服，不露脚腕，不露肚皮，会看鞋的反正。

③拉链要轻轻拉，男孩子不穿拉链裤，鞋带开了马上系好。

④穿拖鞋走路时要慢慢走，防止摔倒。

⑤不带小玩具上床，不动被褥上的线头，不把异物塞入鼻子、耳朵、口中。

⑥坐着上下床，不在床上站立、蹦跳。

⑦睡觉不蒙头，不咬衣襟和被角，大小便、不舒服时及时告诉老师。

（二）中班

①知道午睡的好处，保持正确的睡觉姿势。

②要安静上床，没睡着时不挖鼻子、揉眼睛等。

③嘴中不含食物上床。

④能主动有顺序地穿脱衣服，在老师的指导下整理好衣服，不着凉。

（三）大班

①知道午睡的重要性，初步养成定时睡觉的好习惯。

②安静入睡，不影响其他小朋友。

③迅速有序地穿脱、整理衣服，系鞋带。

七、服药

（一）小班

①带药的幼儿家长要将写好幼儿姓名、剂量、服药时间的药条交给老师，并在幼儿园统一的药品登记表上进行登记。

②家长不能让幼儿将药品转交老师。

③药品应放在专用药箱中，药箱应放在幼儿拿不到的地方。

④能在老师的看护下配合服药，不哭闹以免呛着。

（二）中班

①老师指导幼儿懂得没有病就不能吃药，否则会伤害自己的身体，自己不拿药。

②好吃的药片不能给同伴吃。

③主动配合老师服药，情绪稳定、愉快。

（三）大班

①了解一定的安全服药知识，养成定时服药的习惯。

②知道自己所带药品的名称、服药量、服药时间，配合老师吃药。

八、离园

（一）小班

①在活动室内游戏，等待老师安排好后有序离园，不乱跑。

②不随意和陌生人及本班其他小朋友的家长走。

③离园时有礼貌地和老师、小朋友再见。

④家长没来接自己时不着急。

（二）中班

①见到爸爸妈妈后，和老师打招呼，说再见，然后与爸爸妈妈一起走。

②注意安全，一级一级靠右侧下楼，扶好栏杆，不在楼梯上停留。

③家长接到幼儿后迅速离园，不在园内停留。

（三）大班

①不跟陌生人走，离开班级时和老师打招呼。

②等到家长后不在院子里及楼道里猛跑，不离开家长，注意躲闪小班和中班

的弟弟妹妹，尽快离园、不停留。

③不动楼道内的开关、消防设施、电梯等设备。

 法条链接

《幼儿园工作规程》

第十五条 幼儿园教职工必须具有安全意识，掌握基本急救常识和防范、避险、逃生、自救的基本方法，在紧急情况下应当优先保护幼儿的人身安全。幼儿园应当把安全教育融入一日生活，并定期组织开展多种形式的安全教育和事故预防演练。

（二）区域活动的安全管理

幼儿园区域游戏活动区一般包括操作区、积木区、图书区、表演区、结构游戏区等。区域游戏活动区的安全管理主要包括如下内容：区域划分安全，方便幼儿游戏，避免发生碰撞和绊倒，避开消防通道，保证幼儿随时疏散撤离；投放的玩具材料安全，避免有毒有害和不合格玩具对幼儿造成伤害；幼儿游戏过程中的指导安全，建立安全游戏规则，指导幼儿掌握区域中投放的剪刀、钳子、压花器等小工具的安全使用方法。教师随时观察幼儿的游戏情况，发现危险行为及时制止并对幼儿进行安全教育。

 小贴士

幼儿区域活动中的自我保护指导要点

一、操作区

①知道剪刀、牙签、曲别针、大头针等工具的安全使用方法。

②在取放游戏工具时会保护自己和他人。

③游戏材料、工具的收放整齐有序。

二、积木区

①知道在拿取积木时要用两手一起拿，轻拿轻放，不扔玩具，避免碰撞。

②搭高时注意周围小朋友，不碰伤小朋友。

③游戏中，小朋友之间不争抢积木，学会协商，合作游戏。

三、图书区

①知道在光线好的地方看书。

②有正确的看书姿势，不趴着看书。

③知道眼睛离书应有一定的距离。

④知道一页一页地翻看图书，不咬图书。

⑤看书后不揉眼睛，及时洗手。

四、表演区

①不随意触摸电源线和电器插头。

②知道有特殊情况发生后，及时告诉老师或其他成人。

③正确使用各种乐器，不将乐器放入口中或塞入鼻中。

④在选择乐器与其他小朋友有异议时，通过老师协助或自己尝试来解决。

⑤不将带线绳的道具上的线绳缠绕在自己和他人的身体上。

⑥不拿乐器和道具打闹，将乐器放在指定的地方。

五、结构游戏区

①游戏中不咬、不摔玩具，拼插玩具时不用力过猛，不用手指抠玩具。

②与同伴相互商量着使用玩具，不争抢。

③在教师引导下将玩具分类摆放，并收放到固定的位置。

④会保护自己的身体，知道不将玩具塞进口鼻耳中。

（三）户外体育活动的安全管理

户外体育活动形式包括集体游戏、分散游戏和综合性游戏。活动项目包括走、跑、跳、钻、爬、平衡、投掷等。幼儿园阳光、健康的户外体育活动满足了幼儿身心健康发展的需要，增强了幼儿体魄，促进了幼儿身体机能的协调发展。但是，由于幼儿肌肉力量弱、动作协调性差、对运动中的突发情况反应慢，容易发生幼儿意外伤害事件，给幼儿身体和心理造成伤害，给幼儿家庭带来痛苦，也给教师工作带来巨大的压力。因此，要保证幼儿户外体育活动安全开展，幼儿园必须加强对户外体育活动的安全管理，为幼儿创设安全的户外体育活动环境，明确保教人员职责，加强保教人员的安全意识，提高保教人员的风险控制能力，让幼儿在安全的前提下进行体育活动。

首先，幼儿园要明确户外体育活动的基本原则。幼儿体育锻炼必须建立在尊重幼儿身体生长发育特点的基础上，遵循适宜性、全面性、一贯性和循序渐进的原则，避免运动伤害的发生。

其次，培养教师和幼儿的安全风险控制意识和能力。在体育活动中，教师要根据幼儿的年龄特点和学习特点，帮助幼儿树立体育活动中的安全意识和自我保护意识，培养幼儿对危险的预测能力，使幼儿掌握一定的自我保护方法。教师在体育游戏活动前要讲清楚游戏规则，对活动中可能发生的危险提出预见性安全提示，活动中关注每名幼儿的身体状况和活动情况，对幼儿进行个性化指导和帮助，进而科学、合理地利用运动场地，排除安全隐患，确保幼儿安全。

小贴士

幼儿园户外体育活动中的自我保护指导要点

一、准备活动

①喜欢参加体育活动，感受运动的快乐。

②会根据天气冷热及运动情况增减衣服。

③整理好服装，穿好合适的鞋，系好鞋带。

④认真活动好肢体及各个关节。

⑤知道运动后不能马上喝水。

⑥身体不适要及时告诉老师。

⑦不随便捡地上的东西，不吃捡到的食物。

⑧不乱摸草地和操场上的不知名的小昆虫。

二、走

①一个跟着一个走，知道调整前后距离，自然走路。

②眼睛看着前方走路，会走有坑、有水的各种路面。

三、跑

①眼睛看着前方，两臂在体侧前后摆动，自然地跑。

②会调整距离，会躲闪跑。

③不小心摔倒时或要摔倒时会用手先扶地。

四、跳

①会自然跳起，前脚掌先落地，屈膝缓冲，轻轻落地。

②知道不逞能，不从过高处往下跳。

③会正确使用跳绳做游戏，防止自己或他人被绳绊倒。

五、钻

①会低头、弯腰、屈膝钻过障碍物。

②会目测距障碍物前、后、左、右的距离，钻过时不碰头，不被卡住。

六、爬

①眼睛看着前方，会调整与前后小朋友之间的距离。

②在干净、平整的地方爬，防止手被硌伤。

七、平衡

①在适当高度上行走，两臂侧平举，身体保持平衡。

②在平衡木上行走，调整好前后距离，保持身体平衡，以免摔倒。

八、投掷

①眼睛看着前方，手持物体，脚蹬地，用力投出。

②注意避开小朋友。

九、集体游戏

①积极、勇敢地参加体育游戏活动，不怕困难。

②活动时有序排队，不推拉、不冲撞小朋友。

③会认真倾听游戏规则，并认真遵守。

④要和老师、同伴一起游戏，知道不去危险的地方（墙角、树下等）。

十、综合体育活动

①会用正确的活动方法在各种大型器械上活动。

②玩大型器械时，要眼看准，手扶好，脚蹬稳，有秩序地上下。

③会选择适合自己的活动器械，不逞能。

④在活动中会躲闪，不碰撞。

二、大型群体活动安全管理

幼儿园大型群体活动包括园外和园内组织的春秋游、观看演出、参观博物馆、园内亲子节庆活动、大型展示活动等。幼儿园开展大型活动前、过程中都要做好充分的准备工作。

（一）活动准备工作管理

1. 活动组织

①要制订大型活动方案及应急预案，要设活动安全小组；

②举办各类大型群体活动前，要及时上报上级教育主管部门批准并备案；

③为活动人员购买当天的意外伤害保险；

④活动方案翔实、明确，适合幼儿的年龄、心理特点和身体状况；

⑤不得组织幼儿参加高危险性或接触使用易燃、易爆、有毒、有害物品的活动，不参加商业性、宗教性等不利于幼儿身心健康的活动；

⑥需要占用公用道路的大型活动，报辖区公安交通管理部门批准，并请求协助维持秩序；

⑦不得组织不适合参加活动的特殊体质幼儿参加活动。

2．活动地点选择

①活动地点的选择符合教学目标和内容，考虑路程远近、幼儿体力和活动地点的安全性；

②活动路线的选择应考虑路况、出行方式和交通环境；

③活动地点选定后提前对周边环境和交通路线进行实地勘察；

④室外活动避开暴雨、沙尘、酷热、严寒等恶劣天气；

⑤校外活动避免前往传染病疫区或危险场所。

3．与家长、其他部门的沟通

①将行程计划通知家长，要求家长提交书面回执，坚持家长自由参加的原则；

②不适合参加活动的幼儿交由监护人照顾和管理；

③活动需租用车辆时，选择有合法资质的运输公司，并签订安全协议。

4．安全教育工作

①召开行前教师工作会议，明确随行工作人员的任务和安全职责，熟悉应急预案；

②对幼儿及家长进行专门的安全教育和应急避险措施教育，明确安全风险和注意事项；

③明确幼儿家长应携带及禁带的物品。

5．活动保障工作

①出发前进行行前教育，清点人数后再出发；

②准备简易急救药品、相关人员通讯录和紧急救助工具；

③根据需要做好医疗、消防、保卫、交通、照明、通信等保障工作；

④安排幼儿园内留守、联络人员。

（二）活动过程管理

1．交通安全

①教师及家长要明确活动路线，指导幼儿遵守交通法规，定人、定车、定位，严禁车辆和人员脱队；

②随车教师应随时注意幼儿及车辆状况，如发现异常，立即就地采取必要的应对措施。

2. 活动中的安全

①到达活动地点前，提前告诉幼儿及家长当地环境情况，提醒注意事项；

②住宿时了解居住场所的治安情况、逃生疏散通道，注意安全；

③了解活动地的传染性疾病、饮食习惯，教育幼儿注意清洁卫生，预防食物中毒；

④对有特殊需要的幼儿进行特别关注和照顾。

3. 其他

①发生意外伤害事件立即进行紧急救护，情况严重者，尽快就近送医院治疗，15分钟内拨打电话通知上级教育行政部门和公安机关，并立即通知监护人；

②按计划规定时间返校，提前通知家长及幼儿园留守人员；

③返回前清点幼儿人数；

④到园后务必清查车厢，检查有无幼儿及物品遗留。

案例 欢欢晕倒了

某幼儿园组织全园幼儿外出春游，并制订了详细的活动方案及安全预案。在活动前，各班教师对幼儿开展了相应的安全教育活动。为了加强管理，幼儿园安排后勤部门的所有教师进班协助班级工作，同时要求负责本班幼儿的所有教师在活动中按前后顺序分开照顾幼儿。在春游的过程中，幼儿手拉手排队向前走，边走边听教师的讲解与介绍。突然，一个名叫欢欢的幼儿晕倒了，班级教师赶紧上前查看情况，发现该幼儿双眼上视，牙关紧闭，口吐白沫，全身用力抽搐。一名教师急忙与保健医和园长联系，之后两名保健医迅速赶到，其中一名保健医立即对该幼儿实施抢救，同时园长立即启动应急预案，安排其他教师拨打"120"急救电话，另一名保健医与幼儿家长进行联系，了解幼儿的病史等情况，并随时观察现场事态的变化。急救车赶到后，保健医和班中教师共同带领幼儿到家长认可的医院对幼儿继续进行救治。家长对此次幼儿园的做法非常满意，幼儿园的管理工作得到了家长的认可。

从上述案例可以看出，由于幼儿园在活动前制订了详细的工作方案和安全预案，在活动中幼儿突然发病时，整个救治过程严谨、有序，使幼儿得到了及时救治。上述案例提示幼儿园组织开展大型活动时必须要做到以下四个方面的工作，以保证幼儿发生意外时及时获得救治。

第一，幼儿园组织大型活动前，要制订详细的工作方案和安全预案。教师熟记方案和预案的内容和流程，明确自己的职责，在发生突发事件时保持镇静，及时启动预案，有序处理突发事件。

第二，要注意为活动方案和安全预案合理配置人员。例如，将后勤教师分配到班中加强班级保护力量；在游玩过程中，教师分工合作，分散在队伍的各个部位关注幼儿的情况，最大限度地从人员配备上确保幼儿安全。

第三，幼儿园可聘请专业人员对班级教师进行突发事件的紧急处理培训，使教师在面临突发事件时能够第一时间采取正确的措施进行救助。

第四，幼儿园要从家长处获得参与活动幼儿的真实的健康状况，以便幼儿园教师给予相应的照顾，遇紧急情况时采取相应的措施。

三、校园建筑、设施设备安全管理

校园建筑、设施设备的安全关乎幼儿生命健康，创设安全的教育环境是保证幼儿学习、游戏安全的重中之重。

(一)基础管理

1. 校舍场馆

校舍场馆应符合国家相关规范、标准的要求，生均建筑面积达到规定标准；适时对校舍场馆进行定期和不定期的检查、维护维修、改造，做好检查维修记录和整改记录；园内无危房；食堂选址及内部布局应符合国家规定。

2. 附属建筑及设施

围墙、护栏、主席台、旗杆等附属建筑及设施应达到国家相关的建筑标准及行业要求，无安全隐患；有定期检查制度和检查记录；有整改方案及整改记录。

3. 大型公共聚集场所

大型公共聚集场所应符合国家相关标准、要求，无安全隐患；有定期检查制度和检查记录；有整改方案及整改记录。

(二)日常管理

1. 校门与门卫室安全

幼儿园大门的有效宽度和净高度应符合相关标准；大门开启、关闭、上锁顺畅，开启方向符合疏散要求；封闭式大门有观察窗；大门通道有效宽度内无堆积

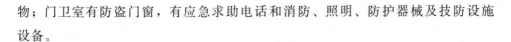

物；门卫室有防盗门窗，有应急求助电话和消防、照明、防护器械及技防设施设备。

2. 楼梯安全

梯面防滑砖、防滑条未脱落；楼梯地面无裂缝；楼梯扶手无断裂、破损或异物突出现象；楼梯间照明设备未损坏。

3. 防护栏(网)安全

全封闭防盗窗有应急逃生出口；二楼以上的防坠落护栏有应急逃生的救援空间；通道处的防护栏不得占用通道宽度，突出部分应做软化处理；网架未锈损、断裂；防护栏安装牢固、不易倒塌。

4. 栏杆安全

铁和不锈钢质栏杆无锈蚀、断裂现象；室外栏杆和室内栏杆高度以及栏杆间的净距符合相关标准；栏杆上方无花盆等物品；木质栏杆无腐烂现象。

5. 悬吊物安全

灯具、吊扇牢固不摇晃；悬吊于墙壁上的视听器材、教具不摇晃松动；空调室外机的安装牢固可靠。

6. 照明系统安全

室内照明亮度达标，灯具、开关未损坏；通道、楼梯间、室外道路照明设施未损坏，有定期检查责任人，有检查维修记录；应急照明设备满足紧急疏散要求，断电后，应急灯的有效照明时长不少于 20 分钟。

7. 电教室安全

有使用管理责任人和安全制度；电教设施安装规范达标；强弱电系统分开布线，间距达标；有防触电保护设备；网络机房有温度监测、降温排风和火灾报警设施。

8. 门窗安全

安装的楼舍出入大门要符合建设要求，落地玻璃门要在中间进行彩色装饰，提醒过往人员注意出入安全，防止误撞大门事故的发生；各教室门要符合建筑和消防要求，防止幼儿撞伤、手指被夹事故的发生；各厕所门要符合建筑和实际使用要求，防止幼儿撞伤事故的发生；各楼层门要符合建筑和消防要求，时刻保持通道畅通；各类窗户要符合建筑和消防要求。

🍃 **案例** 大型器械的一根立柱

户外活动时，教师组织幼儿准备玩大型器械，教师先巡视并用手晃动检查了一遍器械，发现有一根立柱已经不牢固了，这时教师立即带领幼儿远离了大型器械，组织幼儿进行其他活动。同时，配班教师立即通知其他班级停止使用此大型器械，并告知幼儿园负责维修的人员、保卫干部和园长立即去现场进行查看。经过仔细检查，维修人员发现立柱的内层渗水，经过雨水长期的浸泡，立柱的内层严重生锈腐蚀已经折断，导致立柱周围的玩具器械出现安全隐患。随后，幼儿园进行能力范围内的维修，并告知班级教师此处危险，请远离，同时上报上级部门要求更换设备，以确保幼儿安全。

为了保障幼儿的安全健康，幼儿园要时刻保证提供给幼儿的相关玩具符合安全、环保、卫生标准的要求，具体要做到以下几点。

第一，幼儿园购置的玩具器械要符合国家标准，安全性高。

第二，班级教师每年都要签订安全责任书，增强安全意识，在活动前能够主动履行安全职责，做到先检查器械确保安全，再组织幼儿活动，避免安全事故的发生。

第三，班级教师发现大型器械存在安全隐患后，能够按照幼儿园的工作流程开展工作，及时通知其他班级，避免其他班级出现安全事故，同时上报幼儿园相关负责人员，尽快进行维修。

第四，幼儿园要高度重视安全工作，发现隐患后及时协调人员进行维修，同时上报上级部门更换设备，彻底解决问题。

第五，幼儿园要安排相关人员对园内大型器械进行定期检查、层层检查。即便如此仍会出现某些无法发现的隐患，这就要求全园教职工提高安全意识，大家互相配合，最大限度地确保幼儿的安全。

🍂 **拓展阅读**

针对普通玩具，我国目前执行的安全标准《国家玩具安全技术规范》是强制性国家标准，其机械物理性能、燃烧性能、可迁移化学元素（主要包括可溶性重金属）等方面的技术要求，与《国际玩具安全标准》的规定是一致的。

四、食品安全管理

幼儿园食品安全管理是幼儿园安全管理最为重要的内容之一，幼儿园食品安全管理应具体包括以下几个方面。

（一）食物选购要符合卫生要求

严禁采购腐烂变质的食物，购进的食品原材料要求无毒、无害；采购食品应固定到大型超市、商场，同时查验商家的营业执照和食品卫生许可证等有关证件并存档；采购肉、蛋、奶类食品时需向商家索取检验检疫合格证，并进行存档。

（二）食品储存要符合卫生要求

根据食品的性质和用途选择冷冻和冷藏，保持食物新鲜、清洁，叶菜类蔬果不耐储藏，需趁新鲜时食用；定期检查库存食品、调料的保质期限，随买随用，避免使用过期调料和食材；严格执行食品留样制度，保证每餐所有食品都要留样，留样分量、留样保存方法符合食品安全要求。

（三）厨房工作人员及其管理制度要符合卫生要求

厨房工作人员要热爱本职工作，热心为幼儿和教师服务，具备积极的心态和稳定的情绪；必须定期进行体检，具有公共卫生从业人员健康检查合格证明和卫生法规知识培训合格证；认真贯彻执行食品卫生法规和幼儿园各项厨房工作管理制度及流程；要注意个人卫生，勤剪指甲，勤洗澡，工作时穿工作服、戴工作帽，保持室内外环境卫生；严禁与厨房工作无关的人员进入工作间。

（四）厨房设施设备要符合安全要求

定期对工作人员进行厨房设备安全使用培训，并在相应地方张贴使用操作规范；保持设备清洁，定期检查、维修；防火、防漏电事故的发生；送餐食梯要随时锁好，防止幼儿进入发生意外伤害。

案例　一步之遥的火灾

某日清晨 6 点，某幼儿园食堂的一名早班厨师准备进厨房给孩子们做早点，打开厨房门立即闻到了一股较为刺鼻的味道，立刻警觉地从厨房内退出来，找出口罩捂住口鼻，快步进厨房打开所有的门窗通风换气，并关闭电源。等这一切事情做完后，这位厨师走到离厨房较远的地方开始打电话通知煤气公司来检查维修，同时上报幼儿园负责安全工作的领导。煤气公司专业人员检修后，发现煤气管道有漏气现象，立即进行了维修，确定无泄漏现象后，才让厨房正式启用。

幼儿园厨房安全管理是幼儿园安全工作重点中的重点。

这个案例给幼儿园安全责任人提出了如下新要求。

第一，不能忽视厨房设施设备的检修。厨房内的燃气设施设备属于特殊设备，必须要按时请专业人士进行检修，发现问题，及时整改。幼儿园安全责任人也要清楚检修时间，打电话提示燃气公司来人检修，以防因为漏检发生火灾。

第二，定期对厨房工作人员进行各种安全培训。定期的、不定期的安全培训能够进一步提高厨房工作人员的安全意识及安全工作责任心，确保他们在发现不安全因素时，能够用正确的方法消除火灾事故的发生。

五、卫生保健安全管理

幼儿园卫生保健安全管理应严格落实《托儿所幼儿园卫生保健管理办法》，建立卫生安全管理制度，落实各项卫生安全防护工作，主要内容是幼儿园内消毒药品和清洁用品的安全管理、幼儿在园服药的安全管理、传染病高发期间的安全管理。

(一)幼儿园内消毒药品和清洁用品的安全管理

消毒药品和清洁用品使用和保管不当会给幼儿带来伤害。因此，消毒药品和清洁用品要用专柜妥善保存，标识要明确，存放于幼儿够不到的地方，不得随意摆放，保教人员使用后要及时放回原位。消毒药品和清洁用品使用过程中保教人员不得离开，避免幼儿触及造成伤害。保教人员要分类登记保健室内的消毒物品、药品，定期检查盘库，及时更换过期、失效的卫生用品。

(二)幼儿在园服药的安全管理

幼儿园不得在家长不知情的情况下给幼儿服用任何药品。如果幼儿生病、家长提出需要在幼儿园服药的，幼儿园应建立相应的服药管理制度和流程，保证幼儿在园服药安全。例如，幼儿家长提出幼儿需要带药在幼儿园服用时，首先，家长在家中应填写好服药条，内容包括幼儿姓名、药名、用法、服药时间、家长签字。其次，家长送幼儿来园晨检时将药品和药条交给保健医查验，确认可以在幼儿园服用后，交予班级教师查验，药品药条统一存放于班级药箱中，药箱应放在幼儿够不到的地方。服药过程中，保教人员应再次确认药品和药条，之后方可给幼儿喂药，保教人员要注意观察幼儿服药后的情况，及时填写服药记录并签字，将用后的药瓶、药袋、药条在药箱中保留三天方可丢弃。

(三)传染病高发期间的安全管理

幼儿身体机能正在生长发育过程中，对外界环境的适应能力及传染病的抵抗能力弱。幼儿在园内过着集体生活，成为容易交叉感染的人群。如果幼儿园爆发传染性疾病，会给幼儿带来身体上的伤害，同时也会引发家园矛盾。因此，传染病高发期间的卫生保健安全管理尤为重要。

幼儿园应当制定传染病防控预案，在传染病流行期间，加强预防控制措施，做好日常卫生消毒工作，开窗通风，保持室内空气清新，引导幼儿养成良好的生活卫生习惯，向家长和幼儿宣传预防传染病的相关知识和有效措施。

幼儿园突发传染病时，发现传染病患儿，应立即启动安全预案，及时按照法律法规和卫生部的规定向卫生行政部门和教育行政部门报告；在疾病预防控制机构的指导下，对环境进行严格消毒处理，及时对传染病患儿所在班级和与患儿所接触过的幼儿进行检疫、隔离、观察；检疫期间不混班，检疫期满得到医院的复课证明后方可解除隔离。

尊重家长的知情权，及时向家长报告幼儿园传染病防控及疫情情况，宣传防护知识，争取家长的支持与理解，避免产生家园矛盾。

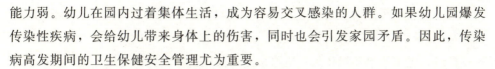

案例 一盆消毒液

> 某幼儿园中班的保育老师用稀释后的消毒液将饭桌进行消毒，可是没有将用后的消毒液及时倒掉，而是放在了洗手池上。小朋友在洗手时发现了这盆消毒液，就开始在水盆里玩耍，此时，老师也没有发现。孩子玩了一会儿后，感觉小手有灼热感，很不舒服，这才主动告诉老师。

环境消毒工作是幼儿园为了保证幼儿健康每天必做的重要工作，保教人员科学安全地使用消毒药品防止意外伤害事件的发生，是幼儿园卫生保健安全工作的重要内容。以上事件的发生就是保育老师在消毒工作完成后，由于安全意识薄弱，没有及时处理使用后的消毒液，造成了幼儿小手被灼伤。幼儿园卫生保健安全工作要有明确的规定及操作流程，每位上岗的教职工都要接受相关的安全培训，熟练掌握消毒药品及清洁用品的使用方法和使用流程。幼儿园管理人员要定期组织教职工开展卫生保健安全工作培训，加强对班级工作的检查与指导，使教师养成良好的工作习惯。

六、用电安全及电气设备安全管理

为了确保用电安全，幼儿园应加强对园内用电及电气设备安全的管理，具体管理内容包括以下几个方面。

第一，用电线路的安装和电器使用及耗材采购应符合国家有关标准和规定，每年至少进行一次电气防火技术检测，确保用电安全。

第二，电工及电器操作人员应严格遵守操作规程，持证上岗，操作前应做好准备工作，严防事故发生。

第三，配电室应配备绝缘地垫，保持通道畅通，室内不得存放杂物。

第四，电源插座、电器开关要安装在幼儿触摸不到的地方，严禁超负荷用电，要配备漏电保护器。

第五，在电器使用过程中，出现打火、有异味、高热、出怪声等异常情况时，必须立即停止操作，关闭电源，维修后确认能安全运行方可使用。

案例 有了"家"的接线板

某幼儿园老师将刚刚使用后的接线板随手放在了办公桌下，就开始组织幼儿在室内开展区域活动。表演区的幼儿要自己放音乐表演。这时班中一名幼儿突然开始关注老师办公桌下面的接线板，幼儿正要尝试用小手去拿接线板时，恰巧被老师发现并制止。事后，老师立即对班中所有幼儿进行相关的安全教育，并将接线板放置在了幼儿够不到的地方。幼儿园负责人知道这件事后，对班级所有的接线板进行了统一整改，给每班配置一个带锁的保护盒，正好能够把接线板放进去。这样就消除了幼儿能碰到电源插口的安全隐患。

幼儿的年龄特点导致他们对感兴趣的事物非常好奇，喜欢动手摸一摸、试一试。教师对班里使用的接线板要采取一定的保护措施，例如，给接线板配备带锁的保护盒、给插口配备保护盖等。适宜的保护措施能够有效避免安全事故的发生。教师有一定的安全意识，但还需继续加强，要将用后的带有安全隐患的物品放在远离幼儿或幼儿够不到的地方。因为幼儿的行为是不可预测的，教师要随时观察幼儿的不安全行为并及时制止，发现安全隐患要及时妥善处理，防止意外事故发生。

七、消防安全管理

根据《中华人民共和国消防法》，单位和个人都有维护消防安全、保护消防设施、预防火灾、报告火警的义务。幼儿园作为人员密集场所，消防安全管理尤为重要。幼儿园消防安全管理内容具体包括以下几个方面。

第一，建立健全幼儿园消防安全组织机构，设专职或兼职消防负责人。

第二，制定消防安全制度、应急疏散预案、消防安全年度工作计划、年度经费预算等，定期召开幼儿园消防安全工作会议，开展全园自防自救演练培训，与部门负责人签订消防安全责任书，明确职责人，落实安全责任。

第三，幼儿园的教学楼、多功能厅、音乐教室、图书馆等人员密集场所要有消防安全责任人。

第四，严格按照国家标准配置相应的消防设施和器材。

第五，严格按照国家标准设置消防安全标志和配置应急照明灯，并定期组织检验和维修，确保消防设施完好有效。

第六，保证应急疏散通道及消防通道畅通，教室、厨房、多功能厅等公共场所都配备紧急逃生路线图。

第七，每年请经过消防局审核过的，具备资格的公司或人员，对幼儿园做消电检，确保电器、电线在使用过程中有安全保障，检测记录应完整准确，存档备查。

第八，组织防火检查，保障疏散通道、安全出口、消防通道畅通，及时消除火灾隐患。

第九，有计划地对教职工和幼儿进行消防安全教育与培训，提高他们组织疏散逃生和扑救初期火灾的能力。

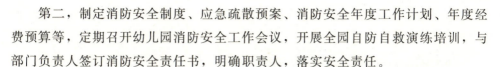

案例　消防安全检查不容忽视

　　某幼儿园放学后，老师和幼儿都已经离校，幼儿园里的保安员在安全巡视时发现多媒体教室有微弱的火光，打开门一看，有一根电线的某处着火了，保安员赶紧找到灭火器灭火，但是灭火器无法正常使用，这时火势已经迅速蔓延到旁边的窗帘桌椅等物品，已经无法控制。保安员又赶紧打开楼内的消防栓，由于消防栓内水源的压力不足，同样无法灭火，保安员立即拨打"119"火警电话。消防队员来到后将火扑灭，此时房间内的物品已全部被烧毁，造成严重的经济损失。幼儿园最后发现灭火器已过有效期。

这一案例表明，当幼儿园发生初期火灾时，灭火器完全可以及时扑灭，但是灭火器已过有效期，根本无法正常使用，导致火势迅速扩大。幼儿园没有对消防栓进行经常性的安全检查，水源的压力不够无法灭火，导致火势无法控制，只有等待消防队员来灭火，给幼儿园造成严重的损失。如果幼儿园的保卫人员经常检查园内的用电安全及消防设施情况，发现隐患及时排除，这场火灾是可以避免的。

八、网络与信息安全管理

网络与信息安全是幼儿园不容忽视的安全管理内容，其具体管理内容包括以下几个方面。

第一，幼儿园应设网管员加强对网站和局域网等网络的监管，坚决杜绝教师和幼儿访问境内外反动、色情网站，禁止传播各类反动、迷信、色情等有害信息。

第二，幼儿园对使用和管理的信息系统、服务器、视频监控等联网的电子设备进行漏洞和安全隐患排查，采取相应的安全策略完成漏洞整改和安全加固，杜绝网络安全隐患。

第三，做好幼儿园教职工、幼儿和家长的信息的安全保密工作，不得随意泄露。

第四，自觉遵守网络法规。财务、人事等重点部门的电脑，不得上社会网，以确保安全。

案例　信息保密工作很重要

某幼儿园的幼儿缴费要使用银行卡，因此在幼儿入园前，幼儿园要求家长到银行为幼儿办理银行缴费卡，此时需要家长填写一些幼儿和家长的私人信息，家长如实填写并办理成功。一段时间后，有的家长收到要求参加理财讲座等方面的信息，家长及时和本班教师联系，经过确认，该行为不属于幼儿园行为。幼儿园立即召开家长会，提醒家长要时刻增强安全意识，收到任何与幼儿无关的信息时不要轻易相信，应第一时间与幼儿园和班级教师确认信息是否属实，以免造成经济损失或为人身安全埋下隐患。

在发达的网络时代，信息安全管理也是保护幼儿园、教师、幼儿、家长信息安全，防止信息泄露形成安全隐患、造成安全事故的幼儿园安全管理的重要内容。

幼儿园要建立信息安全管理系统，明确管理职责，规范信息管理权限，制订信息安全工作预案；对教职工进行信息安全教育，增强教职工信息保护意识；安排专人负责管理幼儿和家长的信息，严格执行信息保密制度，避免发生信息泄露；发现问题后及时采取有效的措施，避免幼儿园、幼儿出现安全隐患或家庭财产遭受损失。

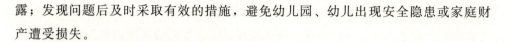
九、治安防范工作管理

为了维护幼儿园内部的治安秩序，确保师幼正常工作和生活，幼儿园应严格执行《企业事业单位内部治安保卫条例》。幼儿园治安防范工作管理内容包含以下几个方面。

（一）门卫保安管理

①人员聘用：幼儿园应按照上级部门的要求聘请55岁以下、无精神病史、有责任心的专职保安员；保安员的人数应符合相关规定。

②着装与装备：保安员着统一服装，值班时做到仪表端庄，文明礼貌，热情服务；值勤时必须配备防刺背心、防刺手套、头盔、钢叉、辣椒水喷雾等防暴器械。

③门卫管理：严格落实门卫"双十条"制度；门卫室必须配备专用电话，保证能与安全负责人随时联系；安装与公安机关联网的报警装置；值班、保安人员工作职责、管理制度上墙公布。

（二）执勤管理

① 按规定对园内、门口及周边进行巡检和夜间巡逻，有检查记录。

②有专门的幼儿园外来人员、外来车辆进出园登记本，对外来人员、外来车辆入园履行登记手续。

③坚持执行门禁卡使用制度，禁止幼儿自己外出。

④发现可疑人员入园，立即上前盘问，同时通知幼儿园保卫干部，情况紧急时立即启动应急预案，并通知公安机关。

⑤对带入带出物品严格盘查登记，禁止危险品入园，严防幼儿园物品被盗。

⑥做好幼儿园临时安排的治安工作。

（三）物防、技防建设与管理

① 物防管理：幼儿园要进行密闭式建设，四周有与外界隔离的围墙或栅栏；幼儿园的重点部位，如大门口、财务室、食堂操作间、档案室等治安防范重点部位安装有防盗门窗和防入侵报警设备。

② 技防管理：加强技防建设与管理工作，有建设计划、资金投入、日常管理制度、技防管理档案等；明确管理责任人，完善相关使用制度，有工作记录。

③技防建设基本要求：幼儿园要建立视频监控系统、防侵入报警系统、防盗报警系统、巡逻员巡更点报系统、紧急报警系统，组成幼儿园监控管理平台。重点部位和区域均覆盖技防监控视频点，如幼儿园大门外一定区域、幼儿园周界、门卫室、教学区域主要通道和出入口、食堂操作间和储藏室及其出入口等；配备强大的硬盘，图像保存不少于 30 天，并配备不间断电源；监视及回放图像应能清晰显示监视区域内的人员活动和治安秩序。

（四）治理防范工作

①园内治理管理：禁止将园内场地出租用于停放社会车辆，无违章租房行为，无违章建筑。

②周边治理管理：幼儿园要建立人防、物防、技防于一体的幼儿园治安防控体系，建立并完善幼儿园报警点；幼儿园周边无危险经营行为；幼儿园周边无娱乐场所；幼儿园门前及两侧无堆放杂物现象；幼儿园周边无依傍幼儿园围墙搭建建筑物对幼儿园造成影响的安全隐患；幼儿入园、离园期间有值勤干部及教师；幼儿园门前治安情况良好，无社会闲散人员在校园周边游荡、聚集现象。

案例　守好幼儿园第一道防线

　　某幼儿园实行接送卡接送制度，晚上离园时，要求家长持卡进园。一天幼儿离园时，一名幼儿的爷爷手持接送卡进园，声称要上卫生间，被门口保安拦下。保安员建议这位爷爷去园外的卫生间，并要求其在大门外等候，原因是此家长酒气很重，走路摇晃。随后，保安员联系幼儿所在班级的老师，班级老师立即和幼儿的父母取得联系进行沟通。老师耐心等待幼儿的妈妈来园接幼儿，又对其特别嘱咐，一定要和家里的老人进行沟通，确保安全后才能进园接幼儿。幼儿的爷爷对此表示非常理解并为幼儿园赠送锦旗表示感谢。

　　幼儿园建立了严格的值守制度，保安员的安全意识非常强。虽然这位爷爷持有幼儿园的接送卡，但他处于醉酒状态，幼儿园无法确保这位家长能安全地将幼儿接回家，因此拒绝了由这位家长接幼儿。如果家长不是在醉酒的状态下，可以进入幼儿园使用成人卫生间。但是这位家长在醉酒状态下，如果让其进入园内，幼儿园无法预料此家长酒后的行为，可能会造成园内不稳定，会给幼儿园及师幼带来安全隐患。保安员拒绝醉酒家长入园，与幼儿其他亲属取得联系的解决方法是非常正确的，不仅消除了安全隐患，而且保证了幼儿回家路上的安全。

第四章　幼儿园安全管理的方法

《幼儿园教育指导纲要（试行）》明确提出："幼儿园必须把保护幼儿的生命和促进幼儿的健康放在工作的首位。"这句话的提出是由幼儿身心发展特点决定的。尽管保护生命对于任何个体都具有重要意义，但幼儿的生长发育十分迅速却远未完善，其可塑性很强但知识经验匮乏，活动欲望强烈但自我保护意识薄弱，心灵稚嫩纯洁但特别容易遭到伤害。生命的健康存在是人们从事其他一切学习活动的必要前提，所以"保护幼儿的生命"对于幼儿来说尤为必要。《中小学幼儿园安全管理办法》第三条要求幼儿园的安全管理遵循积极预防、依法管理、社会参与、各负其责的方针。

根据《中小学幼儿园安全管理办法》的要求构建幼儿园安全工作保障体系，幼儿园应全面落实以下内容：①建立幼儿园安全管理组织；②建立健全安全责任制；③制定安全管理制度；④明确岗位安全职责；⑤制订幼儿园安全应急预案及处置流程；⑥开展幼儿园安全教育；⑦进行安全检查；⑧建立幼儿园安全档案，以保障幼儿园的安全工作规范、有序进行。

一、建立幼儿园安全管理组织

(一)建立安全管理组织的意义

建立合理的安全管理组织是有效地进行安全管理、检查、监督的组织保证。一所幼儿园的安全管理组织是否健全，管理组织中各级人员的职责与权限界定是否明确，直接关系到幼儿园安全工作的全面开展和安全管理体系的有效运行。

因此，合理的安全管理组织应形成网络结构，纵向上要形成一个自上而下指挥自如的全园统一的安全工作指挥系统；横向上要使幼儿园的各平行职能部门分系统归口管理，实现全园安全管理纵向到底，横向到边，全员参与，全过程管理。

(二)安全管理组织的构成

1. 安全管理组织

① 幼儿园要成立由法人负责的安全管理组织，对幼儿园内部的各类安全工

作进行统一领导。

②幼儿园安全工作领导小组组长由园长担任，副组长由业务副园长担任。

③幼儿园要设立新闻发言人，由园长以外的管理人员担任，负责幼儿园的新闻发布和媒体接待。

④安全事故现场总指挥由园长或业务副园长担任，指挥事故现场救援和处置。

例如，北京市槐柏幼儿园安全工作组织机构人员构成名单如下。

组长（总指挥）：槐柏幼儿园园长。

副组长：业务副园长（新闻发言人）。

成员：办公室主任、教务主任、保卫干部、保健医组长、厨房班长、网管教师、大班教研组长、中班教研组长、小班教研组长。

2. 安全管理组织责任

①幼儿园法定代表人是安全工作第一责任人，对安全工作全面负责。

②幼儿园安全工作要做到责任分解层层落实，形成一岗双责，党政同责，齐抓共管的工作格局。

③幼儿园要有主管安全工作的保卫干部，协助园长开展工作。

④幼儿园各部门负责人、各班班长是本部门安全工作第一责任人，负责本部门、本班级安全工作的落实。

⑤幼儿园各部门工作人员、各班级教师对自己工作职责范围内的安全工作负责。

⑥幼儿园要定期研究安全工作，并保留会议纪要。

⑦幼儿园要定期进行安全岗位检查，建有隐患台账和整改措施。

⑧幼儿园要有创建平安校园规划、实施方案并纳入幼儿园建设整体发展规划。

⑨幼儿园要有安全工作专项经费，人、财、物等保障要到位。

（三）安保队伍建设

1. 安保队伍

①幼儿园要设有专门的安全管理机构，根据国家相关标准配置专职或兼职安全管理人员。

②幼儿园要建立由教职工组成的幼儿园治安志愿者队伍、义务消防员队伍、安全宣传队伍。

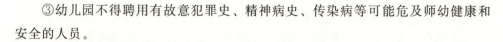

③幼儿园不得聘用有故意犯罪史、精神病史、传染病等可能危及师幼健康和安全的人员。

2. 安保队伍培训

①及时组织保卫干部参加公安部门组织的上岗培训，保卫干部要持证上岗。

②发挥幼儿园宣传作用，组织安保人员积极参加相关安全培训。

③幼儿园每学期对安保人员进行不少于 2 次的安全培训。

二、建立健全安全责任制

(一)安全责任制的含义

《中华人民共和国未成年人保护法》第二十二条明确指出："学校、幼儿园、托儿所应当建立安全制度，加强对未成年人的安全教育，采取措施保障未成年人的人身安全。"那么什么是安全责任制呢？安全责任制是将各种不同的安全责任层层落实到领导、职能部门和具体岗位人员身上的一种制度，即明确各岗位的责任人员、责任内容和考核要求，做到"一岗一则"。

案例 食物中毒事件引发对建立安全责任制的思考

2014 年 11 月 19 日，海南某幼儿园出现了一起食品安全事故，一共有 28 名幼儿先后出现了呕吐、腹泻、发热等症状，被送往医院救治之后大概经过了一星期时间才恢复。相关人士认为这起事件与幼儿园食堂不卫生有很大关系。

幼儿园发生中毒事故的原因较复杂：虽然排除了动物、植物和化学性食物中毒，但是农药残留、进货变质、清洗不过关、容器消毒不到位、菜煮不熟、炊事员个人卫生不合格等都可以引发中毒事故发生。幼儿园不容易判断哪个环节出了问题，但是可以把责任落实到每个环节、每个岗位、每个节点。为了防止发生食物中毒事件，幼儿园应该通过落实岗位责任，严把"五关"：①严把采买准入关；②严把生产操作关；③严把成品分餐关；④严把餐具消毒关；⑤严把厨师个人卫生关。

除此之外，幼儿园还要加强对厨房工作人员、采购人员、食品库房保管人员等的安全教育，同时还要层层签订食堂安全责任书，明确食堂各个岗位的安全责任，以增强全体厨房工作人员的责任心，严格执行幼儿园制定的卫生食品安全制度，这样才能为幼儿园教师和幼儿的健康发展提供坚实的后勤保障。

(二)层层落实安全责任，做到一岗一则

每学年快结束时，幼儿园园长作为第一责任人，应与园内的各职能部门、各部门负责人逐级签订安全责任书，使幼儿园的每一个工作岗位兼有双重责任，即各岗位的教师既要担负教育教学责任，又要担负保护幼儿的责任，从而形成自下而上、分级控制事故、一级对一级负责的安全工作网络格局，并把涉及幼儿安全的保教、后勤、餐饮、医务等方方面面的工作和部门都纳入安全管理。如果在岗教师因疏忽、渎职或违规、疏于管理、未尽职尽力等情况，导致本职工作任务未能顺利完成，造成安全事故或幼儿伤害事故，视情况承担相应责任，进而使幼儿园形成安全工作层层落实、层层负责的良好局面。

(三)幼儿园安全责任层层签订体系

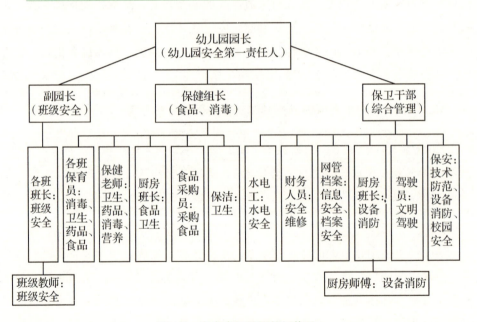

图 4-1 安全责任层层签订体系

(四)幼儿园必备的安全责任书

幼儿园要定期审视本园的安全工作，不断完善各个岗位的安全责任，制定各级责任书，以强化安全管理工作，让每一位教职工都充分认识到责任的重要性，保证安全工作无死角。幼儿园的安全工作责任书包括幼儿园综合治理安全责任书（全体教职工签订）、幼儿园安全保卫责任书（园长与保卫干部签订）、幼儿园家长安全责任书（教师与家长签订）、幼儿园班级班长安全责任书（保教主任与班级班

长签订)、幼儿园教师安全责任书(班长与教师签订)、幼儿园保育教师安全责任书(保健医与保育教师签订)、幼儿午休值班安全责任书(保教主任与班级教师签订)、幼儿园食品卫生安全责任书(园长与保健医签订)、幼儿园食品卫生安全责任书(保健医与厨房班长签订)、厨房安全责任书(厨房班长与厨房工作人员签订)、幼儿园食品采购安全责任书(保健医与采购员签订)、幼儿园保安日常安全责任书(保卫干部与保安员签订)、幼儿园驾驶员安全责任书(保卫干部与驾驶员签订)、幼儿园财务人员安全责任书(保卫干部与会计、出纳签订)、幼儿园抗震加固施工安全责任书(建设单位与施工单位签订)等。

🌿 安全责任书案例

幼儿园综合治理安全责任书

幼儿园综合治理安全责任是根据北京市综合安全管理要求制定的,包括防火安全、交通安全、安全燃放烟花爆竹三方面内容,是每位教职工都应该承担的安全责任。

一、责任内容

(一)防火安全

①积极参加园内的各项安全知识学习与培训,做到会报警,会正确使用消防器材,会检查灭火器是否正常。

②积极参加疏散演习,熟悉幼儿园的防火安全预案,并掌握帮助幼儿逃生及自救的方法,保证每一名幼儿及自身的安全。

③每日进行防火检查,下班前关闭所有电源开关。

④园内严禁吸烟。

⑤所有物品的放置要远离厨房、设备间、配电间等重点防火部位。

⑥全体教职工负责自己所在区域的防火通道,确保畅通,不得在通道内放置物品,堵塞通道。

(二)交通安全

①保安人员在幼儿园门前进行交通疏导:机动车停放要远离幼儿园大门,非机动车停在便道上,对违反规定的人员要及时提醒。

②保安人员在幼儿园门前摆放交通隔离设施,防止各种车辆在幼儿园门前穿行,为幼儿园设置门前安全屏障。

③班级教师要通过多种形式对幼儿进行交通安全教育。

④积极参加交通安全培训，自觉遵守交通规则与交通法规，保障自身的安全。

⑤如有违法违章行为，坚决依法予以责任追究。

(三)安全燃放烟花爆竹

①严格遵守并执行《北京市烟花爆竹安全管理规定》。

②要依法、文明、安全燃放，尊重不燃放人的权益。

③不能向人群、车辆、建筑物抛掷烟花爆竹。

④不能在建筑物内、屋顶、阳台燃放或向外抛掷。

⑤不要妨碍行人、车辆安全通行，切忌酒后燃放。

⑥以下六类地区及其周边为禁止燃放地区：文物保护单位、车站、机场等交通枢纽；油气罐、加油站等易燃、易爆危险物品储存场所和其他重点消防单位；输、变电设施；医疗机构、幼儿园、敬老院；山林、苗圃等重点防火区；重要军事设施等。

⑦不在规定时间外燃放烟花爆竹。

二、责任考核

①幼儿园安全领导小组对幼儿园综合治理安全工作进行全面考核，每学期不少于两次。

②保卫干部定期和随时以检查和抽查的形式对全园各部门综合治理安全工作进行考核。

③各部门负责人定期和随时以检查和抽查的形式对本部门综合治理安全工作进行考核。

④综合治理安全责任制的考核成绩，纳入幼儿园干部、教职工的年度考核。

三、责任追究

在责任期内，不履行或不能正确履行安全责任制，造成安全责任事故的，根据国家的法律法规及幼儿园的相关制度进行责任追究，情节严重的依法追究法律责任，情节较轻的依据园内制度进行批评教育和相关处罚。

本责任书一式两份，自签订之日起生效。

保卫干部签字：

责任人签字：

有效期：　　　　年　　月　　日至　　年　　月　　日

幼儿园安全保卫责任书

幼儿园保卫干部是幼儿园各部门安全工作的主管责任人，负责落实幼儿园安全的各项工作，为确保幼儿园及师幼安全，履行安全责任，签订本安全责任书。

一、责任内容

①加强学习相关的政策和法律法规，认真贯彻预防为主的方针，做好全园综合安全管理工作，保证幼儿身心健康和谐发展。

②根据上级要求与幼儿园的实际情况，认真制订、落实幼儿园的各项安全工作计划。

③对幼儿园教职工及幼儿进行安全工作的宣传教育及培训，不断增强教职工与幼儿的安全意识和能力。

④制订切实可行的幼儿园各项应急预案，组织教职工及幼儿进行演习，确保活动安全有序进行。

⑤加强对保安员的监督与管理，严格执行幼儿园各项制度和"双十条"的规定。

⑥定期对幼儿园全方位的安全工作进行检查并记录，发现问题，及时处理，或上报园领导协调有关部门解决。

⑦发生突发事件时，要及时赶到现场，协助园长做好师幼的撤离工作及善后处理工作。

⑧做好各项安全资料的收集与整理工作，并分类存档。

⑨会使用消防器材，室内不得存放现金、贵重物品及易燃、易爆等危险物品。

⑩使用各种电器设备前后要详细检查，下班前关闭电源及门窗。

二、责任考核

①幼儿园领导班子、主管领导对保卫干部的安全管理工作进行全面考核，每学期不少于两次。

②幼儿园上级安全管理部门及政府安全监督管理部门定期和随时以检查和抽查的形式对保卫干部的安全管理工作进行考核。

③考核成绩纳入幼儿园干部年度考核。

三、责任追究

在责任期内，不履行或不能正确履行安全责任制，造成安全责任事故的，根据国家的法律法规及幼儿园的相关制度进行责任追究，情节严重的依法追究法律责任，情节较轻的依据园内制度进行批评教育和相关处罚。

本责任书一式两份，自签订之日起生效。

园长签字：

保卫干部签字：

有效期：　　　　　年　月　日至　　年　月　日

幼儿园家长安全责任书

幼儿家长也是幼儿园安全工作的责任人，负责配合幼儿园做好落实幼儿文明礼貌及卫生保健等安全工作，为了确保幼儿园及师幼安全，履行安全责任，签订本安全责任书。

一、责任内容

（一）文明礼貌与安全

①家长接送幼儿入园及离园时，请遵守幼儿园的作息时间表。如有特殊情况需中途早接幼儿，请一定要先和班级教师进行沟通，这样保安才会允许您进入班级接幼儿。

②请家长将机动车停放在远离幼儿园大门的安全地带，不要堵塞大门，以确保道路畅通及幼儿的安全。

③接送幼儿时请不要拥挤，坚持执行刷门禁卡制度，主动、有序地刷门禁卡，无卡的家长请主动站在接送幼儿队伍的后面，然后主动和门口值守的教师或保安进行沟通，并耐心等待保安（值守教师）与幼儿所在班级教师联系，得到允许后方可进园。

④每天早晨请亲手将幼儿送交教师，禁止让幼儿自己上楼进班，若您执意让幼儿自己上楼进班，幼儿在这个过程中发生了意外，家长需负责任。

⑤接送幼儿的家庭成员尽量固定为一至两名，我园只能给一个幼儿发两张接送门禁卡，有特殊情况请别人代接时，要提前通知幼儿所在班级教师。

⑥入园前家长要检查幼儿的衣物，不带零食、饰物以及其他危险品入园，以免在教师不知情的情况下发生意外。

⑦家长出入幼儿园要仪表整洁，言谈举止文明，不在园内吸烟、随地吐痰、乱丢杂物，请和幼儿一起共同自觉维护幼儿园的环境卫生，做幼儿的表率。

⑧请及时关注幼儿园的各项通知，并按通知内容配合幼儿园工作。

⑨家长联系方式和家庭住址发生变化时，请及时告知本班教师，以便能随时保持联系。

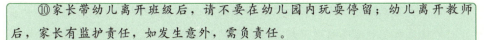

⑩家长带幼儿离开班级后，请不要在幼儿园内玩耍停留；幼儿离开教师后，家长有监护责任，如发生意外，需负责任。

⑪为安全起见，幼儿的着装应简洁舒适、便于运动。在园期间请家长不要给幼儿佩戴贵重首饰或尖锐的装饰物，并且不给幼儿穿脖子上有绳子、带子的衣服，以防吞食、扎伤、勒伤等意外发生。

⑫家长应勤给幼儿剪指甲，教育幼儿不在园内乱扔果皮纸屑，爱护公共财产和环境，培养幼儿爱清洁、讲卫生的良好习惯。

⑬家长在接送幼儿途中，一定要注意交通安全，以身作则，教育幼儿过马路要靠右行走，不在马路上追逐、打闹、嬉戏，遵守交通规则。

⑭幼儿在共同玩耍的过程中，难免会产生一些争执、矛盾、小摩擦，家长之间要相互包容。如遇特殊情况要尽快找班级教师进行交流，由教师或幼儿园进行协调处理。家长不能擅自找对方家长及幼儿私下解决，如因此造成不良后果，需承担责任。

⑮家长要配合幼儿园做好幼儿的安全工作，加强幼儿对安全意识的培养，教育幼儿不动手打人，不做危险动作，不做危险游戏。

（二）卫生保健

①早晨入园，幼儿必须经保健医晨检后，方可由家长送入班内。如遇幼儿身体不适请尽量在家护理，如遇特殊情况必须来园，家长一定要和教师交代清楚，不要隐瞒。幼儿需在园服药时，请家长按园内要求填写服药单并签字，若书写不清，教师有权利不给予服用。请家长让幼儿尽量在家服药。

②幼儿缺勤、住院或出现意外事故，要及时向班上教师说明原因。幼儿缺勤两个月以上，返园时需重新体检（体检要求同入园体检）。如果幼儿外出离京，返京后需在家观察，无异常方可来园。

③根据《中华人民共和国传染病防治法》，幼儿、家长患传染病或接触了传染病人，需第一时间向幼儿园说明情况，便于幼儿园及时采取预防措施。晨检时如发现幼儿患有疑似传染病，请家长立刻带幼儿到医院做进一步检查，确诊后及时通知幼儿园，痊愈后持医院痊愈证明方可来园。

二、责任追究

在责任期内，不履行或不能正确履行安全责任制，造成安全责任事故的，根据国家的法律法规及幼儿园的相关制度进行责任追究，情节严重的依法追究法律责任，情节较轻的依据园内制度进行批评教育。

请家长自觉遵守以上责任条款。谢谢您的支持与合作！

协议有效期：自签订之日起生效，至幼儿退园。

回 执 单

_____班_____小朋友的家长已认真阅读《槐柏幼儿园家长公约》，同意并遵守幼儿园公约内的规定。

家长签字：

年 月 日

幼儿园班级班长安全责任书

幼儿园班长是幼儿园班级安全工作的第一责任人，负责落实幼儿园班级安全的各项工作，为了确保幼儿园及师幼安全，履行安全责任，签订本安全责任书。

一、责任内容

①班长是班级安全工作的第一责任人，与班级其他教师共同商定适合本班的安全工作及措施，并将安全责任落实到人。

②班长均为幼儿园治安保卫积极分子、义务消防员。

③班长定期对班级设施进行安全检查，对班级内的电器电源开关、插座插头、各类用电设施设备的安全检查要深入细致，发现隐患及时上报，防止失火、触电、砸伤等事故的发生。

④当本班发生突发事件时，班长要担负起保护、疏散幼儿的职责，要在第一时间上报园领导，采取有效措施防止事态扩大，并积极参与事故的善后处理，做好家长的善后安抚工作。

⑤班长负责对本班教师、幼儿和家长的安全工作进行宣传教育，及时传达上级指示并反馈班组的安保情况。

⑥班长要认真对待班级安全工作，同时承担班级教师的安全责任。

⑦会使用消防器材，室内不得存放现金、贵重物品及易燃、易爆等危险物品。

⑧使用各种电器设备前后要详细检查，下班前关闭电源及门窗。

二、责任考核

①幼儿园安全领导小组对班长安全工作进行全面考核，每学期不少于两次。

②保卫干部定期和随时以检查和抽查的形式对班长安全工作进行考核。

③安全责任制的考核成绩，纳入幼儿园班长年度考核。

三、责任追究

在责任期内，不履行或不能正确履行安全责任制，造成安全责任事故的，根据国家的法律法规及幼儿园的相关制度进行责任追究，情节严重的依法追究法律责任，情节较轻的依据园内制度进行批评教育和相关处罚。

本责任书一式两份，自签订之日起生效。

保教主任签字：

班长签字：

有效期：　　　　年　　月　　日至　　年　　月　　日

幼儿园教师安全责任书

为了加强幼儿园安全管理，落实责任，减少幼儿园安全事故的发生，我园本着"安全工作，预防为主"的管理方针，特与教师签订安全责任书。

一、责任内容

①教师从幼儿进班之时起便对幼儿的安全负责，各班班长是班级安全工作的第一责任人。班长要高度重视班内幼儿的安全教育，加强安全管理，每天对活动室的各类用具进行安全检查，及时消除或上报安全隐患。

②教师要时刻和幼儿在一起，组织好从入园到离园的各项活动，任何时候都不能让幼儿脱离教师的视线。

③教师对幼儿一定要细心、耐心和有爱心，不准体罚和变相体罚幼儿。

④户外游戏时要确保幼儿安全，教师不得让幼儿"放任自流"，要有计划地组织指导幼儿活动，科学锻炼，确保每一名幼儿活动的安全。同时，在组织各项活动前，一定要检查好场地和环境的安全情况，发现问题及时排除，确认安全无误后方可进行户外活动。

⑤当班教师在组织幼儿离开活动室进行活动时要清点幼儿人数，防止有幼儿遗滞在活动室。

⑥当班教师在组织幼儿活动中，如出现幼儿伤害事故，要及时与保健医联系并上报业务园长，果断采取积极的救助措施，及时与家长联系，事故后要主动写出事故经过。

⑦指导幼儿养成正确使用餐具的习惯，教育幼儿不拿餐具玩耍。进餐环节给幼儿盛汤时，不能将汤在幼儿头顶上方递来递去。

⑧认真做好晨午检，保证晨午检工作不流于形式。当班教师要通过看、闻、问、摸等手段了解幼儿的身体状况，注意每一名幼儿的细微变化，减少安

全事故的发生。

⑨幼儿的药品要妥善保管，由专人管理，药箱要放到幼儿触碰不到的地方。教师一定要按家长的要求和剂量亲自看着并指导和帮助幼儿喝药。喝完后的药瓶、药盒要保留三天以上，药品登记表月底上交保健室。

⑩严格执行消毒制度，按要求、规范做好桌子、毛巾、口杯、玩具等班内幼儿用品的清洁、消毒工作。

⑪班级中的药品、电器、开水瓶、消毒用具等不安全物品要放置在幼儿摸不到的地方或放置高处妥善管理，不得让幼儿接触。

⑫要保持地面干净，没有水，严禁由拖地、漏水等引起地面湿滑。

⑬严格执行交接班制度，确保幼儿的来园和离园安全。

⑭各班注意用电安全，严禁幼儿触摸各种电器，并对幼儿进行自救、健康、安全等教育，提高幼儿的自我保护意识。

⑮教师必须严格执行请假制度，不得私自外出。如果教师私自外出期间，幼儿出现安全问题，教师需承担责任。

⑯在组织幼儿午睡时，加强对幼儿的巡视观察（有关制度请参照《幼儿园午休安全防护制度》）。

⑰组织幼儿去临近的公园时，必须保证每班有三位教师与幼儿同行，到了公园要有组织、有计划地组织活动，禁止教师扎堆聊天，以防意外事故发生。

⑱离园前由晚班教师和保育教师共同检查门窗是否上锁，各种水源是否关闭，电源是否关闭。同时，教师要对本班各个活动室进行检查，以防幼儿遗留在班级。

⑲严格执行接送制度，遇到不熟悉的家长接幼儿时，要主动与幼儿家长取得联系，在得到家长认可的情况下方可允许幼儿离开，不允许未成年人接送幼儿。

⑳班级内全体保教人员要会报警，会使用报警装置，掌握各种紧急预案的内容及方法，遇到危险情况能保护幼儿的生命安全，及时对幼儿进行疏散。

㉑教师要根据《中华人民共和国教育法》《中华人民共和国未成年人保护法》《国家突发公共事件总体应急预案》《幼儿园工作规程》《中小学幼儿园安全管理办法》《3—6岁儿童学习与发展指南》等法律法规，坚持以幼儿为本，对幼儿进行安全教育和自救、自护教育，把安全教育贯穿于教育的各个环节，使幼儿牢固树立"珍爱生命，安全第一"的意识，让幼儿掌握基本的安全防范、安全自护和安全自救知识，具备自救、自护的素养和能力。

二、责任考核

①幼儿园安全领导小组对班级教师的安全工作进行全面考核，每学期不少于两次。

②保卫干部定期和随时以检查和抽查的形式对班级安全工作进行考核。

③安全责任制的考核成绩，纳入幼儿园教职工年度考核。

三、责任追究

在责任期内，不履行或不能正确履行安全责任制，造成安全责任事故的，根据国家的法律法规及幼儿园的相关制度进行责任追究，情节严重的依法追究法律责任，情节较轻的依据园内制度进行批评教育和相关处罚。

本责任书一式两份，自签订之日起生效。

班级班长签字：

班级教师签字：

有效期： 年 月 日至 年 月 日

幼儿园保育教师安全责任书

幼儿园保育教师负责落实幼儿园班级安全的各项工作，为了确保幼儿园及师幼安全，履行安全责任，签订本安全责任书。

一、责任内容

（一）加强学习，提高安全意识与技能

①认真学习执行幼儿园的各项规章制度，切实履行自己的安全工作职责，把幼儿的安全工作放在首要位置。

②加强学习，掌握相应的知识和技能，并结合班内实际情况对幼儿进行健康、安全、自救、自护等教育，提高幼儿的自我保护意识与能力。

（二）防止触电

①将电脑、电视、录音机、空调等电源插座放在幼儿摸不到的地方。

②使用电器设备、开关插座时，发现老化或异常现象要立即停止使用并及时报修，注意用电安全。

③幼儿离园后，要将所有电器插座拔掉，将所有的灯关上。

（三）预防烫伤

①将暖水瓶、开水壶、热菜、热汤、成人水杯等，放在幼儿摸不到的地方。

②禁止幼儿进入厨房、开水间等危险房间。

③在幼儿盥洗前，要帮幼儿试好水温，随时检查热水器，注意热水器水温

要合适。

（四）预防中毒

①严格执行消毒制度，按要求做好清洁消毒工作，将保洁消毒用品放到幼儿摸不到的地方。幼儿活动室内不准存放有毒物品，如消毒液、杀虫剂等。

②所有药品必须妥善保管，放在幼儿摸不到的地方。在幼儿服药前，要仔细与家长嘱托核对，防止误服、错服。

③防止幼儿将玩具及物品放入口中，造成意外或中毒事故。

④进餐前要仔细观察饭菜质量，发现问题及时通知保健医。

（五）加强安全检查，及时排除或上报安全隐患

游戏后要检查玩具数量，严防异物入口、耳、鼻、气管等；在幼儿一日生活游戏中要有安全意识，及时制止幼儿不安全的行为。

（六）预防外伤

①游戏时要确保全体幼儿都在自己的视线范围内，并有计划地组织指导幼儿活动，科学锻炼，确保每一名幼儿的安全。

②玩大型玩具之前做安全检查，发现隐患立即停止使用并及时上报进行维修。

③游戏后，清点剪子、刀、针等锐利物品的数量，并放在幼儿摸不到的地方。

④如果发生意外事故，及时发现，及时报告，不得延误。

（七）防止走失

①严格执行幼儿接送制度，要求家长接幼儿时要与教师见面，把幼儿送到教师手上，如遇特殊情况委托别人接送或委托不熟悉的家长接送幼儿时，教师要检查接送人的接送卡并主动与幼儿家长取得联系，在得到认可的情况下方可允许幼儿入园、离园。

②严格执行交接班制度，做好晨午检工作，户外活动、交接班时要清点人数，确保幼儿来园和离园的安全。

（八）其他安全

①教师应随时锁好衣柜柜门，不要在班内存放现金、贵重物品等，防止丢失。

②晚班教师下班前按园内要求认真检查班内的各项安全，并按时填写每日安全检查表。

③会使用消防器材，不得在室内存放易燃、易爆等危险物品。

二、责任考核

①幼儿园安全领导小组对保教人员的安全工作进行全面考核，每学期不少于两次。

②保卫干部定期和随时以检查和抽查的形式对保教人员安全工作进行考核。

③班长随时对本班保教人员的安全工作以检查和提示的形式进行考核。

④安全责任制的考核成绩，纳入幼儿园教职工的年度考核。

三、责任追究

在责任期内，不履行或不能正确履行安全责任制，造成安全责任事故的，根据国家的法律法规及幼儿园的相关制度进行责任追究，情节严重的依法追究法律责任，情节较轻的依据园内制度进行批评教育和相关处罚。

本责任书一式两份，自签订之日起生效。

班长签字：

保教人员签字：

有效期：　　　　年　　月　　日至　　　年　　月　　日

幼儿午休值班安全责任书

为加强幼儿园午休安全工作管理，保证幼儿有一个良好、安全的午休环境，明确教师照看幼儿园午睡过程中的责任要求，幼儿园与每位班级保教人员签订以下责任书。

一、责任内容

①教师与保育员严格执行幼儿午休时间：上床时间为12：10，起床时间为14：30。

②午休值班保教人员所在位置要利于观察全体幼儿的入睡情况，照看幼儿午睡期间不得擅自离开睡眠室，保证睡眠室安静。

③值班教师在值班过程中多巡视，并关注个别幼儿，轻声提醒，照顾体弱儿，发现幼儿有异常反应(如发热、剧烈咳嗽、流鼻血、腹泻、呕吐等)要帮助幼儿并及时通知保健医。

④幼儿上床前对其进行午检，提示幼儿不带物品(小发卡、挂饰、标志牌等)上床，不含饭上床，并注意幼儿上下床的安全。

⑤教师要对本班每一名幼儿的午睡情况做到心中有数，清楚自己班级中的特殊幼儿和需要特别注意的地方。

⑥教师在值班期间要注意发现、上报并及时消除睡眠室的安全隐患。

⑦睡眠室开空调时，室温可定为比较适宜幼儿午休的温度。

⑧如值班教师不遵守以上规章制度造成幼儿午休安全事故，由幼儿园园务会研究处理方案。

二、责任考核

①保教部门负责人、保健医定期和随时以检查和抽查的形式对班级午休安全工作进行考核。

②班长随时对本班午休安全工作进行检查和提示，发现问题及时解决。

③午休安全责任制的考核成绩、检查工作情况记录，纳入幼儿园主管干部、班级保教人员的年度考核。

三、责任追究

在责任期内，不履行或不能正确履行安全责任制，造成安全责任事故的，根据国家的法律法规及幼儿园的相关制度进行责任追究，情节严重的依法追究法律责任，情节较轻的依据园内制度进行批评教育和相关处罚。

本责任书一式两份，自签订之日起生效。

保教主任签字：

教师签字：

有效期：　　　　年　　月　　日至　　年　　月　　日

幼儿园食品卫生安全责任书

食品卫生安全工作是幼儿园保安全、保稳定工作中的一项重要内容。为进一步贯彻落实《中华人民共和国食品卫生法》，幼儿园应严格执行和落实教育部、卫生部关于《学校食堂与学生集体用餐卫生管理规定》及《北京市中小学校学生食堂卫生监督管理办法》的规定，切实搞好幼儿园食品卫生安全工作，防止各类食物中毒事故的发生，要充分认识食品卫生安全工作的重要性和紧迫性，高度重视食品卫生安全工作，坚决杜绝一切安全隐患，对环境卫生和食品卫生工作定期进行专项整治，切实加大力度，加强治理，不能一味地追求低成本、高利润。幼儿园园长与主管此项工作的保健教师特签订此责任书。

一、责任内容

①根据食品安全管理的相关法律法规，按时办理《卫生许可证》，协助、指导厨房工作人员办理《北京市公共卫生从业人员健康检查合格证》《北京市卫生法规知识培训合格证》。

②保健医为兼职食堂管理员，对食品卫生安全工作具有管理监督的责任。

③带头学好《中华人民共和国食品安全法》及市区有关规定，做到知法懂法。

④充分利用宣传栏、微信公众号，定期对教职工、幼儿、家长进行食品卫生宣传教育。

⑤每学期初组织厨房人员学习讨论食品安全法律法规、幼儿园食品安全制度及工作流程。每月组织召开厨房班会，研究改进工作，切实落实好食品卫生安全工作。

⑥监督检查厨房工作人员落实各项食品卫生安全管理制度和岗位责任制的执行情况，严把验收、制作、加工食品的卫生安全关。

⑦每天深入厨房了解工作情况，及时指出发现的问题，要求立即整改，并督促整改措施的落实到位。

⑧每天检查厨房的卫生、环境及餐具用具消毒情况，照明、通风、防腐、防"四害"、消防、污水排放等设施的投入使用情况，厨房垃圾等废弃物的及时清理情况。

⑨做好疫情及事故报告工作，一旦发生食物中毒事故立即向园长及上级有关部门报告，不得漏报、瞒报或越级上报。

⑩与采购员、厨房班长、保健医签订食品卫生责任书。

二、责任考核

①幼儿园领导班子对幼儿园食品安全工作进行全面考核，每学期不少于两次。

②园长、主管保健医定期和随时以检查和抽查的形式对食品安全工作进行考核。

③园长对保健医执行食品安全管理的情况进行检查和抽查。

④食品安全责任制的考核和检查成绩，纳入保健医、厨房工作人员的年度考核。

三、责任追究

在责任期内，不履行或不能正确履行安全责任制，造成安全责任事故的，根据国家的法律法规及幼儿园的相关制度进行责任追究，情节严重的依法追究法律责任，情节较轻的依据园内制度进行批评教育和相关处罚。

本责任书一式两份，自签订之日起生效。

园长签字：

保健医签字：

有效期： 年 月 日至 年 月 日

幼儿园食品卫生安全责任书

幼儿园厨房是幼儿园食品安全工作的重要部门。加强厨房饮食卫生与安全是落实幼儿园"安全第一"的基本策略。为了增强厨房工作人员的安全责任意识，坚决杜绝意外事故的发生，落实安全工作责任制，根据厨房工作人员的职责要求，特签订本责任书。

一、责任内容

①厨房班长要定期组织厨房工作人员学习《中华人民共和国食品卫生法》和预防食物中毒的有关知识，增强卫生意识，强化卫生法制观念。

②抓好厨房工作人员管辖的室内外环境卫生，做到无灰尘、无污染、无油污，水沟要干净、畅通、无异味。

③加强食品质量监督，坚持每天依据《中华人民共和国食品卫生法》检查食品原材料是否符合安全标准，如发现采购员购买了变坏、受污染的食物，有权利拒收。熟食在室温下不得存放2小时以上。

④严格按照保健医制定的带量食谱制作餐点。

⑤监督厨房工作人员规范完成厨房内餐用器具的消毒工作，每次用餐后用具都必须予以消毒，水池、锅灶及其他用具都要及时清洗干净。

⑥指导检查班组成员养成良好的工作卫生习惯，工作时穿戴工作衣、工作帽，不戴首饰，每天保证个人卫生，勤洗澡，勤剪指甲，勤洗头理发，勤换衣。

⑦指导检查班组成员对电器、燃气设备的规范和安全使用情况，发现问题及时提醒。

⑧ 指导检查班组成员遵守食品卫生制度情况及清洗、制作流程，保证食品制作过程卫生、安全、无污染，做到生熟刀与案板分开，洗蔬菜、肉、水果水池分开，清洗炊具时做到一去残渣、二清洗、三消毒、四冲、五保洁等。

⑨带领班组成员按不同的季节特点消杀"四害"，坚持采用多种方法进行综合治理，做到无蚊蝇蟑螂，尤其将夏秋两季作为蚊、蝇、蟑的消杀季。

⑩严格食品原料的定点采购和索证制度，确保食品来源安全可靠。

⑪经常关注班级的用餐情况，发生特殊情况马上报告。

⑫送餐前检查温度是否适宜，做到冬季保温，夏季降温，防止幼儿在进餐过程中被烫伤。

⑬严格执行安全检查责任制度，晚班值班人员负责关闭水、电、气、门窗

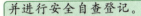

并进行安全自查登记。

二、责任考核

①幼儿园主管领导及保健医对厨房安全工作进行全面考核，每学期不少于两次。

②主管领导、保健医定期和随时以检查和抽查的形式对厨房班长的安全管理工作进行考核。

③定期或随时接受食品安全管理部门对幼儿园食品安全工作的检查和考核。

④以上考核情况纳入厨房班组和厨房班长的年度考核成绩。

三、责任追究

在责任期内，不履行或不能正确履行安全责任制，造成安全责任事故的，根据国家的法律法规及幼儿园的相关制度进行责任追究，情节严重的依法追究法律责任，情节较轻的依据园内制度进行批评教育和相关处罚。

本责任书一式两份，自签订之日起生效。

保健医签字：

厨房班长签字：

有效期： 年 月 日至 年 月 日

厨房安全责任书

为有效地杜绝安全事故的发生，保障厨房安全及员工生命财产安全，将责任落实到人，按照"谁主管，谁负责；谁使用，谁负责"的原则管理厨房日常安全工作，特签订本安全责任书。

一、责任内容

①要认真参加市区和幼儿园组织的食品、电器、燃气、消防等相关方面的培训，认真学习幼儿园厨房管理制度及工作流程。

②按照规范使用要求，安全使用电器、燃气。厨房内运行的各种机械设备不得超负荷用电，并应时刻注意防止电气设备和线路受潮，发现电器损坏现象要立即停止使用并切断电源；发现燃气泄漏，首先应关闭阀门，及时通风，并严禁使用任何明火和启动电源开关，并即时上报后勤管理部门联系维修。

③油炸食品时，锅里的油不应该超过油锅的三分之二，并注意防止水滴和杂物掉入油锅致使食物溢出着火。同时，加热油锅时采用温火，严防火势过猛、油温过高造成油锅起火。

④厨房内配备的灭火毯、干粉灭火器不准挪作他用，并应该放置在明显位置，以备紧急时所需。

⑤操作人员在设备使用完毕后应及时关闭所有的燃气阀门，切断电源、火源后，方可离开。

⑥保持个人卫生，做到勤洗手，勤剪指甲，勤换、勤洗工作服，工作时要穿戴工作衣帽。

⑦使用粮油、蔬菜、熟食等所有食材时要检验票证等手续是否齐全，且保证无污染。

⑧饭菜要熟透，不向师幼供应生冷、霉变食品，严防食物中毒事件发生。

⑨要定期对食堂灶具进行消毒，定期打扫环境卫生，定期进行灭蝇、灭鼠工作，认真做好防疫工作。

⑩厨房送达班级的食物要保证温度适宜，避免烫伤，发送到班级时应加盖，盛装幼儿食物的盆、盖以及消毒洗涤用品均放在合适的位置。

⑪严格制止或不带领与厨房工作无关的人员进入操作间。如有维修人员进入厨房维修，需要后勤部门派专人跟随直至维修完成。

⑫认真落实每日厨房安全检查结果登记签名制度，不遗漏。

二、责任考核

①保健医、厨房班长对厨房工作人员的安全工作落实情况进行全面考核，每学期不少于两次。

②厨房班长定期和随时以检查和抽查的形式对班组成员安全工作落实情况进行考核。

③定期或随时接受食品安全管理部门对幼儿园食品安全工作的检查和考核。

④以上考核情况纳入厨房工作人员的年度考核成绩。

三、责任追究

在责任期内，不履行或不能正确履行安全责任制，造成安全责任事故的，根据国家的法律法规及幼儿园的相关制度进行责任追究，情节严重的依法追究法律责任，情节较轻的依据园内制度进行批评教育和相关处罚。

本责任书一式两份，自签字之日起生效。

厨房班长签字：

厨房员工签字：

有效期：　　　　年　　　月　　　日至　　　年　　　月　　　日

幼儿园食品采购安全责任书

为落实我园各项安全工作制度与条例，将各项安全措施落实到位，确保各部门、各环节工作的安全，杜绝事故的发生，保健医与采购员签订本安全责任书。

一、责任内容

①供应食品的商家单位必须符合国家有关卫生标准，具备食品流通许可证、营业执照、供货方人员健康证等，能够为采购的食品提供检验检疫合格证明。幼儿园将其检验核对后复印存档。

②严格执行《中华人民共和国食品安全法》，执行食品采购检验台账和索票制度。

③采购过程中严禁购买有害、有毒、腐烂变质、油脂酸败、霉变、生虫、污秽不洁、混有异物或性状异常的食品。

④不购买无检验合格证明的肉类食品。

⑤不购买超过保质期限的食品。

⑥不购买未标注厂名、厂址、生产日期、保质期等或标注不清及其他不符合食品标签规定的定型包装食品。

⑦禁止购买无卫生许可证的生产经营者供应的食品。

二、责任考核

①幼儿园主管领导、保健医对采购人员食品安全采购工作的落实情况进行全面考核，每学期不少于两次。

②保健医定期和随时以检查和抽查的形式对采购人员食品安全采购工作的落实情况进行考核。

③定期或随时接受食品安全管理部门对幼儿园食品安全工作的检查和考核。

④以上考核情况纳入采购人员的年度考核成绩。

三、责任追究

在责任期内，不履行或不能正确履行安全责任制，造成安全责任事故的，根据国家的法律法规及幼儿园的相关制度进行责任追究，情节严重的依法追究法律责任，情节较轻的依据园内制度进行批评教育和相关处罚。

本责任书一式两份，自签订之日起生效。

保健医签字：

采购员签字：

有效期：　　　　年　　　月　　　日至　　　年　　　月　　　日

幼儿园保安日常安全责任书

为了落实"安全第一，预防为主"的方针，为了保证幼儿园具有良好的教育教学秩序，保证幼儿园财产不被盗窃或丢失，保证社会闲杂人员、精神病人、犯罪分子不能进入园内，根据保安工作的特殊性，在严格执行保安员"双十条"的基础上，根据我园的实际情况特制定本责任书。

一、责任内容

①在每天幼儿入园与幼儿离园两个高峰时间段，要着装整齐，站在园门口执勤，做好入园、离园刷卡工作，坚持一人一卡进园的原则。

②按时上岗，并进行门卫安全物品检查，保证安全物品和防护服齐全且能够正常使用，一旦丢失，及时上报园领导，并追回丢失物品。

③检查监控器能否正常工作，出现问题及时上报领导进行维修。

④坚守岗位，做好保卫工作，加强工作责任心，做到文明值班，礼貌待人；严把园门关，在幼儿入园、离园时注意大门和幼儿的安全，绝不让幼儿一个人外出；禁止无关的社会人员入内。

⑤做好园门口秩序的维持工作，警觉周围闲杂社会人员，如有长时间徘徊、精神状态可疑者需及时排查，发现问题与园领导及时沟通，在必要的情况下，拨打"110"。

⑥定期检查园内大型活动器械，发现损坏或安全隐患及时上报、报修，确保幼儿活动时的安全。

⑦定期检查园内水电线路设施、消防设施，发现火灾隐患、建筑隐患等及时汇报，排除隐患。在突降暴风雨等意外灾害发生时，及时关注动态，有效监控。

⑧执行《保安员区域卫生标准》的要求，协助打扫环境卫生，做到场地整洁，同时做好园内因工作需要的一切临时工作安排。

⑨认真执行园内作息制度，按时开关园门；上班时间，严禁私自离开岗位。

⑩当有家长提前来园接幼儿时，请先与幼儿所在班级教师联系，确认后方可让家长进园。

⑪对待家长的询问以及接待来访人员时，必须使用礼貌用语进行耐心解释，维护并树立幼儿园的形象，时刻谨记自己的行为代表着单位的形象。

⑫在突降暴风雨雪等意外灾害发生时，及时关注动态，进行清扫，有效监控。如果遇到凌晨下雨或者下雪，在幼儿入园前要及时清扫院子并铺上塑胶垫，防止幼儿和家长摔伤。

⑬有外人来访时，要电话通知受访者，并请客人在门卫处等候。

⑭收取信报、杂志、快递要及时核对并进行登记。

⑮传达室的卫生要做到窗明桌净，没有异味。

二、责任考核

①主管领导及保卫干部对保安的工作情况进行全面考核，每学期不少于两次。

②保卫干部定期和随时对保安工作进行检查和抽查。

③主管领导及保卫干部对保安人员的检查、考核情况要上报保安公司，纳入保安人员的绩效考核。

三、责任追究

在责任期内，不履行或不能正确履行安全责任制，造成安全责任事故的，根据国家的法律法规及幼儿园的相关制度进行责任追究，情节严重的依法追究法律责任，情节较轻的依据园内制度进行批评教育和相关处罚。

此责任书一式两份，签字有效。

保卫干部签字：

保安员签字：

有效期： 年 月 日至 年 月 日

幼儿园驾驶员安全责任书

为了保证幼儿、家长、教职工在园安全，创建平安文明校园，增强幼儿园驾驶机动车上班的教职工的交通安全意识，使大家自觉遵守公共交通安全法律法规，保护自身及他人生命安全，特签订以下交通安全责任书。

一、责任内容

①要遵守《中华人民共和国道路交通安全法》，做到有照驾驶、文明驾驶，注意交通安全。

②必须牢固树立"安全责任重于泰山"的思想，坚持预防为主的方针，自觉加强交通法规、技能的学习，明确责任，确保生命财产安全。

③在驾驶的过程中要做到听从交通管理人员指挥，文明礼让，谨慎驾驶，杜绝开违章车、赌气车、疲劳车、英雄车等，同时严禁酒后驾车。

④要加强车辆日常维护和保养，按时年检，如车辆出现故障，要及时维修，不准开"带病"车辆上路行驶。

⑤守北京市有关限行规定，在重大会议期间和重大活动时注意避让车队，服从临时交通管制的各项措施。

⑥自觉把车辆停放在停车区域内，禁止把车辆开进幼儿园及停放在幼儿园大门口。

⑦驾驶证一定要按照相关规定按时进行年审。

二、责任考核

①保卫干部定期对有驾驶证的教职工进行交通安全知识考核，随时对教职工车辆停放情况进行抽查。

②交通安全责任制的考核成绩，纳入幼儿园干部、教职工的年度考核。

三、责任追究

在责任期内，不履行或不能正确履行安全责任制，造成安全责任事故的，根据国家的法律法规及幼儿园的相关制度进行责任追究，情节严重的依法追究法律责任，情节较轻的依据园内制度进行批评教育和相关处罚。

本责任书一式两份，自签订之日起生效。

保卫干部签字：

驾驶员签字：

有效期：　　　　年　　月　　日至　　年　　月　　日

幼儿园财务人员安全责任书

为了贯彻落实幼儿园财务安全管理工作的目标要求，规范财务管理，强化财务安全，有效地落实各项财务安全管理制度，特制定本责任书。

一、责任内容

①一切财务行为均严格执行国家及相关部门的有关财务制度。

②严格执行现金管理及支票管理制度，现金存放额度应按开户银行核定数额留存，严禁超额存放，做到日清月结，不坐支现金，确保现金安全。

③坚持把好最后一道报销、支付关口，凡遇不符合要求的报销、支付票据，及时提醒相关领导，重新按要求办理，做好各项费用的申报、审批、收缴、结算工作。

④各项财务活动要规范，严格遵守"票款分离，节约开支，精打细算，从严掌握，统一管理"的原则。

⑤严守财务秘密，凡不属园务公开的内容，不能透露给其他无关人员及其他单位。

⑥规定对账簿、资金进行保管，严防丢失、被盗。

⑦在提取现金时，要提高防范意识，在保证自身安全的同时，保护集体的

利益不受损失。

⑧认真执行财务制度，妥善保管好财务档案，做好印鉴、票据的保管工作，严禁在支票上提前加盖印章，认真审查发票和单据，做到无差错。

⑨保险柜内严禁存放私人钱物、证券，钥匙要随身携带。

⑩其他人员所收现金票据应及时交回财务，财务人员不得拒收。

⑪取送款须遵守有关部门的规定，取送大量现金时必须双人同行，严禁取送款途中到其他场所办事。

⑫财务室严禁陌生人及闲杂人员入内，室内严禁吸烟及使用明火，不得存放现金、贵重物品及易燃、易爆等危险品，做到随手锁门。

⑬会使用消防器材，下班前进行室内安全检查，包括防盗门、防护窗、保险柜的检查，确保报警器设备正常，同时关闭电源及门窗。

二、责任考核

①幼儿园领导班子、幼儿园审计人员定期对财务安全工作进行全面考核，每学期不少于两次。

②定期接受上级审计部门对幼儿园财务工作的全面及专项审计。

③财务部门负责人定期和随时以检查和抽查的形式对本部门财务安全工作进行考核。

④以上三项考核、检查、审计成绩，纳入幼儿园财务主管干部、财务人员的年度考核。

三、责任追究

在责任期内，不履行或不能正确履行安全责任制，造成安全责任事故的，根据国家的法律法规及幼儿园的相关制度进行责任追究，情节严重的依法追究法律责任，情节较轻的依据园内制度进行批评教育和相关处罚。

本责任书一式两份，自签订之日起生效。

保卫干部签字：

责任人签字（责任人为会计、出纳）：

　　　　　　　有效期：　　　年　　月　　日至　　年　　月　　日

幼儿园抗震加固施工安全责任书

甲方建设单位：

乙方施工单位：

　　根据教委的安排，在　　年　　月　　日至　　年　　月　　日对幼儿园进行抗震加固施工。为了加强对建筑施工现场的安全生产管理，强化安全意识，依据国家的有关安全法规、条例、标准和规程，签订本工程施工安全责任书。施工单位应自觉遵守和履行责任书内的各项有关条款，若违反责任书内条款造成安全事故需承担责任。现将具体内容明确如下。

一、责任内容

(一)项目幼儿园的安全责任

①幼儿园成立专门的安全领导机构，确定专人负责幼儿园基础建设安全工作，应结合相关政策和幼儿园实际情况制订《工地安全防范预案》，明确施工方和项目幼儿园的分管职责。安全领导小组成员如下。

组长：园长。

副组长：办公室主任。

主要负责人：副园长、保卫干部。

安全教育人员：施工单位领导。

安全检查人员：值班干部和教师、保安人员、施工单位。

②幼儿园应把安全管理须知以书面形式告知施工队，再由施工单位对其务工人员进行安全教育。幼儿园应经常检查施工中存在的各种安全隐患，加强施工过程中的安全检查、督查，发现隐患及时以书面形式告知施工方，并限期整改。幼儿园督促施工现场建筑材料摆放规范，监督运输车辆进入校园后限速慢行。施工方合理调整施工时间，尽量减少工地噪声，在确保施工安全的同时不影响周边居民的正常生活。

③幼儿园要加强对外来施工人员的管理，查验其身份证原件，统一造册备案。幼儿园门卫应对施工单位的施工人员及车辆带出和带入的物品做好查验和登记。

(二)施工单位的安全管理责任

①施工单位在进场前，应在向建设单位及教委送审的施工组织设计中，认真编写施工安全措施，措施要有针对性和可操作性。

②建立健全安全生产责任制，必须成立施工现场安全生产、防火领导小组。组长由施工负责人担任，成员由施工队长、施工班组长、安全员(安全员佩戴袖标或显著标志)等组成。

③加强全体施工人员的安全生产教育，定期组织施工人员学习安全生产管理规定，提高思想认识，始终树立安全生产意识；做好工人岗前培训和新工人上岗培训，使每个工人明确自己岗位的安全技术、操作规范。

④项目经理是施工工地的直接责任人，对施工现场安全生产负直接责任。

⑤建立安全生产报告制度。施工队要建立开工安全生产报告制度，包括具体实施项目开工安全生产报告、分项工程开工安全生产报告、用电安全生产报告、用火安全生产报告、每月安全生产报告等。

⑥施工现场必须制作安全警示牌和安全警示条幅，要确保现场道路畅通，大型构件堆放整齐。施工现场必须按规定配备足够的安全消防器材。

(三)施工单位的安全防护责任

①要做到"四口"防护：在建工程的楼梯口、电梯口、预留洞口、通道口必须用临时栏杆或盖板等加以防护。

②要做到"五邻边"防护：尚未搭设外脚手架的阳台边、楼层边、层面边、跑道两边、卸料平台外侧边必须设置1米高的双栏杆和安全网。

③设置安全通道：为施工人员及其他人员，在施工过程或上下班的进出口处设置专门的安全通道。

④做好高处作业的安全防护：高处作业时必须参照《建筑施工高处作业安全技术规范》设计并搭置可靠的内外脚手架、防护网等，制定可行的安全生产防护措施，确保作业安全。

⑤防止机械伤害：施工机械应严格按施工规范进行操作，配备安全装置；加强机械保养和维护，保证机械正常运转，对重点运输机械进行定期安全检查；相关人员必须持有效证件上岗，机械运转要有记录。

⑥相关人员进入现场必须戴安全帽。

(四)施工单位的用电安全责任

现场施工用电应按《施工现场临时用电安全技术规范》的要求进行布置和安排。

①配电间：配电间必须按临时用电的规定进行设计和安装，同时由培训合格的专业电工负责，并落实责任制，保证日常的维护和使用。

②现场用电设施：配电箱应符合"三级配电两级保护"的要求，电线敷设按"三相五线制"的要求进行安装。

③机械用电：机械用电应符合"一机一闸一漏一箱"的规定，并落实到专人负责。

(五)施工单位的消防安全责任

①严格控制动火作业：为防止明火作业引发火灾，应履行动火报告制度，严格控制明火作业。

②木工房防火：木工房是防火的重点区域，应及时清扫杂屑，严禁烟火，制作醒目警示，配备消防器材。

③材料仓库及资料室防火：制定防火制度，责任到人，并配足消防器材。

④宿舍及办公室防火：严禁随意用电用火，落实防火责任人。

⑤不得使用电器取暖或烧煮，不得随意随地焚烧杂物等。

（六）施工单位的用工安全管理责任

①施工单位必须掌握所用工人的情况，不得收留和使用身份不明或身份证件不齐的人员，不得使用和收留历史不清或有违法犯罪行为的人员。

②施工单位对出现的各类安全生产事故，应按有关规定及时上报，并协助调查和处理工作。企业项目部的处理意见向基础建设处上报，努力将损失降到最低限度。

二、责任考核

①幼儿园施工安全领导小组及施工方安全领导小组对幼儿园施工安全工作进行全面考核。

②幼儿园保卫干部、施工方安全负责人随时根据本责任书规定的责任内容对施工安全工作进行检查。

③施工结束后，幼儿园施工安全领导小组和施工方安全管理领导小组针对施工过程中的安全工作考核情况，写出书面材料供幼儿园存档，并反馈给施工方上级管理部门。

三、责任追究

在责任期内，不履行或不能正确履行安全责任制，造成安全责任事故的，根据国家的法律法规及本责任书规定的相关内容进行责任追究，情节严重的依法追究法律责任，情节较轻的依据本责任书相关内容进行批评教育和相关处罚。

本协议书自签字之日起生效，一式三份，由施工单位项目经理或法定代表人、建设单位负责人签字并盖章有效，其中建设单位和施工单位各一份，一份报教委保卫处备案。

建设单位：　　　　　　　　　　　施工单位：

签字人：　　　　　　　　　　　　签字人：

年　　月　　日　　　　　　　　　年　　月　　日

三、制定安全管理制度

(一)制定安全管理制度的意义

幼儿园是对 3~6 岁幼儿进行集体教养的机构。幼儿身心发展还不成熟，安全意识淡薄，自我保护能力差，所以他们更需要得到成人的保护。为了维护社会的稳定，保证幼儿的人身安全和身体健康，减少各类突发事件对幼儿造成的伤害，避免幼儿园为处理事故耗费巨大人力、财力和精力，使幼儿园安全管理工作做到有章可循，实现管理的制度化、程序化和规范化，保障校园安全工作有序进行，幼儿园应制定各项安全管理制度，不断增强教职工和幼儿的安全防范意识，提高安全防范技能。《中华人民共和国未成年人保护法》第二十二条也明确指出："学校、幼儿园、托儿所应当建立安全制度，加强对未成年人的安全教育，采取措施保障未成年人的人身安全。"

制定幼儿园安全管理制度的目的主要是控制风险，因此，安全管理制度可以依据风险制定。

——考虑存在什么风险，需要从哪些方面控制风险。

——考虑各个环节之间的关系，也就是流程。

——考虑每个环节实现的具体要求，也就是制度的落实。

——考虑法律法规的要求，将法律法规的条款转化为制度的内容。

如果没有合理合法的制度，会发生什么呢？下面的这个案例就能告诉我们。

🌿 **案例** 安全教育制度不健全致幼儿摔伤

在某幼儿园中班，小米老师带全班幼儿下楼准备去户外活动。下楼的过程中，班中的一个小朋友因为只顾聊天，一脚踩空的同时撞到了前面的小妞妞，小妞妞磕到了楼道里的栏杆上。老师带小妞妞在医院进行了全项检查，最终确定小妞妞的骨骼、脑袋等没事，但是头上确实有一个小红包。事后，小米老师和班级其他老师去小妞妞家里进行探望，并且赔付了所有的医疗费，取得了家长的原谅。

幼儿的骨骼、肌肉、关节以及控制和协调运动的神经系统尚未发育完善，动作协调性较差，反应不够灵敏，平衡能力差，再加上好动，所以很容易发生跌伤、扭伤、骨折等情况。因此，教师不仅要定期对幼儿进行安全教育，还要不定期根据实际的活动环境、活动内容进行有针对性的安全教育，增强幼儿的安全防范意识和自我保护能力。小米老师带着幼儿去户外活动，就应该预估到可能存在的危险，应主动提示幼儿上下楼梯不要推挤，不要打闹聊天，当发现幼儿不专心上下楼时，及时提醒幼儿，以免发生危险。

这个案例提示我们：

①细化制度，积极防范，制定、细化合理周密的安全工作制度，明确安全职责，发挥积极防范的作用；

②制定安全教育制度，明确要求教师定期对幼儿进行安全教育，及时发现安全隐患并排除，以保障师幼的安全，保障幼儿园的教育教学秩序。

只有从精细处入手，随时完善幼儿园的安全管理制度，才能让幼儿在健康、平安、快乐的环境中享受爱的教育。

（二）幼儿园安全管理制度的内容

幼儿园安全管理制度主要包含四个方面。

首先是行政管理制度，包括安全工作组织制度，安全工作会议制度，安全工作检查制度，安全隐患排查制度，安全工作汇报制度，保卫干部选拔、任免、培训及考核与奖惩制度，安全工作档案管理制度，安全稳定信息报送制度，安全宣传教育与培训制度，安全责任追究制度，人防、物防、技防安全管理制度，消防安全管理制度，幼儿体育活动安全管理制度，幼儿午休值班安全管理制度，大型玩具正确使用制度，各种意外伤预防制度，幼儿接送制度，幼儿药品管理制度，来访登记制度，幼儿园周边交通安全管理制度，校园周边环境治理制度，网络安全管理制度等。

其次是人员管理制度，包括重点人员管理制度、临时工及外来务工人口登记与管理制度、值班人员管理制度、门卫管理制度、保安员管理制度、保洁员管理制度等。

再次是校园重点部位安全管理制度，包括办公室管理制度、档案室管理制度、财务室管理制度、图书（资料）室管理制度等。

最后是车辆管理制度，包括机动车驾驶员管理制度和非机动车管理制度等。

幼儿园安全工作管理制度案例

一、行政管理制度

（一）安全工作组织制度

组织是安全工作的前提。幼儿园必须组建完善的安全工作网络，形成强有力的工作机构，从而保证安全工作有序、有效。

①幼儿园每年成立安全工作领导小组，负责本园的全体教职工和幼儿的安全

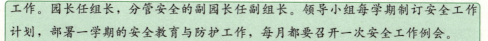

工作。园长任组长，分管安全的副园长任副组长。领导小组每学期制订安全工作计划，部署一学期的安全教育与防护工作，每月都要召开一次安全工作例会。

②构建幼儿园内部的安全教育与防护体系。各办公室、各班级、食堂、门卫等全方位联动，将全体教职工都纳入健全的安全体系，使全体教职工都是安全工作的责任人，强化幼儿园的安全工作。

③构建幼儿园外部的安全防护体系。幼儿园要在上级党委和政府的领导下，与公安、交通、消防、卫生、综合治理等部门全力协作，相互配合，齐抓共管，建立和逐步完善安全防范体系。

④幼儿园应建立家长委员会和与全体家长联系的通信网络，保证网络畅通，将家长会制度化，经常与家长保持联系，发生问题及时与家长取得联系。

⑤落实安全责任制。园长对幼儿园的安全工作负责，各办公室、各部门负责人对职责范围内的安全工作负责，班长对班级工作负责，班级其他教师对职责范围内的安全工作负责。园长每年都要与各位责任人签订安全工作责任书。

⑥幼儿园要有保卫干部，并将保卫干部名单上报上级部门和告知全园。保卫干部要及时了解幼儿园的安全工作情况，迅速传达上级有关安全工作的精神和要求，定期向园长汇报工作情况，经常督促有关部门或人员做好安全工作。

⑦幼儿园把安全工作纳入重点工作，提上重要议事日程。每学年、每学期的幼儿园工作计划，都要把安全教育与防护作为一项重要内容。每学期都制订安全教育与防护工作计划。

⑧幼儿园要加强值勤管理工作，每学期都要安排值周、值日工作，节假日、双休日都要安排好护园值班人员，对幼儿园安全负责。负责值班的教师，要按时到位，不得擅自离岗。

（二）安全工作会议制度

①会议制度是安全保卫工作的重要组成部分。幼儿园园长和保卫干部要高度重视，会前准备充分，明确会议议题，确保会议效果。

②单位党组织、安全领导小组要及时传达上级有关安全工作会议的指示要求，定期听取安全工作的情况汇报，研究部署单位的各项安全工作。

③单位安全保卫工作领导小组会议每季度至少召开一次，根据需要可随时召开，视会议内容、议题可邀请单位党政工团领导及有关人员参加。

④安全保卫工作领导小组会议的主要内容包括学习有关法律法规和规章制度，传达上级安全工作会议和文件精神，审查单位安保工作计划，分析单位安保工作形势和人员思想情况，研究安保工作的奖惩、经费投入等重大事项。

⑤全园教职工的安全保卫工作会议一般每两个月召开一次，其主要内容是传达上级对安保工作的指示和要求，总结近期的安保工作情况，表扬先进员工，指出问题，布置安保工作任务。

⑥特殊情况下，例如，国家举办重大政治活动时，单位出现严重事故隐患和案件苗头要随时召开保卫工作紧急会议，具体研究部署安保工作方案，迅速采取有效措施，消除事故隐患。

⑦安全保卫工作会议要与安全教育、安全检查、安全工作总结紧密结合，与贯彻落实上级指示要求和法规、制度紧密结合，与研究新情况、解决新问题紧密结合，防止形式主义和走过场。

⑧安保工作会议记录应详细，由专人保管，存档备查。

(三)安全工作检查制度

1. 安全检查的主要项目

安全检查的主要项目如下：师生安全教育；幼儿园秩序、大型集体活动和课余活动安全；饮食卫生安全；防盗安全；幼儿园周边环境安全；交通安全；防火安全；疏散通道安全；幼儿园附属设施安全；园舍安全；幼儿园财产安全等。

2. 建立安全检查督促制度，加强幼儿园秩序管理

单位主要负责人要充分认识安全检查的重要性和必要性，本着认真负责的态度，及时有效地做好安全检查工作。

①成立安全工作检查组：组长为园长，副组长为副园长，组员有教研组长、保卫干部、会计、出纳，定期对幼儿园安全工作进行检查和督促。

②开展安全周活动：每月出一期以安全为主题的板报。

③幼儿园将安全工作列为各教学班管理、评估的重要内容，实行安全工作"一票否决制"，凡发生重大安全责任事故的个人一律取消其当年评优评先资格。

3. 安全检查日常工作

①安全检查要做到：每月一次全面大检查，每周一次重点检查，每天定时、定点巡查，遇重大活动、寒暑假、法定节假日等要进行全面大检查；全面大检查由单位主要领导带队，重点检查由办公室主任、保卫干部、维修师傅等有关人员参加；每天巡查由保卫干部负责组织实施。

②检查内容包括防火、防盗、防意外伤害等技防设施完好情况，食品安全、用电安全和危险化学品使用管理情况，安全责任制落实情况，幼儿公共活动场所安全情况，出租屋和流动人口管理情况，幼儿园周边危及师幼安全情况等。

③检查的重点部位有消防设施、消防通道、食堂、财会室、出租房屋、计

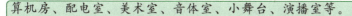

算机房、配电室、美术室、音体室、小舞台、演播室等。

④对于检查中发现的安全问题和隐患要指定专人负责限期整改，本单位无力整改的，要及时上报教委保卫科和有关职能部门，对安全隐患严重的设施采取果断措施，该停用的停用，该关闭的关闭。

⑤安全检查务必做到全面彻底，不留死角，注重实效，做好记录。

⑥从严执行封闭管理，严格幼儿园门口管理，保安要严格执行来人来客登记制度，禁止闲杂人员进入幼儿园，防止发生侵害师幼人身安全的事件，对值班、传达人员工作记录进行定期检查。

4. 全员参与，重视安全

①幼儿进园后、离园前，幼儿的所有安全问题由带班教师负责，教师一定要对自己本班幼儿的安全负责。

②幼儿户外活动时，3 位带班教师必须同时在场组织教学、维持秩序。

③教师应教育幼儿讲文明，不玩危险性游戏，上下楼梯靠右行。当班教师及时处理偶发事件，阻止幼儿进行危险性活动。入园、离园两个高峰时间段，护导教师在园门口值勤，防止意外事故发生。

④进行幼儿园组织的幼儿园外集体活动时，带班教师要提前对幼儿进行安全教育。

⑤未经园长同意，任何教师不得擅自组织幼儿外出活动。

（四）安全隐患排查制度

①健全门卫制度，严禁非教学用的易燃、易爆、有毒物品和管制器具进入幼儿园，严禁机动车辆和闲杂人员进入幼儿园。对进出幼儿园的人员要严格把关，严格登记。门卫要认真履行职责，丝毫不能懈怠，把好进出幼儿园大门的第一关。

②定期安排对幼儿园建筑物、设施设备进行安全检查和维修，如幼儿园的夜灯、楼道的电灯、楼梯的扶手、走道的栏杆、水电器等相关设施设备，发现安全隐患，应停止使用，及时维修或者更换，在维修、更换前采取必要的防护措施或者设置警示标志。

③食堂物品定点采购、索证和登记，做好饭菜的留验和记录工作。

④幼儿有先天性疾病、特异体质的情况要报告教师，由教师建立和妥善保管幼儿的健康档案，给予幼儿特别的关照，并依法保护幼儿的个人隐私。

⑤建立幼儿安全信息通报制度。幼儿在园、放假、开园时间有非正常缺席或擅自离园的情况，要及时通知其监护人。家长的联系电话要做到及时更正，保证信息畅通。

⑥注意门口的交通安全和入园、离园高峰时段的交通管理。

⑦在园内高地、水池、楼梯等易发生危险的地方设置警示标志或采取防护设施。

⑧注重易发生事故的时间：户外活动、区域活动、体育课、午间休息时等；注意易发生事故的区域：楼道、走廊、厕所等地方；注意易发生事故的类型：交通、用水、用电、火灾、自然灾害等。

⑨建立安全工作档案，记录日常安全工作、安全责任落实、安全检查、安全隐患消除等情况。

⑩幼儿园无力解决或者无法排除的重大安全隐患，应当及时书面报告主管部门和其他相关部门。

(五)安全工作汇报制度

①凡各类检查出现的安全隐患，检查者(发现者)要及时如实向园长或安全领导小组成员报告情况，以便及时处理。

②各班班长经常向值周教师汇报本班安全工作情况，认真向领导反映一周来本班学生的表现，实事求是汇报发生的安全事故。

③幼儿园实行首遇责任制度，凡首先遇到安全事故的教师要担负起责任，处理好相关工作，并及时向有关领导汇报。

④凡发生幼儿伤害事故，责任人要及时向幼儿园领导汇报，重大事故不超过一小时，一般事故不超过一天。

⑤幼儿园师幼发生重大事故时，幼儿园领导要及时向教委及有关部门反映，求得支持和帮助。

⑥不及时反映问题，而产生不良后果的要追究当事人和相关责任人的责任。

(六)保卫干部选拔、任免、培训及考核与奖惩制度

1.保卫干部的选拔、任免与培训

①保卫机构负责人和专职保卫干部由单位按照任职条件进行选拔，经保卫保密科审查、备案，在取得北京市公安局保卫人员上岗证、教育研修学院干部培训班合格证的基础上才能正式上岗工作。

②幼儿园更换保卫干部，必须提前做好准备，使新干部完成岗前培训程序，并保证幼儿园安全保卫工作的连续性。

③幼儿园保卫干部应积极参加上级部门组织的业务知识培训。

2.保卫干部的考核与奖惩

①保卫干部的考核分为单位考核和教委考核。单位考核由单位按照工作标准和工作要求自行完成；教委考核与年终检查工作同步进行，按照制定的保卫

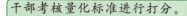

干部考核量化标准进行打分。

②保卫干部工作认真负责，各项工作成效突出，全年安全无事故，经教委有关部门考核认可，建议幼儿园予以表彰和奖励；对工作成绩显著的保卫干部（保卫机构），由教委或有关部门直接予以表彰和奖励。

③保卫干部因工作失误，造成一般安全事故的，依照责任和损失大小，由单位给予相应的处罚；发生重大事故的，依照情节、责任给予相应的行政处理，直至追究法律责任。

(七)安全工作档案管理制度

安全工作档案是幼儿园档案的重要组成部分，反映了幼儿园安全工作情况，为今后开展工作提供参考资料。建立幼儿园安全工作档案管理制度，完善幼儿园安全工作档案，对于促进幼儿园安全工作规范化、制度化具有重要意义。

①幼儿园安全工作要建立专门的安全档案，有统一的分类标准，将文件材料分门别类归档，并设专人管理。

②各级政府和上级主管部门下发的关于幼儿园安全工作的通知、通报、讲话、检查情况记录、整改意见、措施等要归档备查。

③幼儿园的安全管理计划、各种安全管理制度、突发安全事故应急预案和组织领导机构等材料都要装订归档。

④幼儿园、班级、食堂、保安及各办公室每日安全自查结果与自查安全隐患、整改措施、落实情况等材料必须及时归档。

⑤对于突发安全事故，应同步收集其相关材料归档备查。

⑥幼儿园和各部门及每一位教职工层层签订的责任书、幼儿园和家长签订的安全责任书都要装订归档管理。

⑦幼儿园每日的安全值班记录要装订归档管理。

⑧管理人员随时做好安全档案的保管，注意防盗、防火、防蛀、防潮湿。

⑨管理人员随时注意收集整理安全管理材料并及时归档，若发生遗漏和失误要追究管理者的责任。

⑩管理人员有权向安全事故处理小组提供有关方面的材料依据和被认可的证明材料。

⑪安全档案管理纳入幼儿园安全工作量化考核评估标准，与对幼儿园及本人的绩效考核结合。

(八)安全稳定信息报送制度

加强安全监管，严格安全事故信息管理，及时、妥善地处置幼儿园突发安全事故，特制定本制度。

1. 报告范围

①幼儿园各类安全工作情况，按月进行专项统计记录，并据此形成专项报告。每月应组织幼儿园安全隐患检查，填写幼儿园安全工作检查表，存在安全隐患的，应在对应项目中，填写清楚安全隐患的内容、采取的措施并由办公室向上级有关部门报告。

②外出和大型集体活动报告制度：若组织外出和大型集体活动，应提前一周写出安全保障措施(预案)报教委办公室备案，说明负责人、事由、路线、交通工具等重要事项，并由相关组织科室向西城区教委审批。

③安全稳定信息月报制度：要采取积极措施，缓解处理各类矛盾，有效预防和妥善处置群体性事件，要有专人负责相关信息的收集和填报，及时了解园内教师、幼儿可能产生的影响稳定的信息，对排查出的可能影响社会和谐稳定的各种矛盾纠纷和不稳定问题，及时落实处理，并按要求及时上报，对可能引发重大纠纷、带来重大影响的由保卫干部即查即报。

④重大事件即发即报制度：对突发事件出现伤亡的、盗窃案值达5000元的事件实行即发即报制度，发现事件第一人有义务及时向幼儿园负责人报告，并于2小时以内由办公室书面报告上级有关部门。消防、交通、公共卫生、人身意外、群体伤害事故以及刑事案件等，必须在1小时内上报，必要时根据事态发展实行滚动报告。

2. 报告规程

①幼儿园安全稳定及专项安全检查统计报告由幼儿园办公室负责。

②突发事件发现第一人即为第一责任人，有义务向副园长、保卫干部报告所发现的事件的经过。

③副园长、保卫干部立即向园长报告，并了解事件的经过、原因以及所引起的危害。

④幼儿园相关处室在了解事件后应在第一时间写出详细报告或信息报园长审批，在征求园长意见后决定是否上报，并由幼儿园办公室向上报告。

⑤重特大安全事故发生后可越级上报、审批。

3. 信息报送原则

(1)迅速

发生重特大安全事故时，最先发现或接到报告的幼儿园和个人应在第一时间内向主管领导报告，不得延报。

（2）准确

信息内容要客观翔实，不得主观臆断，不得漏报、瞒报、谎报。

4. 报告问责制度

①幼儿园安全信息报告必须保证真实性、时效性。

②事件上报时不得瞒报、漏报，不许夸大或缩小事件的危害性，发现违纪现象按照幼儿园安全责任追究制度追究责任。

（九）安全宣传教育与培训制度

幼儿园应结合实际工作，根据教师和幼儿的不同特点和身心发展规律，有重点、分层次地确定安全教育的目标和内容，利用幼儿园家长教育专栏和微信公众号平台，定期开展多种形式的教育、培训工作。

1. 对幼儿的教育

（1）教育目标

目标主要是让幼儿掌握在危险情况下的避险方法，使幼儿初步具备分辨安全与危险的能力。

（2）教育内容

①交通安全教育：遵守交通规则，识别交通信号、标志，初步掌握安全乘车、乘船、乘机的知识，知道交通事故报警电话和其他报警方式。

②消防安全教育：了解火灾类型和起火原因的简单知识，养成不玩火、不随便燃放烟花爆竹、不带火种进山林等良好习惯，知道火灾报警方式，初步掌握公共场所、山林火灾中逃生的自救常识。

③食品卫生教育：不吃腐烂食品，不随便买零食，懂得简单的食物中毒预防知识，知道医疗急救电话。

④纪律教育：在公众或集体场合，听从教师指挥，不乱走乱跑，不拥挤打闹。

⑤简单的体育运动安全知识教育。

⑥防地震及其他自然灾害的安全教育。

⑦饮水卫生知识教育。

⑧预防常见病和传染病的基本知识教育。

2. 对全体教职工的培训

（1）教育目标

关心爱护幼儿，认真履行保护幼儿的职责，落实幼儿园安全管理制度，牢固树立"安全第一"的思想和依法治"安"的法制观念，具备准确分析安全与危险的判断能力和在紧急状况下组织幼儿逃生避险的应急能力。

（2）教育内容

①责任意识教育：园长是安全工作第一责任人，班主任是主要责任人，其他教职工是相关责任人。

②教育法规教育：教育法规是调整教育关系的法律规范的总称，是现代国家管理教育的基本依据。教职工应该熟悉教育法规。

③交通安全教育：组织幼儿安全乘坐交通工具，在交通事故中迅速组织幼儿自救。

④消防安全教育：掌握各种防火知识并能有效告知幼儿，了解不同公共场所的消防设施，在火灾中迅速组织幼儿逃生避险。

⑤食品卫生和防疫教育：分辨常见传染病并了解其预防办法。

⑥保护幼儿在参与劳动、体育活动、竞赛时人身安全的知识教育。

⑦组织幼儿在地震及其他自然灾害中迅速逃生避险，实行自救自护，并求得援助的安全知识和能力的教育。

⑧爱护幼儿、关心幼儿的师德教育。

⑨保持和调适自身及幼儿健康心理的常识教育。

3. 实施途径

在实施幼儿园安全教育中，幼儿园要发挥主导作用，同时要与家庭密切配合，共同完成好教育任务，主要实施途径如下：

①通过安全教育周（每年3月份开学第一周）对幼儿进行安全教育；

②发现问题时进行有针对性的安全教育活动；

③进行生动活泼、形式多样的安全教育和演练，让幼儿在喜闻乐见的教育活动中，收到巩固知识、强化技能的效果，例如，请外来专家进行讲座，组织模拟演练，举办安全绘画比赛等；

④利用社会上真实的安全案例，对全体教职工进行安全知识和技能教育。

（十）安全责任追究制度

为了进一步强化安全管理，提高安全职责意识和防范意识，幼儿园实施责任追究制度，具体有主管责任制度、当事责任制度和首遇责任制度，凡发生安全隐患或安全事故都将追究相应责任人的责任。

1. 主管责任

幼儿园实行岗位职责管理，对园长、中层干部、各方面负责人和全体教职工赋予一定的职责，实施"谁主管，谁负责"的原则。对职责范围内，各责任人要认真履行职责，担当责任，切实地"看好自己的门，管好自己的人，办好自己的事"，在职责范围内发生的安全隐患或事故，要追究相应责任人责任。

2. 当事责任

每一位教职工都是安全责任人，要时时处处注意自身安全和他人安全。在自己的工作、学习、生活中，不管是失误或故意制造安全事故，都将对当事人追究一定的责任。

3. 首遇责任

幼儿园实行首遇责任制度，凡首先遇到安全事故的教师，要承担起事故的紧急处理和汇报工作，然后负责做好安全工作。如果逃避或拖延、不负责任，要追究首遇者的责任。

4. 值勤责任

幼儿园实行值勤管理，幼儿园领导班子成员参与重大节假日值班、值周管理，全体教师参与节假日值班管理，对所有值周、值班人员均赋予一定的职责。值周、值班人员的一条重要职责就是安全管理。当日发生的安全事故要追究当日值班人员的责任和当周值周人员的责任。

（十一）人防、物防、技防安全管理制度

为保证幼儿园的正常活动秩序，保障我园全体师幼生命财产安全和身心健康，维护社会稳定，确保我园财产不受损失，杜绝安全事故的发生，结合实际，特制定本管理制度。

①园长是幼儿园安全工作的第一责任人。幼儿园安全工作由园长领导下的安全工作领导小组负责，实行责任追究制。

②幼儿园每月要对幼儿进行有关安全方面的知识教育，教育形式应多样化。每班每周应有针对性地对幼儿进行安全教育，要对幼儿进行紧急突发问题处理方法、自救互救常识的教育。

③建立重大事故报告制度。幼儿在园内外出现的重大伤亡事故要在一小时内报告教委；幼儿出走、失踪要及时报告，对事故的报告要形成书面报告一式三份，一份交教委，一份交派出所，一份幼儿园留存，不得隐瞒责任事故。

④建立健全领导干部8小时值班制。每天早晚高峰时间段有专门的护导教师进行值守，同时加强幼儿园教育教学活动的管理，维护正常的幼儿园教学秩序。保卫干部经常和辖区的派出所保持密切联系，争取派出所对幼儿园安全工作的支持和帮助。

⑤加强对教师的师德教育，使教师树立敬业爱幼思想，提高教学水平和质

量，随时注意观察幼儿的心理变化，防患于未然，不得体罚和变相体罚幼儿。

⑥幼儿园要定期对园舍进行安全检查，发现隐患及时消除，情况严重一时难以消除的要立即封闭，并上报教育部门。

⑦要经常检查园内围墙、扶手、门窗、楼梯、护栏以及各种户外体育器材、消防基建等设施的安全情况，对有不安全因素的设施要立即予以维修和拆除，确保师幼正常的工作、学习、生活。

⑧幼儿园为各办公室安装防盗门，对全楼进行监控，围墙用红外对射进行防护。

⑨幼儿园购置警棍、辣椒水、电叉、防割手套等安全保护设施，用以加强师幼的安全保卫反应速度和应对能力。

(十二)消防安全管理制度

①经常组织教职工学习消防知识，参加消防安全知识培训，增强教职工的消防安全意识；不定期向幼儿传授简单、基础的消防安全知识。

②认真执行消防安全条例的有关规定，高度重视，做好单位内部火灾预防工作。

③加强对幼儿活动室、寝室、教师办公室等人员密集区域的防火安全检查，杜绝火灾事故隐患。

④经常检查食堂等明火使用场所的防火安全工作，防止火灾发生。

⑤按消防要求，在显眼的位置配备必要的消防器材，并定期检查。

⑥严禁在园内焚烧垃圾等物。幼儿午睡室禁止点蜡烛、蚊香。

⑦严格控制电水壶、空调等电器的使用，禁止使用电磁炉，防止电线超载引发火灾事故。下班前要关掉活动室、幼儿午睡室、办公室及各功能用房电源。

⑧幼儿园重要场所如电脑房、食堂、档案室等，严禁吸烟，杜绝火种。

⑨安排专门人员定期检查重要部位(如食堂、幼儿午睡室、活动室等)的电器及电路设备，及时更换破旧的消防器材，防止因电路老化发生事故。

(十三)幼儿体育活动安全管理制度

根据《幼儿园体育工作条例》及上级有关文件精神，根据体育课教学的实际特点，为尽量避免幼儿在参加体育活动时及活动课上发生意外伤害事故，为尽量减少伤害事故造成的损失，幼儿园特做如下规定。

①幼儿园组织幼儿参加体育活动及上体育课必须坚持"幼儿为本""健康第一"的原则，要充分考虑天气、场地、设备、器材等方面的安全因素，尽量避免意外伤害事故的发生。

②幼儿园的每位教职工都有责任、有义务保护幼儿的健康和安全，发现幼儿有不安全行为，要立刻进行制止和教育；如果遇到幼儿伤害事故，要及时给

予救助。

③幼儿到园外参加各种体育活动，视具体活动内容，必须有幼儿园领导、幼儿所在班级的班长等相关人员带队，并事先对幼儿进行安全教育。

④安全领导小组每学期开学前对幼儿园的体育设施、器材进行一次安全检查，若发现不安全因素，要及时以书面形式报告幼儿园，幼儿园要及时对体育设备、器材进行维修或更新。

教师进行户外活动要做到如下几点。

①加强责任心，对幼儿进行必要的安全教育。

②合理安排运动量和运动强度，关注体质较弱幼儿、特异体质幼儿。

③室外活动课前一定要做好充分的准备活动，帮助服装、鞋不符合上课要求的幼儿进行更换。

④讲明动作要领，做出动作示范，提出具体要求、注意事项等，并加强安全保护。

⑤发现有幼儿打闹或做出危险动作，要马上纠正或制止。

⑥下课集合整队，做简单讲评；若发现幼儿身体有强烈的不良反应，要及时通知相关教师。

⑦不能在课堂上体罚幼儿。

如果课上发生幼儿呕吐、晕倒、受伤等突发情况，相关人员应立即采取以下处置措施。

①迅速通知保健医进行救助。

②及时对病（伤）幼儿做出初步诊断及必要的处置，事后要及时做好幼儿病（伤）情及临时处置情况的记录，并上报园领导。

③如果幼儿病（伤）情况较为严重，要立即拨打"120"急救，并且送往就近医院进行诊治或抢救。

④幼儿所在班级的班长要及时将幼儿病（伤）情况通知到幼儿家长，幼儿园领导视具体情况上报教委相关部门。

⑤教师事后及时写出现场情况书面报告，并上交幼儿园。

⑥幼儿园根据国家有关政策法规，对幼儿在体育活动中发生的突发事件进行善后处理。

（十四）幼儿午休值班安全管理制度

为保证幼儿有一个良好的午休环境，同时加强对幼儿园午休安全工作的认识，特建立幼儿园午休值班安全管理制度，请各位教师在工作中严格执行。

①教师与保育员严格执行幼儿午休时间，即上床时间为 12：10，起床时间为 14：30。

②教师在幼儿上床前对其进行午检，提示幼儿不带物品(小发卡、挂饰、标志牌等)上床，不含饭上床，并注意幼儿上下床的安全。

③午休值班教师站和坐的位置要利于观察全体幼儿的入睡情况，并做到不离岗、不串班、不聊天、走路轻、盖被勤、动作轻，保证睡眠室的安静。

④教师在幼儿午睡期间要高度负责，严禁幼儿在床上乱蹦乱跳，要培养幼儿安静入睡的好习惯。

⑤教师在午睡期间要培养幼儿的穿脱外衣、鞋等基本生活技能。

⑥教师用多种亲和的方式督促幼儿入睡。

⑦加强巡视工作，特别注意对体弱儿、病患儿的观察与照顾，若发现异常及时处理。

⑧注意多尿的幼儿尿床，如有幼儿如厕，提示其披上外套。

⑨注意幼儿的午睡姿势，引导幼儿不蒙头，不俯卧，不咬被角，不吸吮手指等，盖好被子。

⑩幼儿午睡期间，教师要每隔半小时对幼儿细致观察，如发现幼儿有异常反应(如发热、剧烈咳嗽、流鼻血、腹泻、呕吐等)，要给予帮助并及时通知保健医和家长。

⑪教师在值班期间要注意发现、上报并及时消除睡眠室的安全隐患。

⑫睡眠室若开空调，室温可定为比较适宜幼儿午休的温度。

⑬如值班教师因不遵守以上规章制度造成幼儿午休安全事故的，由幼儿园园务会研究处理方案。

对幼儿进行正确的午睡管理，不但对幼儿的身心生长发育有一定的帮助，而且也是保证幼儿生命安全的一项基础工作。幼儿园教师有义务更有责任为幼儿的安全尽心尽责。

(十五)大型玩具正确使用制度

1. 日常维护和检查

①幼儿园分管领导定期检查大型玩具是否安全牢固，一旦发现问题应立即通知各班班长禁止使用，及时采取措施排除故障。

②保洁员要做到每天 7：20 之前把大型玩具擦洗干净并消毒，保证卫生安全。

2. 组织幼儿正确使用大型玩具

①教师应根据幼儿的年龄特点和实际情况，为幼儿选择适合的大型玩具游戏。

②在组织幼儿活动之前，教师应检查玩具有无异常，位置摆放是否适当，玩具有无损坏。

③开始游戏前，教师应先介绍玩具的名称，帮助幼儿认识玩具的各个部位，指出可能发生危险的地方；针对本班幼儿情况，讲解游戏的玩法，提醒幼儿注意安全。

④幼儿游戏时，教师应心中有数，要格外留意容易发生危险的地方。

⑤在幼儿玩特殊种类的玩具器械时，教师要给予特别的指导和保护，如玩轮胎玩具时，防止幼儿夹手或发生其他意外。

⑥应在各种大型玩具适当的地方做一些安全标志，以提醒幼儿小心注意，防止意外发生。

3. 注意事项

①幼儿游戏时，教师要注意幼儿身上佩戴的饰物是否收好，幼儿的衣裤是否整理好，尤其是鞋带、帽绳之类的是否系好，以免影响幼儿的活动和带来安全隐患。

②幼儿游戏中，教师应根据游戏情况让幼儿适当休息，注意活动内容动静交替，时间适宜，保证幼儿有充足的体力和良好的情绪。

③因为幼儿存在着个体差异，所以教师要特别关注动作不协调的幼儿和有受伤史的幼儿，注意他们的活动，给予适当的帮助。

④在幼儿玩滑梯的时候，教师要提示幼儿不拿玩具上滑梯，玩滑梯时要坐好，不倒滑，手扶滑梯边，滑下去后立刻站起来，不停留，后上来的小朋友要等前面的小朋友走开后再滑。教师要随时巡视检查，特别检查圆筒滑梯和滑梯下有空洞的地方，防止发生意外。

⑤游戏结束时，教师不要急于让幼儿集合，应环顾所有幼儿，站在关键部位慢速度依次帮助幼儿从大型玩具上下来，确保幼儿安全。

⑥幼儿游戏时应有两位教师同时在场，他们相互配合，多关注全体幼儿的活动，不要固定站在一个位置上，应随着幼儿玩的场地而变换位置。

⑦教师要根据天气情况（如下雪或刮大风后），在活动前检查玩具上有无积雪、断树枝及其他杂物，及时清理之后再让幼儿游戏。

(十六)各种意外伤害预防制度

1. 保证设施安全

①设施、用品、用具符合规定的质量、安全标准，购买物品符合规定的质量标准，并保存购货凭证。

②幼儿园要设置安全通道。

③设备、器械安装规范、牢固。

④按规定对设施、用品、用具进行维修、更新。

⑤设施、用品、用具符合幼儿用品的规格和标准。

2. 进行安全教育

①幼儿园安全是新教师、新家长、新幼儿的第一课。

②做到安全教育经常化。对教职工进行在各自职责范围内保护幼儿人身安全的教育；及时报告安全隐患，制止幼儿危险行为。

③大型活动中，对相关人员进行有针对性的安全教育和提示。

④做好应对突发事件的教育。

⑤根据幼儿的年龄和认知能力对幼儿进行安全教育，培养规则意识。

3. 管理到位

尽职尽责是预防伤害事故的根本。幼儿园大多数伤害事故是失职造成的，不能归责为幼儿违反制度。所有安全预防措施都必须以教师和员工尽职尽责、加强管理为前提。在每个环节，每位教师和员工都必须尽职尽责，制度、措施才能起作用。

4. 救治及时

发生伤害事故时首先要救治幼儿。

5. 预案常备

幼儿园要有应对突发事件的紧急预案，并根据幼儿的年龄特征适当进行应对突发事件的演习。

(十七)幼儿接送制度

①门卫人员要明确使用接送卡的目的、意义，严格执行幼儿接送卡制度，把好幼儿园门口出入关，确保在园幼儿的安全。

②各班级教师提示家长要严格执行幼儿接送卡制度，确保在园幼儿的安全。

③门卫人员在接送幼儿时间段，提前在门口准备，做好查验工作。

④家长委托他人接幼儿时，门卫有职责不让其进班，并在大多数幼儿走后及时与班上教师取得联系，得到教师的确认后，方可让其进园。

⑤幼儿在园期间，家长中途提前来接时，门卫同样要认真检查核实接送卡。

⑥对于不带接送卡的家长，门卫要耐心做好工作，求得家长的配合和理解。没有接送卡的家长，一律不得进入幼儿园。

门卫要严格执行并遵守以上制度，以确保幼儿园幼儿接送环节安全有序。

（十八）幼儿药品管理制度

1. 携带药品管理细则

①幼儿在出现流鼻涕、咳嗽等轻微身体不适的情况后，经正规医院确诊无传染性疾病、无高烧，且可以参加幼儿园正常的一日活动时，家长可为患儿携带符合国家药品监督部门认定的口服药品来园。

②若幼儿需要在园服药，家长只能给幼儿带一天的服药量（请家长接幼儿离园时将没喝完的液体药品带回）。

③家长要将幼儿当日需服用的药包好，并注明幼儿姓名、药名、服药时间、服药方法和剂量，并把包好的药交给本班教师，向教师说明药品名称、服法。家长同时要认真详细地填写日期、幼儿姓名、药品名称、用药方法、用药剂量、用药时间并签字。

④家长未签字或服用方法不清楚的，幼儿园有权拒绝给幼儿服用。

⑤教师应把药品及时放入药箱，药箱要放在幼儿拿不到的地方。

⑥教师照顾幼儿服药时，要严格按家长的服药登记说明为幼儿服药，服药前认真做好"三查五对"工作（"三查"即查服药登记单上的姓名、药名，药袋上的姓名、药名，呼叫幼儿姓名；"五对"即与服药登记单对幼儿姓名、药品名称、用药方法、用药剂量、用药时间），确定无误后方可为幼儿服药。教师帮助幼儿服药后，要在《幼儿园幼儿带药情况登记表》上签字。

⑦晚上离园前，当班教师要清理药箱，班内不予保存。

⑧教师应在交接班本上登记服药情况并做好交接班工作。

⑨药品登记表每月月底交保健医保存，空的药瓶、药袋需保留三天。

⑩消炎药（如头孢类、青霉素类等）等易过敏的药不允许在幼儿园服用。

⑪教师要了解掌握用药常识。例如，健胃药物宜饭前服用；对胃粘膜有刺激的药物宜饭后服用；止咳药物服后不宜立即饮水；服酸剂、铁剂应用饮水管吸入，要避免接触牙齿，服后立即漱口。

2. 服药后的观察

注意观察幼儿用药反应，要观察幼儿面色有无潮红、皮疹，口唇有无发绀，睡眠有无盗汗，大、小便是否正常；如发现异常及时与保健医联系。

3. 其他事项

服药幼儿离园时，要与家长交代幼儿用药后的情况及幼儿在园的精神状况，让家长对幼儿的病情做到心中有数，家园携手共同促进幼儿早日康复。

(十九)来访登记制度

为了加强幼儿园门卫管理，特制定以下登记制度。

①保安要认真做好来访人员登记工作，并填写会客单。

②外来人员进园一律在门卫室填写来访登记表，注明来访者姓名、单位、园方接待人、事由、进园时间等方可进园。

③来访本园教职工请与被访者电话联系，进行来访登记确认后方可进园。

④上级部门或有关单位来园检查、联系工作，门卫应礼貌地接待来访人员，热情相迎，礼貌地询问其找何人或何科室，电话通知相应部门来人接待。

⑤严格把守园门，拒绝一切外来推销人员进入园内。

⑥如果来访人员要会见园领导，门卫电话请示园领导同意后，将客人引至领导办公室。

⑦家长如遇特殊情况中途接幼儿，必须与幼儿所在班级教师取得联系，填写好中途离园登记表，方可进班接幼儿。

⑧重大节假日时，外来人员未经行政值班领导允许，不得进入园所。

⑨接送幼儿的车辆必须在大门外指定位置有序停放。

⑩携带公物出园必须主动出示有园长签字的证明，经门卫做好记录后，方能离园。

⑪接待结束后(来访人员离园后)，门卫及时填写来访人员离园时间。

(二十)幼儿园周边交通安全管理制度

①要进一步强化师幼交通安全知识教育。通过多种形式，定期对师幼进行交通安全知识教育，每月不少于一次，增强师幼安全意识，使师幼详细了解交通规则。

②严格落实园门前的安全值勤制度。结合实际制定并严格执行幼儿园门口及主要交通路口值班制度，要明确职责，安排好人员，实行无缝隙管理；在早晚两个高峰时间段，必须有教师值勤，疏导交通，监督家长按交通规则行走，并做好值班记录。

③在园门口设置醒目的警示牌，提醒机动车辆注意减速慢行，严禁机动车辆随意出入校园。

④教职工骑自行车要做到八不准：不准"飙车""飞车"；不准多车并行；不准勾肩搭背；不准撒把骑车；不准倒骑车；不准在公路上赛车；不准骑车带人；不准在公路上停车玩耍。

⑤幼儿园要监督在园职工不乘坐不合格车辆和无合格手续车辆。校园内严

禁汽车进入，自行车进园要推行。

⑥严格实行交通安全目标责任制和责任追究制。园长是第一责任人，幼儿园要根据实际，建立健全具有可操作性的安全工作责任制，任务分解到人，实现师幼交通安全工作规范化、制度化，达到预防为主的管理目标。

⑦家长、幼儿、教师发生交通安全事故的，应立即送医院及时抢救，并将责任落实到人。

（二十一）校园周边环境治理制度

①幼儿园周边环境治理涵盖师幼人身、食品卫生、文化活动等方面，进行综合性治理，应取得社会各界的广泛支持与通力配合。幼儿园应密切关注与监控周边环境。

②幼儿园在做好内部保护工作的同时，还要重视幼儿园周边环境的安全治理工作，主动联系辖区的派出所、街道、工商管理、城管等部门共同抓好治理工作。

③值班人员除做好校内的巡视工作，还应注意对校园外附近环境的巡查，发现安全隐患，要提示家长远离，提示保安注意保护幼儿的安全。

④建立校园突发事件教师救护队，该队伍应高度警觉，随时出动。

（二十二）网络安全管理制度

①幼儿园网络管理中心必须认真执行《中华人民共和国信息系统安全保护条例》。

②任何部门或个人，不得利用联网计算机从事危害幼儿园网及本地局域网服务器、工作站的活动，不得危害或侵入未授权的服务器、工作站。

③机房设施应符合国家有关规定，认真做好电源防护、防盗、防火、防水、防尘、防震、防静电等工作，必须安装防盗门窗和报警装置，报警装置须与当地派出所或幼儿园值班室联网，防范措施应有效得力。

④严禁任何人在校园网上使用来历不明或有毒的软件。

⑤禁止利用校园网制作、复制、查阅和传播违反国家法律法规、不利于国家安全稳定的信息以及黄色等有害师生身心健康的信息。

⑥网络管理中心的服务器、工作站未经主管部门领导同意，不得借用到校外。

⑦主干服务系统发生案件，必须及时报告幼儿园政教处或公安机关查处。

⑧严禁火种进入室内，人离关窗锁门。

二、人员管理制度

（一）重点人员管理制度

①加强幼儿园重点人员管理，建立台账，详细登记人员基本情况，做到情

况清楚，底数明了。

②做好重点人员稳控工作，每年都要通过电话联系、走访其直系亲属等形式，了解掌握其动态和思想情况。

③做好服务工作，在节日期间对其进行慰问，了解其生活情况，对生活中的困难给予帮助。

(二)临时工及外来务工人口登记与管理制度

为确保幼儿园师幼的健康和安全，幼儿园要严格依据《幼儿园工作规程》《北京市托儿所、幼儿园卫生保健工作常规》的有关要求，加强对临时聘用人员准入的管理。

1. 在临时聘用人员准入环节上加强监控

①在聘用前，向所聘用人员索要如下证件：居民身份证；如果不是北京市居民，则需提供外地人暂住证；当地街道、派出所出示的其身体状况(特别是传染病和精神病)的证明；有无违法违规行为的证明。

②经审查，如上证件齐全、符合要求后，要求其到指定的卫生部门进行体检，在确定体检合格之后，由领导班子集体决定是否聘用。

③聘用之后，幼儿园要给临时聘用人员建立档案(见表4-1)。

④幼儿园临时聘用人员如有调整，按以上要求聘用后及时上报学前教育科备案(见表4-2)。

2. 在临时聘用人员体检环节上加强监控

①所有临时聘用人员坚持每年一次的定期体检。

②体检过程应加强监管，尤其加强重点环节的监管(如采血、妇科体检和精神状况的检查)，设专人负责，责任到人，保证体检结果的真实性。

③体检表由专人负责保管。

④发现临时聘用人员患有传染性疾病、精神病，有违法违规行为，则坚决不予录用。

表 4-1　幼儿园临时聘用人员档案

姓名		性别		民族		
出生年月		原工作单位		岗位		照片
政治面貌		健康状况		是否有上岗证		
介绍人		介绍人工作单位				

学历		毕业院校				
家庭住址			电话		邮编	
家庭成员情况	姓名	关系	工作单位		电话	健康状况
个人简历						

填表日期：　　　年　　月　　日

表 4-2　幼儿园临时聘用人员情况备案表

幼儿园名称：

姓名	性别	年龄	岗位	资质	健康证明	户口所在地

填表日期：　　　年　　月　　日

(三)值班人员管理制度

①传达室人员及值班人员应具有高度的责任心以及胜任工作的基本能力。

②对进入单位的车辆和人员进行询问和登记，对运出单位的物品进行检查，同时对影响校园周边环境的人员、摊商进行劝阻和疏导。

③建立值班记录，做好交接班登记。

④夜间值班人员必须进行巡视，检查各部位有无安全隐患，发现问题及时报告并采取相应的解决措施。

⑤对夜间进入单位内部的各级检查人员，应验明其身份，协同工作。

⑥传达室人员及值班人员应做到"三知"(知报警电话、知救援电话、知主要领导和保卫人员电话)，"四会"(会报警、会使用灭火器材、会扑救初起火灾、会处理突发事件)，"五不准"(值班时不准喝酒、不准干私活、不准打牌下

棋、不准脱岗、不准使用值班电话聊天)。

(四)门卫管理制度

①执行 24 小时值班制度，不得擅自离岗、空岗，按时交接班并做好交接记录，发现问题及时报告。

②严格落实园门开闭制度，幼儿上课时间应保持园门关闭。

③严格执行大门和出入人员管理制度，对来访人员进行严格验证，并依据幼儿园有关会客登记制度履行登记手续，严禁无关人员进入幼儿园。上课期间，家长必须持门禁卡进园。

④发现可疑人、事、物或其他治安信息，及时向相关领导或部门汇报，必要时启动报警器或拨打"110"报警，并配合公安机关做好处置工作。

⑤对出入人员和车辆所携带、装运的物品物资进行严格的检验、核查，禁止私自将危险或违禁物品带入，严防幼儿园物资流失。

⑥疏导出入车辆和行人，清理门卫责任区内的无关人员，保证进出车辆畅通，人员出入有序无阻。

⑦任何人不得在传达室从事与该室工作无关的活动，不得存放或代人存放贵重物品、现金和危险品。

⑧做好传达室的消防安全工作，确保灭火器材的充足、完好和有效，定期检查插头、电线，发现问题及时报修。

⑨妥善保管、定期检查、熟练使用技防工具，在危急时刻充分发挥技防工具的作用，确保师幼安全。

⑩在岗期间不与无关人员聊天，不干私活，不饮酒。

⑪完成领导小组交办的其他安全工作。

(五)保安员管理制度

①保安员肩负幼儿园安全保卫重任，要有高度的责任感，按时交接班，办好交接手续并填写值班记录，不得擅自离岗、脱岗。

②保安员在上岗期间应做到着装上岗，仪容整洁，保持严肃认真的工作态度，与传达室人员密切配合，对出入校门的人员、车辆及携带的物品进行查询，对校园周边 50m 范围内的治安环境进行协调、整顿，确保单位正常的工作和教学秩序。

③建立保安员执勤上岗登记制度，明确上岗、巡视时间，认真履行岗位职责。

④遵纪守法，遵守单位内部的规章制度，服从单位领导和保卫干部的管

理，接受必要的培训、指导、检查和监督。

⑤对出入园门人员进行验证检查、登记，严禁外部人员随便出入。对来访者，要及时与被访部门人员联系核实，征得同意后方可放行。

⑥协助德育(教导)处按幼儿园相关规定做好幼儿进出管理，如有幼儿外出须有由班主任签字的请假条，或有班主任陪同方可离校。

⑦根据幼儿园的要求，对出入的人员、车辆携带或装运的物品进行查验，防止幼儿园财物流失。

⑧正确无误地收发信件、杂志，并及时送交相关部门人员。

⑨注意发现可疑情况，及时报告幼儿园或公安机关，并配合做好工作。

⑩熟悉报警及相关电话，会使用消防器材，具有一定的解决问题和排除险情的能力，发现问题及时与单位领导和保卫干部联系，妥善处理。

⑪单位应关心保安员的工作、学习和生活，解决保安员工作中的实际困难，同时对其工作情况进行考核，对成绩突出者给予一定的奖励，对违纪者给予批评教育等。

⑫使用合法保安公司提供的保安员，并与保安公司签订协议书，明确双方的工作内容和权益。

⑬保安员如因工作失职，造成幼儿园财产损失或伤害事故，需承担相应责任。

(六)保洁员管理制度

①做卫生清洁时，设置地面防滑警示标志，卫生用具放置整齐，预防师幼滑倒、绊倒。

②清洁用品(洁厕灵、消毒液等)应放在指定工作室，禁止将此类用品放置在卫生间等师幼可接触到的地方。

③清洁灭火器时，检查是否存在人为动用导致器材失效的情况，如有发现应及时报告相关领导或部门。

④做保洁工作时，应及时检查相关区域内的安全隐患(尤其是卫生间)，如有异常，应及时报告相关领导或部门。

⑤完成领导小组交办的其他安全工作。

三、校园重点部位安全管理制度

(一)办公室管理制度

①办公室门窗牢固，重要的办公室要安装防盗门及技防设施。

②办公室安全管理制度健全，相关人员安全保卫责任层层落实。

③工作人员都必须提高警惕，防止不法分子闯入室内。重要的文件、资料要及时送幼儿园档案室保存，个人存放文件、资料时要妥善保管，不要乱放乱丢，严防泄密。

④办公室的钥匙不得转交本室以外的人员使用，严禁将外人单独留在办公室内。

⑤个人办公桌上的钥匙要随身携带，人离开时注意关锁门窗。报警器装置要接通电源，并落实专人负责此项工作。

⑥个人的现金、贵重物品不得放在办公室抽屉、橱柜内，以防被外来人员顺手牵羊造成损失。

⑦不准在办公室内焚烧杂物、纸张，不准乱接电源、不准烧电炉，人离开时注意关闭电源，认真做好防火工作，最后离开办公室的人员应做到随手关灯、关窗、断电、锁门。

(二)档案室管理制度

①档案室是保存幼儿园党政资料、人事档案的场所，列为幼儿园安全管理要害部位，工作人员应特别做好安全工作。

②档案室是机密部位，非工作人员未经批准，不得随便进入。

③各类资料进入档案室，必须严格登记制度、借还制度，严防机密资料、人事档案丢失，严防泄密事件的发生。

④档案室应通风、透气、干燥，做好防湿、防虫蛀的工作。

⑤室内消防器材、报警设备常年完好，性能良好有效。

⑥严禁将任何火种带入室内，任何人不准在档案室内吸烟。

⑦门窗坚固防盗，工作人员随手关窗锁门，节假日时要特别加强看护，确保安全。

(三)财务室管理制度

①财务室是安全要害部位，财会人员应认真执行《中华人民共和国会计法》和财会管理制度，必须做到各类账目都账册齐全、手续完备，采取切实有效的防范措施。

②保险柜应安装报警设备，现金存放应按开户银行核定数额留存，严禁超限额存放，严禁存放个人钱物、证券。

③财务人员应认真执行财务手续制度，妥善保管印鉴、票据，严禁在支票上提前加盖印章。

④财务室门窗、墙壁要坚固、防盗，报警设施要经常检查，确保有效；使

用经公安、技监部门检测合格的保险柜(箱);保险柜(箱)过夜现金不得超出公安机关或银行核定库存现金限额;保险柜(箱)应及时关锁,钥匙须会计随身携带,不准放在办公桌内或转交他人。

⑤其他人员所收的现金票据应及时交回财务室,财务人员不得拒收。

⑥取送款须按有关部门的规定,采取专用包、双人同行,数额较大时须使用机动车,严禁取送款人员取送款中途到其他场所办事、购物。

⑦注意财务室内来往人员,陌生人不准进入财务室,非财会人员不准接触保险柜(箱)。

⑧财务室内不准吸烟或带入其他火种,注意做好防火安全。

⑨集中收取较多人员现金的,应采取窗口服务的方式。

(四)图书(资料)室管理制度

①严格图书(资料)编目、登记制度,借出收回账册齐全,不定期检查防盗、防湿、防霉、防鼠害、防虫害、防火等设施是否完好。

②不订购、不传阅格调不高、内容不健康的音像制品及书报杂志,发现内容反动、淫秽、迷信等方面的刊物制品及时上交保卫部门。

③门窗要有防盗设施;工作人员离开工作岗位应随手关好门窗,防止书刊被窃。

④严禁将火种带入图书(资料)室;内部消防器材应摆放在明显位置,便于救急使用,平时注意检查,保持性能良好。

⑤节假日应切断内部电源,实行封闭式管理。

⑥对现有报警器材定期检查,发现报警器材失灵应及时报修。

⑦电子阅览室是电子设备重地,为维护网络安全,上机者不准私自装卸、删除随机软件。

⑧室内电器设备及线路安装必须符合安全要求;工作人员会使用消防器材,下班前认真清查、关闭各终端机,关好门窗,确认安全后方可离开。

四、车辆管理制度

(一)机动车驾驶员管理制度

为了加强对我园教师驾驶机动车上下班的安全管理,确保国家和人民生命财产的安全,根据国家法律法规,结合我园实际,制定了本制度。

①凡我园有驾驶证的教职工,除应遵守国家有关法律法规外,还应遵守本制度。

②保卫干部定期组织驾驶员进行交通规则、交通安全的学习。

③严禁酒后开车，驾驶车辆时不允许吸烟、饮食、打电话等妨碍安全行车的行为发生，不穿拖鞋开车，患有妨碍安全行车的疾病或过度疲劳时不准驾驶车辆。

④不准超速行驶，要开文明车，遇到车队或者行驶到交通管制地区，要遵守交警的指挥。

⑤开车过程中要学会控制自己的情绪，发现了一些不文明行为，也不要动怒。

⑥驾驶车辆时必须做到遵章守纪，礼貌行车，中速行驶。转弯时做到减速、靠右行和随时准备停车；起步做到一看车辆周围有无障碍，二看仪表是否正常，三看有无车辆超车、会车；会车时做到先让、先慢、先停；超车时做到不强行超车，让车时不能让道不让速；停车做到选好地点，挂好挡，拉好手刹；行车中做到情况不明慢，视线不良慢，起步、会车、停车慢，通过交通路口、窄路、桥梁、弯道、险坡、繁华路段慢。

⑦长途行驶中须掌握车辆安全状况，掌握前往目的地的道路情况，掌握目的地气候变化等，才能保证安全行驶。

⑧雨雾天能见度不足 30m 时，车辆禁止上路；途中遇到浓雾时，必须就地停车，打开双闪和雾灯；通过泥泞路段时，要严格控制车速；遇到危险路段应停车查看路况，待确认安全后，方能通过。

⑨车辆加油时，必须熄火。

⑩驾驶员对自己的车辆状况要心中有数，经常保持车容整洁，严格按照车辆保养规定，按期进行保养，使车辆长期保持良好的技术状态。

⑪开车上下班的教职工把自己的车放在规定的停车场内，禁止驶入幼儿园。同时，晚上一定要把车开回家，禁止车辆在停车场过夜。

⑫按照规定时间去验驾驶证。

⑬幼儿园每年与有驾驶证的教师签订安全责任书。

(二)非机动车管理制度

①教育骑自行车或电动车上下班的教职工，做到铃、闸、锁、牌齐全有效。

②请骑自行车或电动车上班的教职工在幼儿园大门外下车，在幼儿园内推车前行，防止意外事故发生。

③非机动车必须停放在专用车棚内，不得随意停放在园内。

④专用车棚内的各类非机动车必须摆放整齐。

⑤车辆必须上锁，贵重物品不要放在车上。

⑥骑电动车的教职工必须保证发动装置完全关闭。

⑦幼儿园与骑车人签订责任书。

⑧禁止电动车在幼儿园内充电。

四、明确岗位安全职责

（一）明确岗位安全职责的意义

岗位职责是指一个岗位按照工作的需要去完成的工作内容以及应当承担的责任范围，是职务与责任的统一。幼儿园在明确安全工作内容、制定完善的安全制度的同时，还要制定科学合理的岗位安全职责，确保各项安全工作内容的合理分配和安全制度的有效落实，保证每一位教职工明确本岗位安全职责，做到幼儿园各项安全工作有效落实，万无一失。

以下案例就是没有明确教师岗位的安全职责引起的一起安全事故。

案例　教师岗位安全责任不明确、不落实导致事故发生

北京某幼儿园大班，开展了主题活动"茶"，于是该班在活动室的一角设立了茶吧。孩子们穿着自己画的青花衣服，用电水壶烧着热水，沏着茶，看着挺好玩的。每次有客人来参观的时候，孩子们还会端着茶水请客人品尝。这一天，活动室内的各个区角按照正常的时间进行活动。突然，一个孩子的哭声响彻了整个活动室。原来孩子在端热茶水的过程中，感觉杯子烫手就把水杯扔了，结果一杯热水全都倾倒在了脚面上。老师赶紧把孩子抱起来，脱掉孩子的鞋，把孩子的脚放在水池中用流动的凉水冲。保健医赶来后，用剪刀把孩子的袜子剪开，继续用凉水冲洗，最后把孩子送到医院后，三甲医院鉴定孩子为轻度烫伤。孩子在家休息了一个月后又回到了幼儿园。

首先，该大班教师没有意识到在班级投入电水壶会带来一些安全隐患。例如，电水壶漏电；电水壶在使用的过程中需要插线板，插线板一通上电也是危险的；电水壶烧出来的开水容易发生烫伤，等等。

其次，教师没有清楚地知晓教师岗位安全职责的内容。教师岗位安全职责明确规定：电水壶、烤箱、电熨斗、胶枪等禁止进班，以免发生危险。如果教育活

动需要，教师一定要在旁边指导。所以教师的行为违反了幼儿园的规定。

最后，幼儿园对教师的安全教育力度不够。有了制度、岗位职责并不代表安全工作就落实到位了，还需要对教师进行宣传教育，让每一位教职工清楚自己的岗位安全职责，同时签订安全责任书，这才能让安全工作有效落实。

这个案例给我们的启示是：①加强对教职工的安全教育；②每年强化教职工学习岗位安全职责；③签订安全责任书，明确教职工的安全责任；④对幼儿进行安全教育。

责任无处不在，它存在于每一个岗位。幼儿园要经常结合实际对岗位进行补充、细化或适当调整，既可以一人多岗，也可以一岗多人，但是总的原则是幼儿园安全工作的所有职责都要有人承担，不能出现有的工作无人负责的情况。责任是一种使命，是一种信仰，我们每个人每时每刻都要履行责任，切实将安全教育和管理融入日常工作的各个环节，确保师幼安全，确保校园和谐稳定。

（二）幼儿园岗位安全职责的内容

一所幼儿园的岗位职责都包括哪些内容呢？安全工作，人人有责。从园长到全体教职工，大家都应该明确各个岗位的安全职责任务，切实提高幼儿园安全教育和安全管理水平。幼儿园岗位职责内容如下：园长安全职责，副园长安全职责，保教主任安全职责，保健组长安全职责，保卫干部安全职责，班长安全职责，班级教师安全职责，保健医生安全职责，保洁人员安全职责，厨房班长安全职责，厨房工作人员安全职责，财务人员安全职责，资料员、网管电教人员安全职责，保安、维修人员安全职责，机动车驾驶员安全职责。

 安全职责案例

园长安全职责

园长是幼儿园安全工作的第一责任人，总负责全园安全工作，其具体职责是：

①熟悉并掌握相关的政策和法律法规，认真贯彻落实幼儿园安全工作的法律法规和上级对幼儿园安全工作的部署。

②全面负责幼儿园安全工作，建立健全组织机构和防范体系，落实责任制，依法制定幼儿园各项安全管理制度和应急预案。

③建立安全工作奖惩制度，把安全工作纳入各部门、个人履职考核，与评

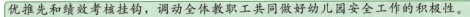

优推先和绩效考核挂钩，调动全体教职工共同做好幼儿园安全工作的积极性。

④全面落实幼儿园安全工作责任制，层层签订幼儿园安全工作责任书，把幼儿园安全工作任务分解到各个部门和岗位中，负责检查，督促落实。

⑤组织召开幼儿园安全工作领导小组会议，分析研究幼儿园安全工作现状及存在的问题，有针对性地制订幼儿园安全工作计划，并将安全工作纳入学期工作计划。

⑥及时制止和处理教职工侵犯幼儿权益和影响幼儿身心健康的行为。

⑦加强与所属社区、街道、派出所、消防、卫生、食品药品监管、城管等部门的联系，取得他们的支持和配合，共同做好校园及周边安全工作。

⑧不断改善办园条件，完善幼儿园各种设施设备，以保证幼儿的健康成长。

⑨遇到突发事件立即组织安全领导小组启动应急预案，并第一时间赶到现场指挥。

⑩幼儿园安全职责所必需的其他行为。

副园长安全职责

副园长协助园长负责全园各项安全工作，其具体职责是：

①在园长的领导下，具体负责幼儿园安全工作，对幼儿园安全工作负直接领导责任。

②可代园长组织召开幼儿园安全工作领导小组会议，传达上级有关安全工作的文件精神，研究幼儿园安全工作存在的问题和隐患，提出解决问题的方法和整改意见，确保幼儿园安全。

③根据上级要求，依据相关法律法规，建立健全幼儿园安全工作管理制度，组织制订各种突发事件应急预案。

④对必须在园外进行的教学活动，如春游、秋游、参观等活动要认真审批，要有严密的安全措施及计划，确保活动安全进行。

⑤认真贯彻《幼儿园工作规程》，督促并指导教师在教育教学中重视幼儿的安全教育，认真落实幼儿一日生活中的卫生及生活要求。

⑥协助园长做好保教人员的思想工作，随时注意教师的思想变化。

⑦做好毕业生来园见习实习和外来教师参观观摩活动的安全组织工作。

⑧检查、督促教师严格执行幼儿园各项规章制度，检查教师岗位职责的落实情况，发现问题，及时处理；负责对教师安全工作进行考核，提出奖罚意见。

⑨做好全园性幼儿活动(如庆祝会、运动会等)和各类会议的安全筹备和接

待工作，活动前要提前观看场地，如果发现不安全因素立即整改，如果不能整改可以取消活动。

⑩协助园长对教职工进行安全知识教育，有计划地做好交通安全、消防安全培训工作。

⑪指导幼儿园做好各种传染病的防治工作，协助园长处理各种突发事件。

保教主任安全职责

保教主任负责全园各班级的安全工作，其具体职责是：

①负责所属各班级的安全管理工作，落实安全责任和各项安全管理制度，制订部门安全工作计划，并监督、检查工作落实情况。

②定期召开班长及教师安全工作会议，协助副园长对教师开展安全教育培训，并将幼儿的安全教育纳入班级的日常教育工作。

③做好各类玩教具配备、保存及使用的安全管理。

④组织教师配合幼儿园开展各种安全演练活动，不断增强教师与幼儿的安全意识和能力。

⑤深入班级的同时检查指导班级的安全工作，发现安全隐患立即提醒班级教师解决，如问题严重及时上报园领导和保卫干部，协调相关人员处理。

⑥加强幼儿学籍信息的安全管理，建立信息保密制度。

⑦配合园长和副园长积极稳妥做好幼儿园招生、毕业工作，正确执行政策，有效化解矛盾，维护幼儿园安全稳定。

⑧完成领导交办的其他安全工作。

保健组长安全职责

保健组长负责全园幼儿的卫生保健安全工作，其具体职责是：

①熟悉并掌握相关的政策和法律法规，认真贯彻预防为主的方针，抓好全园卫生保健工作，保证幼儿身心健康和谐发展。

②对全园幼儿的健康负责，做好幼儿卫生的监督、检查工作。

③做好园内的消毒安全管理工作及意外事故的预防和处置工作。

④定期向各班教师进行安全知识及急救知识教育，避免幼儿发生触电、烫伤、砸伤、摔伤、烧伤等事故。

⑤妥善管理医务室药品，分类存放各类药品，每月检查一次，不得使用过期药品；负责医疗器械、药品的购进和安全存放。

⑥把好幼儿服药关，做好幼儿预防接种等安全工作。

⑦建立健全饮食安全及保健安全制度。

⑧有序管理、组织全园幼儿的体检、防龋等工作。

⑨严格执行《中华人民共和国食品卫生法》及食品卫生"五四"制度。

⑩每天深入厨房和各班，加强对人员的管理工作及对厨房食品卫生、幼儿营养与卫生保健工作的监督检查和管理，发现问题及时纠正并给予指导，发现隐患漏洞及时消除，确保师幼健康。

⑪做好幼儿园卫生保健及育儿知识的宣传工作，协助园长办好家长学校，开展保健知识讲座。

⑫完成领导交办的其他安全工作。

保卫干部安全职责

保卫干部负责全园的综合安全管理工作，其具体职责是：

①在园长和副园长的领导下，具体负责幼儿园日常安全管理工作。根据幼儿园安全工作，制定部门实施细则，定期向园长、副园长汇报幼儿园安全工作情况。

②根据上级要求与幼儿园的实际情况，认真制订幼儿园的各项安全工作计划、应急预案和突发事件处理预案。

③指导各班开展安全检查，落实安全制度，对防范工作中的漏洞隐患提出意见，督促整改。

④坚持每天对全园及重点部位进行巡查，发现安全隐患，立即进行整改并启动责任追究制度，规定完成整改的时间；问题严重的要及时向园长、副园长汇报，制订详尽的整改方案；建立健全安全隐患排查整改台账，使相关负责人及时在记录表上签字。

⑤加强对保安员的监督与管理，严格执行幼儿园各项制度和"双十条"的规定。

⑥对教室、活动室等各室定期进行安全检查，消除隐患。

⑦按时上报幼儿园安全工作计划、总结等，做好各项安全工作资料的收集与整理，并分类存档。

⑧负责校园"三防"建设，管理安保人员，维护安防设施。

⑨负责幼儿园门卫管理和夜间、节假日值班及巡逻安排，加强对值班人员的管理和检查。

⑩负责全园消火栓、灭火器、报警器、疏散通道等消防设备的日常检查和维护，保证园内消防器材的完好、有效，确保正常使用。

⑪配合幼儿园安全工作领导小组主动与相关部门联系协调，建立密切的工作关系，搞好校园周边环境综合治理工作。

⑫根据有关规定妥善保管视频监控录像资料，并建立资料档案。

⑬完成领导交办的其他安全工作。

班长安全职责

班长是本班安全工作的第一责任人，对本班幼儿安全及教室内的设施设备安全负责，其具体职责是：

①认真落实幼儿园安全工作的各项要求，及时解决班级出现的安全问题，消除安全隐患。

②带领全班教师制订本班安全工作计划，并将安全责任落实到人。

③充分利用晨（午、晚）检和活动的中间环节开展幼儿安全教育。当本班发生突发事件时，班长要担负起保护、疏散幼儿的职责，要在第一时间上报园领导，采取有效措施防止事态扩大，并积极参与事故的善后处理，做好家长的善后安抚工作。

④定期对班级设施进行安全工作检查，深入细致地对班级内的电器电源开关、插座插头、各类用电设施设备进行安全检查，发现隐患及时上报，防止失火、触电、砸伤等事故的发生。

⑤负责对本班教师、幼儿和家长进行安全工作的宣传与教育，及时传达上级指示并反馈班组的安保情况。

⑥班长要认真对待班级安全工作，同时承担班级教师的安全责任，因玩忽职守、离岗、脱岗、失职导致幼儿出现安全问题的，要承担相关法律责任。

⑦会使用消防器材，不得在室内存放现金、贵重物品及易燃、易爆等危险物品。

⑧使用各种电器设备前后要详细检查，下班前关闭电源及门窗。

班级教师安全职责

班级教师在班长的带领下，负责本班的各项安全工作，其具体职责是：

①对本班幼儿的安全及教室内设施设备的安全负责。

②认真落实幼儿园安全工作的各项要求，及时解决班级出现的安全问题，排除安全隐患。

③做到在晨(午、晚)检时认真查看幼儿的精神和身体状态，认真记录，及时上报。

④充分利用晨(午、晚)检、生活环节等开展幼儿安全教育，特别注意根据季节变化提醒幼儿预防疾病，防范各种可能发生的自然灾害和安全事故，增强幼儿安全防范意识和逃生自救技能。

⑤严格执行幼儿考勤和请假制度，做好幼儿考勤统计工作，及时了解未到园上课幼儿的情况，并及时与家长取得联系，做好记录。

⑥认真做好班级内各种不安全因素的排查和登记工作，发现问题及时向班长和园领导汇报。

⑦对有特殊体质和心理异常的幼儿，应在家长的配合下及时做好记录，在安排大运动或大型活动等时予以特殊照顾。

⑧协助幼儿园与家长签订安全协议书，并做好协议书回执的留存。通过开家长会、家访等形式开展家长安全教育，让家长切实担负起监护人职责，做好幼儿安全教育监管工作，特别是保障幼儿的校外安全。

⑨组织班级集体活动必须征得幼儿园领导同意并报上级教育行政部门批准，做好安全预案和活动前的安全教育工作。

⑩发现幼儿在园出现身体不适或危险情况时，要立即采取措施，请保健医生协助组织抢救，并及时通知家长、报告幼儿园。

⑪开展"离园前一分钟安全教育"，结合实际提醒幼儿注意交通安全、防骗、防范各种伤害事故等。

⑫认真准确采集幼儿及家庭相关信息。

⑬完成领导交办的其他安全工作。

保健医生安全职责

保健医生负责园内卫生、药品、消毒、营养等安全工作，其具体职责是：

①应加强学习，掌握必要的救护技能。

②应具有简易治疗、包扎的能力，遇有可能发生较大病情的人员应及时将患者送往医院诊治，严防延误病情。

③单位组织外出活动时，要随队前往，准备必要的药品器具。

④加强对厨房食品卫生、幼儿营养与卫生保健及消毒工作的监督检查和管理，发现隐患漏洞及时消除，确保师幼健康。

⑤管理本园的环境卫生工作，根据季节的不同做好灭蚊蝇、灭蟑、灭鼠以

及防暑降温、冬季保暖工作。

⑥建立登记建账制度，加强对药品器具的管理，防止丢失，对过期的药品妥善销毁，防止药品失效、受潮。

⑦会使用消防器材，不得在室内存放现金、贵重物品及易燃、易爆等危险物品，外出时要及时锁门，随身携带钥匙。

⑧使用各种电器设备前后要详细检查，下班前要巡视保健室及隔离室，关闭电源及门窗。

保洁人员安全职责

保洁人员负责园内公共区域的卫生安全工作，其具体职责是：

①负责园内公共场所的清洁卫生及消毒整理工作，管理好动物饲养角及园内的绿化植物。

②执行和落实幼儿园的卫生保健制度，随时对园内地面杂物(树枝、碎玻璃、沙石等)进行清理，防止它们伤害幼儿。

③妥善保管所用物品(簸箕、扫把、拖布、水桶、消毒液、洗涤剂等)，用完后放到幼儿触摸不到的地点，避免误伤幼儿。

④配合幼儿园查找安全隐患并及时汇报消除。

⑤厕所保洁人员对园内公厕地面定期消毒清洁，不留死角，做好每周一次的药物灭蚊灭蝇工作。

⑥知道消防器材存放位置，会使用消防器材。

⑦注意热水器的水温，节假日断电，注意及时关楼道灯，下班前检查所负责区域内的电器、电灯、门窗、水等，确保人走门窗锁好、断电、断水。

厨房班长安全职责

厨房班长负责厨房的各项安全工作，其具体职责是：

①厨房班长是食堂安全第一责任人，在主管领导的指导下具体负责幼儿园食品安全的全面工作，建立健全相应管理档案。

②定期组织食堂从业人员参加食品安全培训。

③定期配合保健医生组织食堂工作人员健康体检，确保食堂所有工作人员持证上岗、安全上岗。

④严格遵守幼儿园食堂食品采购索证制度、进货验收制度、厨房烹饪制

度、卫生消毒制度、食品留样制度，不采购"三无"食品和腐烂变质食品，严把食堂生产各个安全环节。

⑤做好食堂防火、防潮、防尘、防虫害各项工作，定期检查维护食堂设备，要重点检查燃气、灶具、油烟管道、锅炉等设备，聘请专业人员定期清洗管道烟道，确保各项设施设备安全运行。

⑥每天严格检查厨房、库房、燃气、水电、设备安全，并做记录，下班时关好水电门窗，确认无安全隐患后方可下班。

⑦熟知灭火器、灭火毯的放置位置及使用方法，掌握灭火常识(如遇火险，首先切断电源，关掉燃气，及时报告)，牢记火警电话"119"。

⑧认真执行食品卫生相关法律法规，做好厨房卫生餐具消毒及食物食品安全工作，分发食物时不用手直接接触食品，饭菜要熟透，不向师幼供应生冷、霉变食品，发现问题及时处理，严防食物中毒及肠道传染病的发生，认真做好灭蝇、灭鼠等防疫工作。

⑨严格执行食品留样制度。

⑩完成领导小组交办的其他安全工作。

厨房工作人员安全职责

厨房工作人员在厨房班长的带领下负责厨房各项安全工作，其具体职责是：

①要认真学习《中华人民共和国食品卫生法》及上级的有关规定，做到知法懂法。

②增强职业道德意识，遵守幼儿园的各项规章制度，特别是食品卫生安全有关规定的要求。

③使用各种设备前，必须严格检查，如设备出现故障应立即停止使用并上报(如燃气泄漏、漏水、漏电等)。

④严格遵守各项操作规程，操作时注意力集中，不要边说话边干活，防止切伤或烫手；违反操作规程所造成的一切后果责任自负。

⑤严格按园内规定安全使用燃气设备，点火后不得离开；熟知灭火器、灭火毯放置位置及使用方法，掌握灭火常识(如遇火险，首先切断电源，关掉燃气，及时报告)，牢记火警电话"119"。

⑥下班前认真检查燃气、水、电器、门窗等，做到断气、断电、断水，人离门锁，并规范记录安全自查表。

⑦会使用消防器材，不在园内存放现金、贵重物品及易燃、易爆等危险品，严禁在园内吸烟。

⑧必须养成良好的个人卫生习惯，工作开始前、大小便后、接触初级食品原料或不干净的餐具、容器等之后，必须彻底洗手。

⑨认真执行《中华人民共和国食品卫生法》，做好厨房卫生、餐具消毒及食物食品安全工作，分发食物时不用手直接接触食品，饭菜要熟透，不向师幼供应生冷、霉变食品，发现问题及时处理，严防食物中毒及肠道传染病的发生，认真做好灭蝇、灭鼠等防疫工作。

⑩严格执行食品留样制度。

⑪食堂工作人员必须严把食品准入关，严防"三无"产品、过期食品入园。

财务人员安全职责

财务人员负责财务、房屋、设施设备、维修等安全工作，其具体职责是：

①认真执行国家有关财务的规章制度和本园各项规章制度，严格遵守财经纪律。

②严格执行现金管理及支票管理制度，现金存放应按开户银行核定数额留存，严禁超额存放，做到日清月结，不坐支现金，确保现金安全。

③财务人员要认真执行财务制度，妥善保管好财务档案，做好印鉴、票据的保管工作，严禁在支票上提前加盖印章，认真审查发票和单据，做到无差错。

④保险柜内严禁存放私人钱物、证券，钥匙随身携带。

⑤其他人员所收现金票据应及时交回财务，财务人员不得拒收。

⑥取送款须按有关部门的规定，取送大量现金时必须双人同行，严禁取送款途中到其他场所办事。

⑦财务室严禁陌生人及闲杂人员入内，室内严禁使用明火，不得存放私人现金、贵重物品及易燃、易爆等危险品，做到随手锁门。

⑧会使用消防器材；下班前进行室内安全检查，包括防盗门、防护窗、保险柜，确保报警器设备正常，同时关闭电源及门窗。

⑨定期检查园内房屋、设备、场地、大型玩教具以及水、电、气线路的安全，及时维修维护，确保安全。

⑩外人来园内维修或检查时，应对其全程看护并进行安全提示（或委托他人完成）。

⑪对所经管财物要定期盘点，必须严格履行使用记录。

⑫幼儿园财产外借时，借物人必须履行借用手续，并限定一定日期内归还。

⑬各办公室、班级的财物，不得任意移动，确保室内财物稳定。

⑭财务人员不能代办保管他人的钱款、贵重物品。

⑮负责技防、物防设施的日常维修工作。

资料员、网管电教人员安全职责

资料员、网管电教人员负责信息、档案、电教、网络等安全工作，其具体职责是：

①严格执行园内的借阅制度。

②不得泄露幼儿园人员信息（包括幼儿、家长、教职工的信息），不得利用园内网络发布反动、迷信、色情等信息，自觉遵守网络法规。

③会使用消防器材，资料室内严禁吸烟、使用明火，室内不得存放现金和贵重物品及易燃、易爆等危险物品。

④外出时要及时锁门，随身携带钥匙。

⑤下班前要巡视室内进行检查，关闭电源及门窗。

⑥网管电教员要定期检查园内的各种电教设备，及时维修不误使用。

⑦网管电教员负责园内的网络安全，要认真监督、严格检查本单位的网络使用情况，坚决杜绝访问境内外反动、色情网站，禁止传播各类反动、黄色信息。

保安、维修人员安全职责

保安、维修人员负责技防、消防、维修等校园安全工作，其具体职责是：

①安心做好本岗工作，自觉遵守本园和上级单位制定的各项规章制度与要求。

②执行24小时值班制度，不得擅自离岗、空岗，按时交接班并做好交接记录，发现问题及时报告。

③严格落实园门开闭制度，幼儿在园期间应保持幼儿园大门关闭；严格执行来客登记制度，并认真做好来客登记工作；禁止陌生人和机动车进入幼儿园；严禁无关人员进入幼儿园；认真执行幼儿接送卡制度，严禁幼儿走失。

④发现可疑人、事、物或其他治安信息，及时向相关领导或部门汇报，必要时，启动报警器或拨打"110"报警，并配合公安机关做好处置工作。

⑤对进出本单位的物品进行盘查，确保园内师生的生命和校园财产安全。

⑥夜班人员要按园内要求认真巡视，并做好记录，发现问题及时解决或上报。

⑦疏导出入车辆和行人，清理门卫责任区内的无关人员，保证进出车辆畅通，人员出入有序无阻。

⑧做好门卫的消防安全工作，确保灭火器材的充足、完好和有效，定期检查插头、电线，发现问题及时报修。

⑨妥善保管、定期检查、熟练使用技防工具，在危急时刻充分发挥技防工具的作用，确保教师和幼儿的安全。

⑩维护并树立幼儿园的形象，对家长的询问和来访人员，要使用礼貌用语，耐心做好解释工作。

⑪遇雨雪天气时，要及时铺上防滑垫或清扫路面，确保幼儿和家长的安全。

⑫知道火警电话、匪警电话、公安保卫部门电话。

⑬及时做好幼儿园的各项维护、维修以及临时性工作。

机动车驾驶员安全职责

机动车驾驶员负责文明安全驾驶的安全工作，其具体职责是：

①凡单位内部持有《中华人民共和国机动车驾驶证》的人员都应自觉纳入园内接受统一管理，并在册登记《机动车驾驶员档案》。

②严格遵守《中华人民共和国道路交通安全法》等法律法规、幼儿园有关交通安全的规定等，服从交通民警的指挥，树立安全第一的思想，不断增强法律意识及安全意识。

③严格遵守交通信号、交通标线、交通标志，中速行驶，安全礼让，严格遵守车辆核定载客人数。

④在驾驶过程中要谨慎驾驶、礼让三分，做到文明驾驶，杜绝开违章车、赌气车、英雄车、疲劳车、故障车等，杜绝闯红灯、超速行驶等严重交通违法行为，严禁疲劳驾驶、酒后驾车。

⑤机动车一律禁止进入幼儿园。

⑥加强对车辆的日常维护和保养，按规定及时进行验车，如有违章行为坚决依法予以责任追究。

四、制订幼儿园安全应急预案及处置程序

(一)制订完备的应急预案

1. 制订安全应急预案的意义

《中华人民共和国未成年人保护法》第二十三条明确指出：教育行政等部门和

学校、幼儿园、托儿所应当根据需要，制订应对各种灾害、传染性疾病、食物中毒、意外伤害等突发事件的预案，配备相应设施并进行必要的演练，增强未成年人的自我保护意识和能力。

那么组织开展师幼安全宣传教育和培训，定期不定期开展应急演练，提高师幼对各类突发事件的应急处置能力和逃生自救技能到底有多重要呢？下面请看一个案例，它能非常明显地说明这个问题。

📝 案例　强化紧急疏散演习的重要性

2008 年 5 月 12 日，四川汶川发生了大地震，该地震波及范围之广，强度之大，在新中国建国史上是罕见的。可是在这次地震中，安县桑枣中学却无一人死亡。

桑枣中学从 2005 年开始，每学期要在全校组织一次紧急疏散演习。学校只会事先告知学生，本周有演习，但教师和学生都不知道具体是哪一天。等到特定的一天，课间操或者学生休息时，学校会突然用高音喇叭喊：全校紧急疏散！

每个班的疏散路线都是固定的，学校早已规划好。两个班疏散时合用一个楼梯，每班必须排成单行。教室里的座位一般是 9 列 8 行，前 4 行从前门撤离，后 4 行从后门撤离，每列走哪条通道，学生早已被事先教育好。每个班级疏散到操场上的位置也是固定的，每次各班级都站在自己的地方，不会错。学生事先还被告知，在 2 楼、3 楼教室里的学生要跑得快些，以免堵塞逃生通道；在 4 楼、5 楼的学生要跑得慢些，否则会在楼道中造成人流积压。

刚进行紧急疏散时，师生都当是娱乐，还认为多此一举，有反对意见，但叶校长一定要坚持。慢慢地，师生都习惯了，每次疏散都井然有序。叶校长还对教师的站位提出了要求。教师上完课不能甩手就走，而是在适当的时候要站在适当的位置，他认为适当的时候是下课后、课间操、午饭晚饭、放晚自习和紧急疏散时，这些都是教学楼中人流量最大的时候；他认为适当的位置是各层的楼梯拐弯处。教师之所以被要求站在那里的原因是，学生容易在拐弯处摔倒，如果学生在这里摔了，教师毕竟是成人，力气大些，可以一把将学生从人流中抓住并提起来，不至于让别人踩到孩子。

最终当地震毫无征兆真的到来时，学生按着平时学校的要求、练熟了的方式进行疏散，结果真的创造了无一人发生意外的奇迹：学生没事，教师也都没事。这就是平时加强紧急疏散演习的结果。

"关爱生命，安全发展"8个字，简单易记，关键是怎么去做。在日本，幼儿园经常组织各种演习，告诉幼儿面对不同的自然灾害，哪些做法是正确的，哪些是错误的。在这个过程中，幼儿不仅提升了安全意识，学到了逃生的常识，同时也提高了应变能力。桑枣中学这个案例也给了我们答案：应急演练应该科学化、有序化和常态化，让其形成持久的安全文化，园长、教师、幼儿都要牢固树立安全意识，积极参与到校园应急演练中来。有了较强的安全意识，加上有效的应急演练，相信在应对突发的各种灾害时，教师和幼儿就会多一分自信，幼儿园就会多一分安全。可以说，平时的演练，在关键时候，能够有效地规避各种灾害所带来的伤亡风险。

2. 幼儿园安全预案的分类

幼儿园安全预案的分类如下。

公共卫生事件预案：食物中毒安全预案、传染性疾病暴发流行安全预案、病毒性胃肠炎防控工作应急预案等。

社会安全事件预案：火灾事故应急预案、建筑物倒塌事故安全预案、拥挤踩踏事故安全预案、大型群体活动事故安全预案、反恐防暴应急预案、交通安全事故处理应急预案等。

自然灾害安全预案：防汛安全应急预案，地震安全应急预案，防雷击应急预案，风、雨、雪天气灾害安全预案，应对雾霾天气应急预案。

应急演练预案：防火演练预案、防震演练预案、紧急疏散演练预案等。

 安全预案案例

食物中毒安全预案

依据《中华人民共和国未成年人保护法》《学生伤害事故处理办法》《中小学幼儿园安全管理办法》《中华人民共和国食品卫生法》等精神，制订本应急预案。

一、应急处理小组

针对幼儿可能发生的食物中毒事件，幼儿园应成立应急小组，负责食物中毒事故的预防、宣传教育、制度措施制定、日常检查检验、事故调查及善后处理等工作。

组　长：园长。

副组长：保健组长。

成　　员：副园长、工会主席、教研组长、办公室主任、保健医、食品采购员、保卫干部、各班班长、食堂班长、保育员。

信息成员：网管教师。

救护人员：保健医生协助医疗人员负责救护工作。

食堂班长：食堂班长负责保护现场以及存好食物留样。

二、预防措施

①切实加强幼儿食品管理，食品的采购、运送、储存和加工等环节，必须严格按照《中华人民共和国食品安全法》的有关规定执行；购销和使用的食品应当定点采购并按规定验收，食品原材料要到信誉好的正规厂家或商家购买，禁止让幼儿食用变质的食品和"三无"产品；掌握好食品库存量以及存放时间，妥善管理，不得出现发霉变质现象；仓库内要做好灭鼠工作，原材料的储存要分类、分架、离墙、离地。

②除调料外，所有食品全部由食堂加工制作，不得购买现成的食品；食品的存放、加工、分发要生熟分开，已加工完的饭菜盛锅后要及时加盖、离地，做好防蝇、防尘工作。

③重视厨房硬件设施的投入，防尘、防蝇、防鼠设施要齐全，灶台、灶具、地面以及其他厨房环境要整洁，要定期对食堂进行消毒；餐具必须经过高温或药物严格消毒，并有保洁措施；食品及其原料储存和食品制作间必须具备完善的安全措施，并落实专人、专锁、专保管责任制；严禁非食堂人员进入食堂，禁止食堂人员单独一人在食堂，强化安全防范措施，防止投毒事件发生，饭菜进行48小时留样并做好详细记录。

④饭菜按量制作，不得存放剩饭菜，各班教师加强对幼儿的观察，及时发现异常现象。

⑤严禁班级教师给幼儿食用外来食品，如某名幼儿带来的食物。

三、应急处理程序

①就餐后，当有3名幼儿出现腹泻呕吐等现象时，带班教师要立即向保健医生进行汇报，由保健医生进行初步判断，判断其是否为食物中毒，并按照流程上报：

班级教师→保健医生
- →园长→教委学前科
- →妇幼保健院
- →广内医院保健科→疾控中心

注意事项：上报中要实事求是地向医院、教育主管部门和卫生行政部门报告发生中毒事故的单位、地址、时间、中毒人数以及主要临床表现、可能引起中毒的食品等，以便有关部门积极采取措施组织抢救、调查分析中毒原因。同时上报可能导致食物中毒的食品及其原料、工具、设备和现场，以便卫生部门采样检验，为确定食物中毒提供可靠的情况。在此期间，严禁无关人员进入食堂，避免人为破坏现场。

②保健医生在拨打"120"请求救助后，要派专人在幼儿园门口等候，配合救助病人，尽快将幼儿送往医院。

③立即停止厨房的生产活动，排查中毒源。

④全体教职工细心观察班级中每名幼儿的身体情况，了解幼儿进食量，发现异常情况及时施救；配合卫生行政部门进行调查，按照卫生行政部门的要求如实反映本次中毒情况，提供有关材料和样品。

⑤组织由保健医生、园内相关领导、年轻教师组成的陪护队伍，具体负责陪护事宜，稳定幼儿情绪，做好家长工作，保证幼儿园正常的生活秩序和工作秩序。

⑥及时向主管单位及当地卫生防疫部门报告有关处理情况，向媒体部门做出解释，把事态控制在最小范围。

⑦落实卫生行政部门要求采取的其他措施，销毁中毒食品并进行相应的消毒工作。

传染性疾病暴发流行安全预案

依据上级指示精神，结合本单位工作实际，成立防控传染病工作领导小组，由园长为组长，副园长和保健医生为副组长，各班组长为主要成员，加强防控，各负其责，如有疫情需按以下要求开展工作。

一、预防为主，重在落实

①坚持晨午检制度，做到早发现、早报告、早隔离、早治疗。

②坚持日常各项消毒制度(空气消毒、用具消毒等)。

③坚持户外活动，增强幼儿体质。

④坚持每周一次大消毒，每天随时消毒，确保环境卫生干净整洁。

⑤严把伙食质量关，坚持索证、验证、出入库检验制度，层层把关，层层负责。

⑥保持信息畅通，不瞒报，不谎报，不漏报。

二、防控传染病领导小组成员的分工

组　长：园长，负责全面工作。

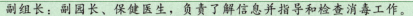

副组长：副园长、保健医生，负责了解信息并指导和检查消毒工作。

三、当幼儿在园，幼儿园发现传染病疫情时要做到

①当保健医生发现疑似传染病疫情后，由保健医生把疑似幼儿送到隔离室进行隔离，并安排专门教师进行特殊照顾。

②报告流程：

班级教师→保健医生
- →园长→教委学前科
- →妇幼保健院
- →广内医院保健科→疾控中心

由广内医院保健科给出是否停课建议；

班级教师、保健医配合疾控中心人员到园进行调查取样等工作；

班级教师根据疾控中心的要求进行消毒。

③由本班教师提供密切接触者的登记册。

④经过疾控中心确认幼儿是否患传染病后，再通知家长到园，注意稳定情绪。

⑤对本班及全园进行消毒。

⑥对密切接触者进行全面追踪，由各班班长负责，并及时反馈追踪情况。

四、当幼儿不在园，幼儿园发现传染病疫情时要做到

①教师要坚持缺勤登记及询问制度，同一种病情集中在一个班级有3例以上时，及时上报保健医生。

②报告流程：

班级教师→保健医生
- →园长→教委学前科
- →妇幼保健院
- →广内医院保健科→疾控中心

③幼儿所在班级教师不论节假日都要及时进行跟踪调查，掌握患儿的最新情况。

④幼儿康复后，严把入园关，索要广内医院保健科开出的复园证明。

病毒性胃肠炎防控工作应急预案

病毒性胃肠炎最常见的症状是腹泻、呕吐、恶心和腹痛。为增强幼儿园疾病防控意识，提高教师和幼儿防病能力，保障教师和幼儿身体健康，根据《中华人民共和国传染病防治法》及其实施办法，结合幼儿园实际，特制订病毒性胃肠炎防控工作应急预案。

一、成立病毒性胃肠炎防控工作领导小组

组　长：园长。

副组长：副园长、保健医生组长。

组　员：办公室主任、保健医生、保卫干部、工会主席、网管教师、厨房班长、保育组长、各班班长。

二、分工及职责

园　长：第一责任人，领导全园的防控工作。

副园长：具体负责落实全园病毒性胃肠炎防控工作，协调各部门开展工作。

保健医生：幼儿园专职保健人员和幼儿园指定的防病专业人员，指导并做好健康教育；指导保洁人员进行预防性和应急性消毒；负责全校的晨检、复检、巡检，了解每日生病人员的动态；作为幼儿园疫情报告人，发生疫情时积极配合疾控中心等部门的工作。

办公室主任、工会主席：协调具体工作的实施，做好后勤保障。

保卫干部、网管教师：全园安全总负责，加强检查，负责来宾登记工作，排除隐患保证全园安全。

厨房班长：负责留样餐的封存，严把食品安全关。

保安员：严把进出幼儿园人员情况，提示来宾登记。

各班班长：与家长沟通，追踪了解幼儿病情变化，做好幼儿家长的沟通工作。

三、采取切实有效的预防措施和方案

①普及卫生知识。利用微信公众号、橱窗等各种形式做好病毒性胃肠炎的宣传，使大家正确认识，做好防范；进行教师培训，加强有关预防病毒性胃肠炎知识的培训；教会教师和幼儿防病知识，培养良好的个人健康生活习惯。

②由于幼儿园是人员高度聚集的场所，室内活动较多，为进一步预防病毒性胃肠炎，幼儿园应采取以下预防措施：

保持室内环境通风换气，活动室和睡眠室应每天开窗通风不少于2次，每次不少于半小时；

培养幼儿良好的个人卫生习惯，使他们经常用香皂和流动水洗手，特别在打喷嚏、咳嗽和清洁鼻子后洗手；

每日按卫生消毒制度做好卫生消毒工作；

注意为幼儿增减衣物和均衡营养，使幼儿加强户外锻炼，保证休息，增强体质；

幼儿若有发热、呕吐、腹泻等症状应马上报告保健医生，并及时通知家长接走就医，教师有上述症状也应及时就医；

幼儿园卫生室按照规定定期消毒的同时，增加消毒次数。

四、应急处理

①如班内有3名以上(含3名)幼儿同时出现呕吐、腹泻等症状，教师要第一时间报告保健医生，并应按下列程序处理。

迅速疏散周围人员至通风处，切忌围观。

切忌马上用拖把清理，没有按要求消毒而直接用拖把清理产生的气溶胶将加速病毒扩散，形成"拖到哪里感染到哪里"的现象。

应及时掩闭覆盖呕吐物，并严格掌握时间和浓度，先将蘸有浓度为15000 mg/L的有效含氯消毒剂溶液的布或卫生纸覆盖在呕吐物上，30min后，将覆盖物包裹呕吐物一起丢弃到待进一步消毒的容器中。

从外向里擦拭消毒，以呕吐物为中心，从外围2m处，由外向内使用蘸有浓度为1000mg/L有效含氯消毒剂溶液的抹布擦拭各类污染场所和物体表面，如桌椅、墙面及地面等，30min后，再用清水清洗；如果呕吐物处于洗手盆中，则以洗手盆为中心，从外围1m处，由外向内使用蘸有浓度为1000mg/L有效含氯消毒剂溶液的抹布擦拭各类物体表面，如水池、水龙头、墙面及地面，30min后，再用清水清洗。

各班应落实专人处理排泄物、呕吐物，处理人员应做好个人防护，佩戴口罩、橡胶手套，穿隔离衣等，并在清洗后认真洗手。

②班内有3名以上(含3名)幼儿同时出现呕吐、腹泻等症状的上报流程：

班级教师→保健医生
→园长→教委学前科
→广内医院保健科→疾控中心
→妇幼保健院
→广内食品药品监督管理部门

火灾事故应急预案

为了保护教师和幼儿的人身、财产安全及公共财产安全，提高师幼发生火灾时的快速反应能力，及时有效地扑灭火灾，迅速疏散人员，将危害控制在最小范围，将损失减小到最低限度，特制订本预案。

一、成立消防安全领导小组

组　　长：园长(全面负责安全工作，幼儿园安全第一责任人)。

副组长：副园长。

成　　员：办公室主任、保卫干部、教研组长、保健医、出纳、网管教师、厨房厨师、保安、各班班长。

二、消防安全领导小组工作成员的责任分工

消防安全领导小组下设通信组、灭火组、抢救组、紧急疏散组，分别具体负责通信联络、组织救火、抢救伤员、疏散师幼等工作。

通信组：组长为办公室主任，成员为保安。火险发生时，该组负责立即电话报告消防安全小组的组长和上级相关部门，以快速得到指示，视火情拨打"119"，抢险救灾。

灭火组：组长为保卫干部，成员为厨房工作人员、会计、出纳、各班班长。该组负责消防设施完善和消防用具准备，负责检查全园各教室、办公室、食堂、宿舍、仓库等地的用电、用火安全；火险发生时，有能力判断火灾初起阶段，并采用适宜的灭火方案：其一，正确判断能否就地取材灭火；其二，保护幼儿逃生避难的同时报警；其三，如果没有逃生路线，有能力在室内利用现有资源保护幼儿和自己。

抢救组：组长为保健医生，成员为各班保育员，负责做好及时将伤员送往医院的准备工作，负责火险发生时受伤的幼儿及救火人员伤痛的紧急处理和救护。

紧急疏散组：组长为教研组长，成员为各班所有教师，该组负责明确各班逃生途径与办法指导，负责所在班级幼儿紧急疏散中的安全。

三、火灾应急处置程序

①幼儿园全体教职工一旦发现幼儿园发生火灾，作为第一发现者，应立即报警。

②园领导接到报警后，应立即赶往火灾现场，组织实施指挥工作，迅速集结厨房以及后勤人员，对灭火工作进行任务分配。

③各班级班长和教师立即按照预定路线进行有序撤离，要边撤离边清点幼儿人数，做到无幼儿遗留在现场；撤离到安全地带后，要安抚幼儿的情绪；班级的班长要做到确认活动室、寝室、卫生间确实无遗留幼儿后方可离开现场。

④组长可根据火势情况，决定采取停电和寻求相邻单位支援等措施。

⑤迅速收集各班工作情况，等消防队到达火灾现场后，立即汇报火灾现场实况，听从消防队指挥员分工，配合公安消防队进行火灾扑救工作。

⑥火灾扑灭后，保护好火灾现场，做好善后工作。

四、报警程序

①不论何人发现火灾应立即向园领导和公安消防队报警。

②正确的报警方法如下：

发现起火源，应当保持冷静，拨通火警电话"119"后，应当向接警的消防人员简明地讲清楚以下几个内容：报警人姓名、住址、工作单位、联系电话；失火的准确地理位置；能够了解的失火情况，如起火时间、燃烧特征、火势大小、有无被困人员、有无重要物品、失火地点周围有何重要建筑，消防车如何方便地进入火灾现场等；耐心回答"119"接警人员的询问；打完电话，应组织人员到各个路口引导消防车和消防队员快速进入火灾现场。

③幼儿园领导接到报告后，应立即赶赴火灾现场，并及时通知事故发生班级带领幼儿有序转移，组织相关人员迅速有序地把其他班级的所有幼儿撤离到安全地带，并及时向上级有关领导汇报。

④门卫值班人员应在火灾事故期间，严格控制出入车辆和人员。

五、应急疏散组织程序和措施

①在发生火灾时，首先，疏散被火势围困的教师和幼儿，在疏散的过程中，要有序进行疏散，做到每班的几位教师各负责疏散队伍的头和尾，另一名教师负责队伍的中间，防止在疏散过程中发生碰撞事故。其次，疏散被火势围困的物资。疏散物资时，要注意疏散人员自己的安全，疏散后的物资要放在不影响消防车通道和利于火灾扑救的安全地点，疏散物资的放置点要留有1名至2名人员看守，防止疏散后的物资形成新的火点。

②在疏散时，要先疏散容易起火的物资和贵重物资。

③在公安消防队到达火场后，应听从公安消防人员的指挥进行疏散工作。

六、救护工作

①保健医要迅速组织人员准备好抢救器械、药品等，迅速赶赴火灾现场，一旦有人受伤紧急实施求助。

②如有人受伤或中毒，应根据伤势情况处理，必要时拨打"120"叫救护车。

七、火灾原因调查

①火灾原因调查组由园长任组长，其他成员担任组员，其任务是及时查明每一起火灾，特别是重特大火灾的起火原因，或协助消防部门查明原因。

②调查火灾原因的方法和步骤：

保护现场；

认真调查访问；

仔细检查现场；

配合消防部门进行技术鉴定；

配合消防部门进行分析，认定火灾原因，包括起火时间、起火部位、起火点、起火物、起火源、火灾性质和责任，要求认定有据，否定有理，正面能认定，反面推不倒；

写出调查报告，即经过综合分析认定，把确定的火灾原因、火灾责任和应吸取的教训，写成火灾事故调查报告并存档。

建筑物倒塌事故安全预案

建筑物倒塌主要是指地震、大风、工程材料质量问题造成的建筑物倒塌，在发生这类事故时，为了使生命、财产损失降到最低，特制订本预案。

一、成立应急领导小组

组　　长：园长。

副组长：副园长。

组　　员：办公室主任、教研组长、保健医生、保卫干部、网管教师、人事干部、各班班长、厨房班长。

二、应急领导小组成员的责任分工

领导小组：园长、副园长，负责发布应急救援命令、信号，组织指挥现场救援、保卫、警戒行动，及时向上级汇报突发事故情况，做好现场安全疏导和人员紧急疏散工作，配合上级和其他职能机关开展救援行动。

信息联络组：网管教师、人事干部，负责及时把事故发展情况向领导小组通报，保持信息畅通，做好有关部门单位的联络工作。

安全疏散组：各班班长和班上所有教师，负责自己班级幼儿的疏散，将幼儿安全带离事故现场，并进行安抚。

医疗救护组：保健医生、保洁人员，负责承担现场人员的抢救以及向临近医院疏散救治伤员工作。

警戒维护组：保安、教研组长，主动配合做好现场维护、危险区人员撤离工作，维护现场秩序，劝说围观群众离开现场，保障救护通道畅通。

后勤器材组：办公室、采购员，提供抢救用具等。

现场抢救组：厨房工作人员、保卫干部，负责按照应急领导小组的指挥进行现场抢救，秉承以救人为第一任务的理念。

三、建筑物倒塌后的应急措施

①事发现场的教职工应第一时间报告领导小组，在场教职工为现场指挥员，现场指挥疏散、抢救工作。

②迅速拨打"110""119""120"等电话求助。

③领导小组及相关处置机构第一时间赶往事故现场，组织救援工作，切断危险源（水、电、气等），预防和制止破坏扩大。

④以救人为第一任务，迅速进行基本施救，并将重伤人员送往临近医院。

⑤保护现场，组织幼儿疏散，维护秩序，保障救护通道畅通。

⑥各班班长、教师、保育教师要做好班级幼儿的安抚教育工作，确保幼儿安全撤离。

⑦用高音喇叭进行现场指挥疏散，各班班长和教师负责保护幼儿按照顺序进行疏散，将幼儿疏散到幼儿园操场，以操场为集结点，若遇紧急情况，直接疏散到附近更安全的地方等待救援。

⑧通知伤亡人员家属或家长，做好善后工作。

⑨及时向有关部门汇报。汇报内容包括事故发生的时间、地点、简要经过、伤亡人数，发生原因的初步判断，已采取措施和控制情况，汇报人姓名。

拥挤踩踏事故安全预案

为提高幼儿和教职工紧急处置踩踏事件的能力，确保事件来临时，师幼能够快速高效、有序地开展应急工作，最大限度地减少损失，保障幼儿和教职工的生命财产安全，依据《中华人民共和国未成年人保护法》《学生伤害事故处理办法》《中小学幼儿园安全管理办法》《中华人民共和国突发事件应对法》等规定，特制订本应急预案。

一、危险源

幼儿身体协调能力差，缺乏对危险的预见性；活动场所存在隐患等是可能导致拥挤踩踏事故的危险源。

二、应急小组成员及职责

（一）应急小组成员

组　　长：园长。

副组长：副园长。

成　　员：办公室主任、保卫干部、教研组长、保健医生、各班班长。

（二）应急小组职责

①加强领导，健全组织，强化工作职责，制订应急预案，落实各项措施，完善工作机制和应急保障系统。

②领导小组成员要识别容易出现踩踏风险的状况，重点防范，运用各种形式，加强对幼儿行为的规范教育、安全教育、守秩序教育，增强幼儿的自我保护意识。

③健全幼儿园各项规章制度。

④安全护导教师要履行值日工作职责，坚守幼儿园，有事外出必须告知其他安全护导教师，或请其他护导教师代履行值日工作职责。

⑤幼儿密集出入时，每一楼层的楼梯口都要安排一名教师维持秩序。

三、预防措施

①各班班长和教师、保育员要经常对幼儿进行文明礼仪教育，教育幼儿上下楼梯时靠右行，不要拥挤，防止踩踏挤压等不安全事故的发生，对有这种现象的幼儿要给予批评教育，责令其改正错误行为。

②教师要对幼儿上下楼梯故意打闹等不良现象予以制止，防止拥堵现象的发生；在上课期间，教室门都要打开，一旦发生拥挤踩踏等事故，便于幼儿及时有效地疏散。

③发生踩踏事故时，班级教师和在场的所有教师都有义务及时疏导幼儿，并保护幼儿安全，防止事故进一步扩大。

④教师有责任教育幼儿遵守幼儿园规定，特别是要经常讲上下楼梯应该注意安全的问题，以引起幼儿的高度重视。

⑤在出现紧急情况的时候，在场教师和园长要注意按照应急疏散指示、标志和图示合理地疏散幼儿。

四、处理程序

事件发生→报告园领导
- →救治伤者→保健室或医院救治
- →保护现场、调查事故→追究责任
- →报告家长→协调沟通

①事故发生后，相关人员必须及时向园长和分管领导报告，经授权向上级有关部门报告。

②以最快的速度对受伤的教师和幼儿进行现场救护，送往就近医院治疗并通知幼儿家长。

③及时做好现场处置，保护现场，以便调查取证。

④及时调查事故原因，妥善处理并实事求是地向上级汇报。如是园方的责任，积极善后；如是厂商的责任，获取赔偿；如是幼儿的责任，和家长沟通，协助处理。

五、善后处理

①园领导和班级教师全面参与幼儿治疗直至康复，与家长密切沟通。

②处理相关责任人，并在全园加强教育。

③以适当方式向家长通报情况，制定有效的预防措施。

大型群体活动事故安全预案

一、大型活动的组织机构成员和职责

(一)组织领导组

组长：园长。

成员：教研组长、各班班长。

职责：对组织大型活动进行决策，监督组织实施过程；负责大型活动的组织、人员安排、大型活动前的安全教育、场地区域的划分。

(二)安全保卫组

组长：副园长。

组员：各班班长、保健医生以及全体教师。

职责：活动前对班级幼儿进行安全教育；负责管理所在班级幼儿，发现安全隐患或行动异常的幼儿及时向组长报告；所有参加活动的教师、各班班长无特殊情况随班级活动，如有特殊情况要找其他教师替班。

(三)场地检查组

组长：办公室主任。

组员：维修教师、保安。

职责：大型活动前对场地进行认真细致的检查，发现安全隐患及时向领导小组汇报，请求暂停活动；保证组织地点的安全通道畅通无阻，指示灯明亮，灭火器材完整好用；大型活动结束后，检查场地内是否存在新的安全隐患。

(四)紧急事故疏散组

组长：保卫干部。

组员：所有参加活动的教师。

职责：发生紧急事故时迅速组织幼儿进行疏散，力争将损失减少到最低程度；维持幼儿疏散时的秩序，提示教师在护导幼儿疏散时的注意事项，防止疏散时发生踩伤、挤伤，指挥幼儿疏散到安全地点。

（五）抢救组

组长：保健医。

组员：厨房工作人员。

职责：本着"先近后远、先重后轻、先急后缓、先抢后救"的原则对受伤人员进行初级抢救；根据人员伤势情况拨打"120"急救电话，注意讲清出事地点、单位名称、单位附近明显标志、伤员伤势情况；迅速到达指定地点迎接救护车辆，及时到达指定位置并协助医务人员进行抢救；根据需要及时组织将伤员运送到就近医院进行治疗。

二、外出大型活动的安全落实

（一）乘车时的安全落实

组长：副园长、教研组组长。

组员：保卫干部、保健医、各班班长。

职责：幼儿园组织外出参观前必须由副园长写出书面申请，经上级主管领导审批后方可实施；领导小组组长确认外出参观、郊游乘坐车辆来自正规有资格的出租公司；对司机以及承办单位要提出具体要求，并有记录；对外出的幼儿进行投保；各班教师对本班幼儿进行乘车安全教育，有必要时要签订安全责任书，确保乘车时幼儿的安全；事前组织负责人指定每一辆车至少有4名带队教师，负责行车过程中幼儿的安全，处理突发事件，要求教师具有较高的责任意识，保证通信畅通，确保首末车之间保持联络。

（二）步行时的安全落实

幼儿园组织外出参观时，副园长必须事先对目的地进行考察，制定最安全的行进路线，明确行进过程中有多少路口、是否有堵车现象。出发前各班教师对本班幼儿进行安全教育，使幼儿树立集体意识，遵守行进过程中的纪律。副园长指定有较强责任心的教师全程跟队，处理行进中的幼儿突发事件，遇路口、堵车时对幼儿进行指挥、引导。

反恐防暴应急预案

根据区教委关于加强安保及反恐怖工作的通知，为全面提高应对恐怖和暴力的快速反应、协调和处置能力，维护幼儿园正常的教育教学秩序，保障教师和幼儿的生命财产安全，维持社会政治稳定，现根据我园实际情况制订以下反恐防暴应急预案。

一、组织机构

(一)应急处置小组

为切实加强我园安全保卫工作,特成立反恐防暴应急处置小组。

组　长:园长。

副组长:副园长。

成　员:办公室主任、教研组长、保卫干部、保健医生、各班班长、网管教师、厨房工作人员、保安。

(二)工作职责

幼儿园发生突发安全事故或接到突发安全事故通知后,应急处置小组成员要迅速集结,5分钟内到达事发现场,按照分工各负其责,迅速组织开展反恐防暴工作并指挥救援行动,及时向公安、交警、卫生、消防等相关部门汇报和请求援助,要本着"先控制,后处置,救人第一,减少损失"的原则,果断处理,积极抢救,指挥现场,帮助教师和幼儿离开危险区域,维护现场秩序,做好事故现场保护工作,做好善后处理工作,并按规定及时向上级和主管部门汇报。

组长:负责全面指挥,及时掌握来自第一线的情况,并做出准确的判断。

化解矛盾劝说组:副园长、保卫干部、保健医生,负责与犯罪嫌疑人进行周旋,以拖延时间,本着大事化小、小事化了的原则。

保护安全警戒组:厨房所有工作人员、保安,负责在事发地点建立警戒线,使犯罪嫌疑人无法靠近幼儿和重点目标,防止事态扩大。

护导幼儿疏散组:园长、教研组长、各班班长及所有教师,负责保护幼儿撤离至安全区域。

二、各类恐怖暴力活动的处置程序

(一)园内犯罪分子持刀行凶事件应急处理程序

本应急程序的要点是迅速集结优势力量阻止犯罪分子行凶。

一旦发生幼儿园暴力事件,务必以保护幼儿的生命安全为主要目的,一般按照下列程序处理。

①获得事件信息的任何人都应当在第一时间向园领导报告,并同时拨打"110"和当地派出所电话进行报警。

②选派应变能力强、口才较好的教师和身体强壮的教师与犯罪嫌疑人周旋,对犯罪嫌疑人进行劝说,以拖延时间。幼儿园领导或任何工作人员应立即组织现场人员,不惜一切代价建立警戒线,使犯罪分子无法靠近幼儿和重点目标,防止事态扩大。各班班长要组织本班幼儿在安全的地方进行躲藏,并把门

窗反锁用重物堵上，防止犯罪分子强行进入。

③应急领导小组宣布幼儿园进入全面应急状态，立即实施应急救援行动。

④集结优势力量，携带防卫器械，与犯罪分子周旋，劝阻与制止犯罪行为，为警方援助赢得时间，在有利条件下设法制服犯罪分子。

⑤尽快疏散所有幼儿和无关人员撤离至安全区域。

⑥救护受伤幼儿和其他伤员。

⑦实施事件现场警戒，阻止无关人员进入园内，维护现场秩序，防范别有用心的人肇事，引导外部救援人员进入事件现场。

⑧事件发生后，幼儿园应即时向教育主管部门报告。

(二)园内发现可疑人物应急处理程序

本应急程序的要点是迅速采取措施控制可疑人物。

①在园内发现形迹可疑、四处游荡、可能作案的可疑人物，在场人员有义务并立即向园领导报告。

②幼儿园保安人员和领导指派人员立即对此人进行询问，同时把他的行动限制在局部区域内(尽量远离幼儿)。

③若此人自述进入园内的目的明显缺乏可信度，无人证、物证甚至说话前后矛盾、蛮不讲理，要选派应变能力强、口才较好的教师和身体强壮的教师与保安人员一起将其劝离教学楼，带到保安室进行进一步盘问，在这期间防止将其激化。

④若有证据表明此人是危险人物或犯罪嫌疑人，应立即打"110"报警，由警方带走做进一步调查。

⑤若可疑人物在被盘问时夺路逃跑，单位人员应当将其相貌、身高、衣着及其他特征和逃走方向报告警方，同时，幼儿园应当做好此人再一次闯入幼儿园作案的思想准备。

⑥在整个过程中，幼儿园要采取切实有效的措施，防范可疑人物使用暴力，要确保周围人员的安全。

⑦幼儿园及时把事件情况向教育行政主管部门报告。

(三)园内发现可疑物品应急处理程序

本应急程序的要点是防范易燃、易爆、有毒、有害物品伤害事故。

①收到可疑邮包或发现可疑物品的任何人员都要在第一时间向领导报告。

可疑物品是指物品外表、重量、气味可疑，不是本单位的物品，从没看到过此种物品，不知此物品有何用途，为何会摆放在园内某处。

②发现可疑邮包和可疑物品的任何人员，都不应当试图打开或随意摆弄它，要禁止人员在周围吸烟，使用手机和发动机动车辆等。

③幼儿园若不能排除危险物品，应立即打"110"报警，请警方专业人员进行检测和处理。

④若可疑邮包和物品被警方确定为危险物品，幼儿园立即在其周围设置警戒线，无关人员应立即撤离，并采取严密的防范措施。

⑤幼儿园当配合警方组织人员在校园其他区域搜寻检查，确定园内是否还有其他可疑物品。

⑥幼儿园配合警方开展各项处理工作，并及时向教育行政主管部门报告。

交通安全事故处理应急预案

为预防我园幼儿可能发生的交通及其他安全事故，确保在第一时间内做好抢救和消除隐患工作，确保幼儿安全，特制订本预案。

一、组织机构

组　　长：园长。

副组长：副园长。

成　　员：办公室主任、教研组长、网管教师、保卫干部、保健医、各班班长。

二、实施办法

(一)当事故发生在幼儿出行的路上时

1. 报告

一旦发生交通安全事故，我园所有教职工均有权、有义务立即报告。一般情况报告程序：现场教师或知情教师在第一时间，立即向幼儿园交通安全工作领导小组组长或组员报告情况；交通安全工作领导小组的成员在第一时间，立即向幼儿园交通安全工作领导小组组长报告情况；组长根据情况决定向上级及有关部门报告。

2. 现场处理

园长、副园长、各班班长、保卫干部、保健医生组成现场处理组迅速处理现场情况，根据现场情况决定以下事宜。

①向交警报告情况；

②向医院要求，做好抢救准备；

③安抚出事故交通工具上的所有幼儿的情绪，并检查全体幼儿的受伤情

况，及时向园领导汇报；

④在确认可以撤离交通工具的时候，要安全保护幼儿撤离到安全地带；

⑤对于受伤严重的幼儿，不要轻易去搬动他，帮助幼儿缓解紧张情绪的同时，拨打急救电话"120"，请专业救护人员进行救护；

⑥迅速查清乘车幼儿的人数、具体姓名、家庭地址、家长姓名；

⑦迅速通知应急组及其他有关人员集中；

⑧迅速落实医院、车辆及有关人员。

（二）当事故发生在幼儿园大门或大门附近时

①当交通事故发生时，在现场的幼儿园教师、保安或幼儿应及时向交警队报告事故，明确汇报事故发生的详细位置，同时应汇报幼儿园领导。

②在交警队、急救人员尚未到场的情况下，现场教师应本着救人要紧的原则，及时通知幼儿园的保健医生对受伤幼儿进行施救，直到急救人员到来并将受伤人员送往医院。

③交通事故发生后，现场教师应及时疏散现场围观人员，协助交警维持现场秩序，保留现场，提供交警需要的证据。幼儿园的摄像教师进行摄像，留存资料，以便后续帮助警察进行调查。

④幼儿园操场内不允许任何车辆进入，以免幼儿发生意外。

⑤幼儿园定期利用活动对幼儿进行自护自救的教育，并且每年请交警为我园的师幼进行交通知识讲座，对幼儿进行教育，使幼儿从小树立交通安全意识。

防汛安全应急预案

为加强我园防汛工作管理，提高防汛能力，保证幼儿园正常的教育教学秩序和稳定的生活秩序，保障全园师幼的人身财产安全，根据国家有关防汛法律法规以及市、区教委有关防汛工作的有关要求，特制订本预案。

一、组织领导

为健全防汛指挥机构，落实责任制度，我园特成立防汛抢险领导小组，全面落实各项工作任务。

组　长：园长。

副组长：副园长。

组　员：保安员、厨房男师傅、保卫干部、教研组长及各班班长，必要时发动全体教师参与。

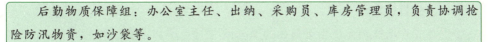

后勤物质保障组：办公室主任、出纳、采购员、库房管理员，负责协调抢险防汛物资，如沙袋等。

办公室、通信联络组：副园长、教研组长，负责协调全体教师和幼儿的教育生活。

现场抢救组：保卫干部、保安员、厨房男师傅，负责制定并现场实施有效的防汛措施。

二、报告制度及程序

①幼儿园发生汛情后，保安员必须立即向园长以及保卫干部报告，由园长决定是否向区教委保卫科和房管所进行汇报及请求支援。如遇重特大事故（大水使围墙倒塌，使幼儿或者教师受伤），要立即报告教委办公室、区政府办公室，并请求支援。

②幼儿园必须在 12 小时内写出事故书面报告，逐级上报。

③报告内容包括汛灾事故发生的时间、地点、伤亡人数，事故简要经过，初步判断的事故发生原因，事故发生区已采取的措施和事故控制情况以及报告人、报告单位。事故现场情况、伤亡人数发生变化后，幼儿园应及时进行补报。

三、现场指挥

如节假日期间发生汛灾，保安员要及时通知领导小组成员。领导小组成员必须在第一时间赶到现场，按实际情况对现场进行指挥和协调。

现场指挥：组长负责现场的组织、指导、协调，如果组长不在指挥现场，则副组长负责，并及时向组长汇报情况，组长和副组长两人不能同时离园。

联络员：副园长、教研组长，负责联络区教委、教委房管所，并通知各班班长（必要时要通知全体教师）到达单位进行抢险。

秩序维护：办公室主任按总指挥要求，维护安全事故发生现场的秩序，按要求维护好幼儿园和现场的秩序，避免引起周围群众的混乱，造成更大的影响和危害。

现场抢险：保卫干部、厨房男师傅、保安员听从组长的安排，负责利用防汛物资抢险救援。

现场医护急救：发生安全事故后，首先赶到现场的人员根据当时的具体情况，向组长提出急救方案，该处理和能处理的及时处理，无法处理的拨打"120"并送往最近的医院；发生安全事故时，各责任人要能做出及时正确的反应，将危害和影响降到最低程度。

四、处置预案

①在正常上班期间发生全园性的洪涝灾害时，当班教师立即控制班级幼儿秩序，与保育教师一同负责有序地疏散幼儿并通知班长立即到班；组长通过幼儿园的扩音器布置全园性的处理方案；副园长、教研组长、保健医生负责管控校园秩序及救护疏散过程中幼儿发生的意外伤害；办公室主任、厨房男师傅、采购员、出纳等负责排水；保卫干部、两名保安员守好大门，防止在疏散的过程中发生意外事故；全园教职工都听从园长的统一指挥，协调行动，安全有秩序地将幼儿疏散到安全地带。

②若洪水灾害对幼儿园园舍造成威胁，当班教师应立即报告总负责人，并安抚幼儿情绪，妥善组织幼儿转移至安全的地方，在组长做出正确指示后再行动。

③洪水灾害发生后，后勤组人员应加强对食堂的安全管理，通知当地或上级卫生防疫部门到现场进行消毒处理，并及时向区教委报告，请示处理意见，防止洪涝带来的各种病菌的流行与蔓延，确保师幼食品卫生安全。

④加强汛期通信管理。防汛工作领导小组成员要确保手机全天开通，一旦发生紧急情况，立即按要求执行相应处理措施。

⑤加强汛期传染病管理。全园所有教职工要提高警惕，做好防病宣传，若有传染病或其他不明原因的疾病发生，当班教师应在第一时间通知保健医生，将发生症状的幼儿送往附近医院，迅速隔离相关人员（为防交叉感染，所有人员均应戴口罩和手套），对全园进行消毒处理，并按相关规定上报园长及教委，请示后续处理意见。

全园教职工必须以高度的责任感来对待幼儿园的防汛工作，按"横向到边，纵向到底，齐动员，全覆盖"的安全网络体系布局，当发生紧急情况时，必须无条件服从幼儿园的统一安排和部署，确保我园全体师幼的生命财产安全。

地震安全应急预案

为提高幼儿和教职工紧急处置地震灾害的能力，确保地震来临时，全园能够快速、高效、有序地开展地震应急工作，最大限度地减少损失，保障幼儿和教职工的生命财产安全，依据《中华人民共和国未成年人保护法》《学生伤害事故处理办法》《中小学幼儿园安全管理办法》《中华人民共和国突发事件应对法》《中华人民共和国防震减灾法》，特制订地震应急预案。

一、应急处理小组

成立由园长、副园长、保教组长、办公室主任、保健医生、保卫干部、各

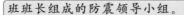

班班长组成的防震领导小组。

①全面负责幼儿园地震应急工作,进行自救互救、避震疏散知识和安全常识的宣传教育,增强幼儿园幼儿和教职工的应急意识和抵御地震灾害的能力。

②制订地震应急预案,并组织演练。

③临震预报发布后,负责对幼儿进行防震、避震、自救自护知识的强化宣传和幼儿园应急预案的实施。

④地震发生后,全面负责幼儿园地震应急工作,指挥各工作组按预案确定的职责投入抗震救灾。

⑤负责向上级汇报灾情,争取救援。

二、应急处理程序

地震发生后的应急处理程序为事件发生──→紧急避险──→及时救治。

(一)地震前的应急行动

接到上级地震、临震预警报后,领导小组立即进入紧急状态,全面组织各项抗震工作,各小组随时准备执行防震减灾任务;

组织有关人员对所属建筑进行全面检查,封堵、关闭危险场所,停止各项教室内大型活动;

加强对易燃、易爆物品的管理,加强对厨房、门卫等场所的防护,保证防震减灾工作顺利进行;

加强对幼儿和教师的宣传教育,做好幼儿、教师和幼儿家长的思想稳定工作;

加强各类值班执勤工作,保持通信畅通,及时掌握各种情况,全力维护正常的教学、工作和生活秩序;

按预案落实各项物资准备。

(二)地震发生时的应急行动

地震时室内、室外避险:

听到地震警报后,处于教学楼内的教师和幼儿立即停止教学活动,班长、教师组织幼儿将身体尽量缩成一团,迅速抱头、闭眼、躲在桌下或者床下,靠在外墙的幼儿尽量往里靠;

在操场或教室其他地方的幼儿在教师的组织下应该到室外空旷的操场躲避,原地不动蹲下,双手保护头部,注意避开高大建筑物或危险物(如围墙、电线杆等),千万不要回到教室;

当幼儿在寝室睡觉时发生地震，值班教师要马上叫醒幼儿，让幼儿迅速将枕头置于头上蹲在床头边或墙角，告诉幼儿不喊叫、不乱跑，保存体力。

紧急疏散避险：

等主震结束后，为了防止较大的余震发生，全体幼儿在教师的组织下，立即进行有序的疏散，到安全地方躲避余震；疏散路线严格按照幼儿园应急疏散预案执行；

组织各班快速有序撤离，避免幼儿拥挤，组织幼儿有序地从就近楼梯下楼，下楼时要走楼梯内弯，不准在楼梯或者走廊内互相拥挤，避免跌倒；

疏散过程中，师幼行动要迅速，但不要争先恐后、慌乱奔跑，迅速转移到指定位置。

疏散过程中，师幼可以用书包、双手等护头，以防被砸伤，有火灾发生的应用湿毛巾捂住口鼻，蹲下身子鱼贯式撤离；

待各班幼儿到达集中地后，教师要组织幼儿原地蹲下，保护头部，并安抚受到惊吓的幼儿，等到疏散结束后，各班应立即以班为单位集合清点人数。

(三)地震发生后的应急行动

地震发生后，幼儿园一方面要向上级有关部门报告灾情，另一方面要积极地组织抢险救灾，必要时还要对幼儿的心理进行干预，保护幼儿的心理健康。

①向上级汇报：灾情发生后，幼儿园领导要立即向上级领导部门报告幼儿园的震情和灾情，并听取上级有关救灾事项的指示。

②组织抢险救灾：各负责人在总指挥统一组织指挥下，迅速组织本级抢险救灾。

迅速发出紧急警报，组织滞留在各种建筑物内的所有人员撤离；

迅速关闭、切断电源和各种明火，防止震后滋生其他灾害；

迅速开展以抢救人员为主要内容的现场救护工作，及时将受伤人员转移到附近医院抢救。

③保护幼儿心理健康：把稳定幼儿情绪放在首位，对幼儿实施心理辅导，消减灾害给幼儿带来的心理障碍，全面迅速恢复教育教学秩序。

④检查、维修房屋：后勤部门检查房屋以及一切设施设备并进行质量评估，督促有关人员对房屋进行维护和维修，保障全园教师和幼儿的安全。

⑤控制疫情，预防传染病：医务室教师要做好灾后控制疫情和预防传染病的工作，及时检查、检测幼儿园应用水源，筹集和储运所需的药品器械等。

防雷击应急预案

本着"预防为主，宣传教育为辅，防患于未然"的原则，为做好防雷救灾工作，最大限度地减轻雷击造成的损失，根据我园实际，特制订防雷击应急预案。

一、组织领导及职责

(一)成立防雷击领导小组

组长：园长。

组员：副园长、办公室主任、教研组长、保卫干部、保健医生、厨房班长。

(二)领导小组职责

①全面负责本园雷击应急工作，进行自救互救、疏散知识的宣传教育，增强园所应急意识和抵御雷击灾害的能力。

②对本园雷击防灾应急预案组织演练。

③一旦发生雷击，全面负责本单位雷击应急工作，指挥各专业组按预案确定的职责投入抗雷救灾。

(三)成立各应急专业工作组

①应急疏散组组长：副园长。

成员：各个班级的班长和教研组长。

②宣传组组长：保卫干部。

成员：各班教师和保育员。

③后勤保障组组长：办公室主任。

成员：采购员和出纳。

二、防雷击安全宣传教育

①安全防雷击集中宣传教育工作，主要由保卫干部负责；分班宣传教育工作，主要由各班班长负责。

②安全防雷击宣传教育的主要内容有：如何防雷击，包括室内、室外如何"避雷"；打雷时应该往哪里躲；被雷电击中后如何抢救、自救、互救；等等。

③防雷击安全宣传教育的主要形式有集中宣讲、挂图、发放资料手册等。

三、防雷击应急处置

①幼儿园上空即将迎来暴雨、闪电、雷鸣时，应当切断园内电脑房、各教室、各办公室等的一切电源。

②各班班长立即通知正在室外活动的幼儿安全地回到教室。

③雷电正在发生时，要关好门窗，防止球形雷(滚雷)窜入室内造成伤害，

不得打电话、手机，不要靠近室内的金属设备（如水管）及门窗等容易被雷击中的地方。

④受雷击被烧伤或严重休克的人的身体并不带电，应马上让其躺下，扑灭他身上的火，并对他进行抢救。若伤者虽失去意识，但仍有呼吸或心跳，则自行恢复的可能性很大，应让伤者舒适平卧、安静休息后，再送医院治疗。若伤者已停止呼吸或心脏跳动，应迅速对其进行口对口人工呼吸和心脏按压，在送往医院的途中要继续进行心肺复苏的急救。

⑤发生雷击伤害事故后，不管现场有没有临时急救人员，都要立即拨打"120"，让专业医生组织抢救，并通知受伤幼儿或者教师的家属马上赶赴现场或医院。

四、防雷击报告制度

①检查发现幼儿园防雷击装置不能发挥正常作用，可能不符合标准规范要求时，要及时报告园长，由园长向上级报告。

②在遭受雷电灾害后，应及时向教育主管部门和气象主管机构报告灾情，并协助气象主管机构组织做好雷电灾害的调查、鉴定工作，分析雷电灾害事故原因，提出解决方案和措施。

风、雨、雪天气灾害安全预案

为保证风、雨、雪天气全体教师和幼儿的安全，维护正常教育教学秩序，依据上级有关规定，结合我园实际情况，特制订幼儿园风、雨、雪天气应对预案。

一、成立预防风、雨、雪天气灾害指挥机构

组　　长：园长。

副组长：副园长。

成　　员：保健医生、各班班长、办公室主任、维修人员、保卫干部、厨房班长、保安。

领导小组职能：发布应急命令；组织指挥救援队伍实施救援行动；及时向上级汇报本校情况；必要时向上级及有关部门请求支援。

二、应急措施

①实行班长负责制。各班班长要本着对幼儿负责的精神，遇到恶劣天气时，应先于幼儿到园，做好幼儿的组织工作，检查教室内外设施及设备状况，记录幼儿出勤情况，了解未到园幼儿的原因并及时向副园长、教研组长进行汇

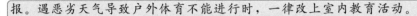

报。遇恶劣天气导致户外体育不能进行时，一律改上室内教育活动。

②办公室主任、负责维修的教师、保卫干部要及时掌握和处理雪灾造成的安全隐患，包括幼儿园建筑物、幼儿园附建筑设施、幼儿园设施设备和树木等出现损坏的排查和维修等。

③实行灾情一日一报制度，要将防灾抗灾情况及时上报到教委保卫科办公室。

④加强预防瞬时飓风带来的灾害，要在飓风来临之前采取有效措施，防止屋顶、园牌和各种宣传标语等被飓风损坏。

⑤保健组长、采购员要及时掌握负责送菜、送食品车的安全状况，并及时向办公室汇报。

⑥入园和离园时间如提前或延迟，各班要统一听园长办公室的通知。同时，各班要做好幼儿及其家长的稳定工作。

三、加强教师和幼儿安全教育

幼儿园要充分利用宣传栏等向教师和幼儿进行风、雨、雪天气安全教育，上好安全教育课，让幼儿了解相关安全知识，防止意外事故的发生。

四、加强校舍安全工作的隐患排查

幼儿园要及时自查管理范围内可能出现的安全隐患，对校舍、电线等处进行严格的安全检查，及时消除隐患；安排专人负责台阶、楼梯、楼道处，及时清除积雪、积水、冰冻等，同时在楼梯口及幼儿园大门口路段设立警示牌，对易滑情况进行提醒，以预防滑倒摔伤事件发生。暴风雪来临之时，及时对我园的危险地段，如教学楼门口、厕所等地段做好防滑措施。

五、几点要求

①遇风、雨、雪天气，幼儿园全体党员、教职工提前到园，积极参加应急抢险工作。

②园领导要起到带头作用，党员同志要发挥先锋模范作用，积极参加应急保障工作。

③要加强值班和安全保卫工作，做到24小时有人坚守岗位。

④做好其他安全隐患的排查和整治工作，预防安全事故的发生。

⑤幼儿园主要领导和分管领导要保持24小时通信畅通。

⑥实行责任追究制度。园长是防灾抗灾的第一责任人，全面负责本单位的防灾抗灾工作。各班班长因渎职行为产生不良后果的，幼儿园将严肃追究相关人员的行政责任。

应对雾霾天气应急预案

针对北京雾霾天气严重的情况，为避免或减少雾霾天气给教师和幼儿健康、安全带来的危害，同时根据教委的指示，我园特制订雾霾天气应急预案。

第一，成立幼儿园空气重污染领导小组：组长为园长，副组长为副园长，组员有保卫干部、所有班级的班长、厨师班长、办公室主任。

第二，根据雾霾天气等级进行不同的活动安排：

雾霾天气预警四级（蓝色）：班级幼儿的户外活动时间由原来每天 2 小时改为 1 小时。

雾霾天气预警三级（黄色）：尽量避免户外活动。

雾霾天气预警二级（橙色）：禁止户外活动。

雾霾天气预警一级（红色）：幼儿园全体停园。

第三，当雾霾天气产生时，请各班教师听从保健医生的通知，根据雾霾天气等级组织幼儿进行相应的户外活动。

第四，当教委办公室通知可以停课时，幼儿园领导要联系保健医生，然后保健医生通过微信联系各班班长，最终各班班长利用各种形式如微信、QQ、电话和短信通知本班幼儿停课时间，并提示幼儿尽量在家休息，不要出门，防止呼吸道感染。

第五，班长通知到班内所有的幼儿后，要立即给保健医生短信回复："我班共有××名幼儿，已经全部通知到。"当收到全园所有班长的信息后，保健医生立即向园长汇报进行总结。园长向上级领导继续汇报我园关于雾霾天气应急活动的结果。

第六，当取消室外或减少室外活动时，教师要及时和家长沟通，调整课程，在室内组织幼儿进行相关的教学。

第七，早晚高峰时段，因为天气能见度不高，保安、值周教师和协警要上路疏导交通，维护幼儿出入安全。

第八，当接到复课通知后，依照停课通知方式进行通知，按照预定时间准时开园，迎接幼儿入园。

防火演练预案

一、活动目的

为了进一步增强园内教师和幼儿对突发事故的灵活应变能力，使幼儿掌握消防安全知识，从小树立消防意识，掌握更多的自救、逃生、自我保护的具体方法，创造良好的消防安全环境，结合"消防日"活动，对全园幼儿及教职工进行消防安全知识教育培训，并举行幼儿园消防疏散演习活动，旨在使幼儿掌握正确的逃生要领，从容应对火灾等突发事件。

二、时间、地点、参加人员

时间：一般为上学期一次、下学期一次。

地点：幼儿园。

参加人员：全体教职工及幼儿。

三、演练道具

消防警报广播、湿毛巾人手一块、灭火器（教师学习使用方法）等。

四、现场人员分工

现场总指挥：一名。　　　　　现场副指挥：一名。

报警人员：一名。　　　　　道具准备：各班保育员。

救护人员：一名。　　　　　疏散人员：各班教师及保育员。

五、演练的具体操作程序

①幼儿在教室进行正常的教学活动，幼儿园通过广播系统播放警报声，模拟现场。接到警报后，大家不要慌张，要镇静，保持清醒的头脑，然后按照拟定的路线进行迅速撤离。

②报警组保安拨打"119"报警，由保卫干部迅速向上级领导报告失火情况，保安同时打开幼儿园前门的消防通道，到路口迎接救护车；后勤教师分别在一楼、二楼、三楼的楼梯拐角处负责幼儿疏散时的安全；保洁教师负责在一层大厅内疏散幼儿；厨房教师负责在一楼阳光走廊前的楼梯口疏散幼儿。

③保卫干部通过广播指挥教师和幼儿向楼外疏散，并发出"大家不要慌，马上有秩序地撤离"的口令。

拟定路线：

一层四个班因为都有自己独立的、通往操场的后门，所以班级内的教师和幼儿就可以直接跑到操场进行躲避。

二楼的两个中班、三楼的两个大班的幼儿严格按照拟定路线进行疏散。

④为保证模拟活动的真实性，参加演习的幼儿在有烟的环境里，尽量闭嘴，减少说话，尽可能地用湿毛巾、口罩等捂口鼻，弯腰、低头从楼道撤离。

⑤在撤离过程中，注意根据教师指示，按照撤离路线迅速逃到楼外。

⑥从楼内撤离出的幼儿以班级为单位，有组织地在操场集合。在活动结束

前，从楼内撤离出的幼儿不能随意再次进入楼内。

⑦教师安排：各班教师带本班幼儿撤离。

防震演练预案

为保证在地震发生前后快速、高效、有序地实施地震应急工作，最大限度地减轻地震灾害造成的损失，依据《中华人民共和国防震减灾法》《破坏性地震应急条例》，结合幼儿园工作实际，特制订本预案。

一、地震应急机构

（一）指挥组

指挥：园长。

职责：及时掌握情况，并向上级主管部门汇报，贯彻传达上级主管部门的命令；组织有关各组人员按预案对现场进行果断处理，并调配人力、物力资源，进行抢险救灾。

（二）疏散组

组长：副园长。

组员：全体教师。

职责：在现场的统一指挥下，依据预案措施及疏散路线有秩序地疏散全体教师和幼儿到安全地带；疏散过程中，避免拥挤踩踏，以保证全体教师和幼儿快速、安全地撤离现场。

（三）医疗救助组

组长：保健医生。

组员：工会主席、保洁教师。

职责：准备医疗器械和药品，负责将伤员运送到指定安全区并进行简单救治后送往就近医院进行救治。

（四）安全保障组

组长：保卫干部。

组员：厨房工作人员。

职责：调集有关人员、车辆和抢险救灾物资，协助其他工作组输送救援人员和受伤病员；迅速排查幼儿园安全隐患，统计幼儿园电力、饮水、通信和其他公共设施受灾情况，根据灾情，组织抢修，保证幼儿园供电、供水、通信畅通；负责维护幼儿园出入口秩序，做好消防治安力量的准备，了解幼儿内各区域的情况，加强巡视；维持避难场所秩序，做好家长的接待和协调工作，保证

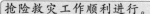

抢险救灾工作顺利进行。

（五）宣传统计组

组员：教研组长。

职责：开展地震知识和预防知识的宣传和普及工作，提高教师和幼儿的防震减灾和自救互救的能力。

二、演练

（一）参加演练的人员

幼儿园全体教师和幼儿。

（二）开展演练的时间

　年　　月　　日　（任意时间段）

（三）地震临震应急反应

①要保持镇定，切莫惊慌失措，尽快躲避到安全地点，千万不要匆忙逃离教室。

②在教室内的幼儿，应立即就近躲避，身体采用蹲下的方式，使身体尽量缩小，躲到墙角，以避免身体被砸，但不要靠近窗口。

③躲避的姿势：将一个胳膊弯起来保护眼睛不让碎玻璃击中，另一只手用力抓紧桌腿或床腿；在墙角躲避时，把双手交叉放在脖子后面保护自己，可以拿枕头或其他保护物品遮住头部和颈部。

④卧倒或蹲下时，也可以采用以下姿势：脸朝下，头近墙，两只胳膊在额前相交，右手正握左臂，左手反握右臂，前额枕在臂上，闭上眼睛和嘴，用鼻子呼吸。

⑤在走廊的幼儿，也应立即选择有利的安全地点，就近躲避，卧倒或蹲下，把双手保护头部，不要站在窗边。

⑥在教室外的幼儿，应跑到空旷的地方，把双手放在头上，防止被砸，要避开建筑物和电线。

⑦教师要按预先的分工，迅速到每个教室检查避震的情况，发现有采取不正当措施的，要及时纠正。

（四）紧急疏散

根据各班所处位置及幼儿年龄特点，紧急疏散的具体要求如下。

1. 拉响警报

听到警报（钟声）后，本班教师组织幼儿立即蹲在桌子下面；如果在2分钟后没有大反应，园内再次拉响警报（钟声），各班马上按照规定的紧急疏散路线快速、有序地撤离教学楼。

2. 撤离顺序及撤离路线

在撤离时，教师要向幼儿讲清楚，地震时，第一不能跳楼，第二不能一窝蜂似地往外挤，应在教师的带领下，共同行动，把桌椅摆放得有利于避震；与外墙和窗户操持一定的距离，避免外墙倒塌或玻璃破碎时伤人；避开室内的悬挂物；留一定的通道，便于震时紧急撤离；年幼体弱或残疾的幼儿应被安排在方便避震或撤离的地方。

3. 紧急撤离要求

幼儿要做到不惊慌、就近避险，必须按疏散线路疏散，下楼时各班成一路纵队下楼，以免碰撞、拥挤、踩伤。

疏散时幼儿要按指定路线，不要拥挤，千万不要跳楼；当班教师负责指挥幼儿疏散，不得擅离岗位，有秩序地将幼儿撤离到操场；楼梯口有教师指挥；操场集合点也有教师进行清点。

疏散过程中，幼儿以双手或书包、书本护头，以防被砸。

疏散过程中，幼儿要迅速、有秩序前进，不要慌乱奔跑，不要争先恐后。

幼儿在疏散途中不能穿过建筑物，要尽量避开建筑物和电线。

各班幼儿到达集中地后，幼儿要蹲下，保护头部；以班为单位集中，各班应立即清点人数，并向园长报告。

紧急疏散演练预案

本预案主要用于疏散演练时，在教师及幼儿迅速撤离现场的同时，确保教师、幼儿安全。

一、领导小组及其职责分工

(一)领导小组

组长：园长。

组员：副园长、教研组长、保卫干部、保健医生及各班班长。

(二)工作职责

疏散演练时，指挥教师带领幼儿按照幼儿园疏导图，迅速有序地撤离灾害现场，并确保幼儿在疏散时井然有序，不发生踩踏事故。

(三)人员分工

组长：全园安全疏散总指挥。

保卫干部：负责发出紧急疏散信号(警报声音)。

各班班长：负责组织本班幼儿安全撤离。

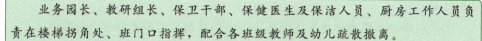

业务园长、教研组长、保卫干部、保健医生及保洁人员、厨房工作人员负责在楼梯拐角处、班门口指挥，配合各班级教师及幼儿疏散撤离。

二、疏散途径

①总指挥：园长。

②教研组长站在楼东侧三层楼梯拐角处，指挥配合大二班教师及幼儿从东侧楼梯下楼，走小三班至操场做操地点。

③会计教师站在楼东侧二层楼梯拐角处，指挥配合大二班和中二班教师及幼儿从东侧楼梯下楼，走小三班至操场做操地点。

④一名厨师站在楼东侧一层楼梯拐角处，指挥配合大二班和中二班教师及幼儿从东侧楼梯下楼，走小三班至操场做操地点。

⑤工会主席站在西侧三层楼梯拐角处，指挥大一班教师及幼儿从西侧楼梯下楼，走正门至操场做操地点。

⑥出纳站在楼西侧二层楼梯拐角处，指挥配合大一班和中一班教师及幼儿从西侧楼梯下楼，走正门至操场做操地点。

⑦两名厨房男工作人员站在大厅一层，一名在楼梯西侧拐角处，配合大一班和中一班的教师及幼儿走正门撤离至操场做操地点；另一名站在小三班门口，配合指挥大二班和中二班教师及幼儿从小三班撤至操场做操地点。

⑧副园长协助小四班教师和幼儿疏散。

三、疏散要求

①教师听到疏散命令，立即成为班级的临时指挥员，负责指挥本班幼儿的疏散撤离工作，确保不落下一名幼儿后，方可离开教室。

②教师将幼儿疏散到达目的地后，立即清点人数并向总指挥汇报。

③撤至操场的教师及幼儿不要占用疏散通道，迅速到操场指定位置集合，不得随意走动。

（二）制定完备的处置程序

为了规范突发事故处理程序，保证幼儿园各岗位依法履行职责，保护师幼的合法权益，幼儿园要根据实际情况制订各类事故处置程序。

1. 幼儿园发生幼儿群体性安全事故的处置程序

①及时拨打"110""120"等报警急救电话，并派教师随救护车到医院协助救治

受伤幼儿；

②采取各种有效措施进行先期处置，维护好幼儿园的教学和生活秩序；

③事故发生后第一时间口头向当地政府和区县教育行政主管部门汇报，1 小时内书面向当地政府和教育行政部门报告；

④及时告知家长，并安排专人接待家长，做好家长情绪的安抚工作；

⑤保护好事故现场，及时协助相关部门收集有关证据；

⑥在当地政府和教育部门的指导下救治或疏散幼儿；

⑦新闻发言人对外发布信息，接待新闻媒体；

⑧向保险公司报案。

2. 幼儿园发生幼儿个体伤害事故的处置程序

①及时拨打"110""120"等报警急救电话救助幼儿，同时做好先期救治工作，并派人随救护车到医院协助救助；

②及时告知家长，并安排专人接待家长，做好家长的安抚工作；

③保护好事故现场，及时协助相关部门收集有关证据；

④调查事故原因，明确事故责任；

⑤对其他幼儿进行安全教育，尽快恢复正常的教学秩序；

⑥及时向保险公司报案；

⑦通过协商、调解、诉讼等方式处理幼儿伤害事故；

⑧向教育行政部门报告事故处理情况；遇重大事故，主管教育行政部门要向本地人民政府和上一级教育行政部门报告处理情况。

3. 幼儿园发生幼儿安全事故的善后处理程序

①对事故的性质、大小、影响程度与范围有准确的认识；

②进一步采取应对措施，防止事态扩大；

③及时寻求法律援助，必要时请求权威机构和专家进行支持；

④积极督促保险公司和相关部门为伤亡幼儿进行理赔；

⑤尽快恢复幼儿园正常的教育教学秩序。

五、开展幼儿园安全教育

(一)开展安全教育的意义

为了减少幼儿园师幼意外伤害的发生，提高师幼的生存质量，幼儿园应制订教职工与幼儿的安全教育培训计划，通过多种途径和方法，使教职工熟悉幼儿园各项安全制度，了解各项安全工作流程，明确个人职责，提高应急能力，同时培养教职工和幼儿的安全防范和自护意识与技能。幼儿园还应把家长作为安全教育的对象，帮助家长树立正确的科学育儿观，增强家长的安全育儿意识，使家长真正发挥其作为幼儿园的"亲密伙伴"的作用。开展安全教育活动，让幼儿园师幼健康愉快地生活。

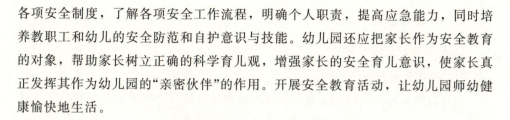

案例 接送卡使用风波

　　某幼儿园为保证幼儿接送安全，实施了接送卡制度，但是在执行过程中出现了以下问题。

　　①有些家长忘记带接送卡，按照幼儿园制度需要保安与班级教师确认后方可入园。个别家长认为："我天天来幼儿园，保安应该认识我，太死板，耽误时间。"家长有时还会与保安产生矛盾。家长的不配合，给保安带来了工作压力。保安不愿认真查看接送卡，接送卡制度流于形式。

　　②把接送卡借给小区里想入园的小朋友家长，为他们提供参观幼儿内部环境和咨询如何报名入园的条件，影响了幼儿园的正常工作秩序，也带来了一定的安全隐患。

　　③家长不重视接送卡的管理，个别家长经常丢失，需要补办。丢失流向社会的接送卡已经成为安全隐患。

　　针对上述问题，幼儿园认为，接送卡制度是对幼儿的一道保护屏障，问题主要出现在对家长的安全教育没有落实到每位家长身上，家长对幼儿园安全工作的认识不够深刻。于是幼儿园通过召开家长委员会、发放家长一封信、保卫干部在接送时间帮助保安共同做好家长工作，随时对家长进行宣传教育。安全教育的落实，保证了幼儿园接送卡制度的落实。

　　上述案例反映出安全教育不仅是制度、职责、流程的落实，也是安全工作的重要环节。教职工、家长、幼儿通过接受安全教育，真正从思想上理解安全工作的重要意义，重视安全工作，才能够主动学习安全知识，认真履行安全责任，熟练掌握安全工作流程、预案，真正筑起一道坚实的安全屏障。因此，安全工作必须要从安全教育开始。

（二）开展安全教育的内容

1. 对教师的安全教育

（1）强化法制教育

引导教师学习与教师关系密切的各种法律法规等，增强教师的法律意识，使教师做到知法、守法、会运用法律解决实际问题，提高守法的自觉性。

（2）强化安全防范教育

对教师进行治安形势教育、安全防范基本知识及基本技能教育，增强教师的安全防范意识和安全防范能力。

一要让教师学习幼儿园各项安全制度与安全预案，通过并了解本单位的安全制度和预案的具体内容，能够知道在遇到突发事件时如何启动预案，最大限度地确保幼儿园人身安全与财产安全。

二要让教师学习消防知识，增强防火意识。通过了解一些消防知识，教职工可以懂得火灾的危险性，懂得扑救火灾的方法，懂得逃生方法，懂得预防火灾的基本知识。

例如，灭火器应摆放在明显和便于取用的地点，且不得影响安全疏散；对有视线障碍的灭火器设置点，应设置指示其位置的发光标志；灭火器的摆放应稳固，其铭牌应朝外；灭火器箱不得上锁；灭火器不得设置在超出其使用温度范围的地点；$30\sim50m^2$ 内配置一个灭火器；每个设置点的灭火器数量不宜多于 5 具等。

再如，消防安全疏散指示标志（不含设置在地面上的消防安全疏散指示疏散导流带）宜设在疏散走道及其转角处距地面高度 1m 以下的墙面或地面上，且应符合下列要求：

当设置在墙面上时，其间距不应大于 10m；

当设置在地面上时，其间距不应大于 5m；

当与疏散导流标志联合设置时，其底边应高于疏散导流标志上边缘 5cm。

2. 对幼儿的安全教育

（1）加强幼儿的体能训练

可以通过体育锻炼以及其他专门活动增强幼儿躲闪、奔跑等快速反应能力。幼儿园应给幼儿提供足够的时间和空间，合理组织有一定强度和密度的体力活动，加强幼儿的体育训练，增强体质，提高幼儿自我保护能力，避免伤害事故的发生。

（2）丰富幼儿的安全知识

对幼儿进行消防、交通等多方面的自我保护教育，丰富幼儿的安全常识与安全防护技能，同时把自我保护教育纳入幼儿园课程中。教育方法要注意兼顾幼儿身心发展的特点，尽量避免说教的单一形式，采用情感体验法、故事法、游戏模拟法等幼儿喜闻乐见的形式开展教育。对幼儿进行说教时，教师要避免使用禁止干某事这类的词汇，而应该让幼儿学会做这件事情的正确方法，怎样使用物品是正确的。禁止的词语如"不能玩火""不要把手指插在电插座孔里"等可能会产生负面的影响。幼儿本来就具有较强的好奇心，这反而会使其尝试一下，最终引起难以预料的后果，所以要改变传统的简单说教，向主动体验转变。①

图 4-2　安全教育活动

🌱教案分享——小班安全教育案例

【教案一】会躲闪，不碰撞

适宜年龄：

3～4 岁。

---

① 朱琳．幼儿在园安全问题及对策研究[D]．武汉：华中师范大学，2014.

活动由来：

小班幼儿年龄小，生活经验少，入园前在家里都有专人看护，甚至一个孩子有几个人看护，走路时两边有人护着，睡觉、玩游戏都有人陪着等。大人什么都抢着帮孩子做好，只为不让孩子遇到任何危险。因此，幼儿自身对危险的认识能力、安全意识、防御能力都很差。进入幼儿园大集体生活，他们在活动中不懂得关注和躲闪他人，经常发生碰撞现象。因此，这时对幼儿进行"会躲闪，不碰撞"的安全教育，引导幼儿学会在一日生活中关注、躲避周围的物体是十分必要的。

活动目标：

①通过游戏让幼儿尝试和学会躲闪不碰撞的方法，增强幼儿自我保护的意识和能力。

②鼓励幼儿在集体前大胆讲话，感受表达的快乐。

活动准备：

图片一张（两个头上有包的小朋友在哭）、玩具若干。

活动方法：

问题讨论法、情境设置法。

活动过程：

1. 设置情境引发幼儿讨论：小朋友为什么会受伤

参考提问：

①咦，哪里来的哭声？（教师在一个小朋友看不到的地方发出哭声，利用哭声引导幼儿分辨方向找到哭源）

②通过图片，你们说一说他们为什么哭呀？（图片上显示：幼儿撞在大树上，撞在大石头上，撞在滑梯上，两个小朋友不小心撞在一起摔倒了并且头碰在桌脚上了……）

③我们能学习他们吗？那怎样做才会不碰头，不受伤？

2. 幼儿游戏，学会躲闪不碰撞

游戏一：捡玩具

幼儿到桌子下面捡玩具，看谁的办法好（低头钻进，低头钻出）。

游戏二：走迷宫

在活动室地面上为幼儿设计迷宫，引导幼儿练习躲闪走。

游戏三：穿越障碍

在户外让幼儿练习一个跟着一个绕着大树、小树、滑梯、沙箱等障碍物走和跑，引导幼儿学会灵活躲闪，同时熟悉周围环境。

【教案二】小狗汪汪

适宜年龄：

3～4 岁。

活动思路：

小班幼儿喜欢情境化游戏。教师结合小班教育目标，创设情境，引导幼儿通过扮演小狗的角色进行钻的练习。游戏中教师利用皮筋围成小狗的家，增加幼儿钻的练习密度，满足幼儿活动的需要。

活动目标：

①引导幼儿在愉快的游戏中，掌握正面钻的方法，能够比较灵活地钻过障碍物。

②在游戏中引导幼儿掌握和总结不碰撞的方法，增强安全保护意识。

③培养幼儿参加体育活动的兴趣，感受运动的快乐。

活动准备：

活动场地、皮筋、四色"狗粮"若干、拱形门 15 个、哑铃若干、音乐等。

活动过程：

1. 活动前的准备

创设游戏情境，引导幼儿进入小狗的角色。幼儿扮小狗四散蹲下，教师说："小狗狗醒来了，一起来做操锻炼吧!"教师和幼儿一起随音乐做小狗的模仿动作，活动身体各部位。

2. 小狗游戏一：钻山洞

引导幼儿利用身边的大型玩具和皮筋围成自己的家(小狗的家)。

参考提问：

①家里没有食物了，小狗和狗妈妈一起去外面找食物吃吧。

②刚才我们出门时为何有的小狗把头碰了? 为何有的小狗把咱们家的栅栏撞倒了?

③怎么钻出家门才能不把家的栅栏撞倒呢?

④前面有一个长长的山洞，我们要钻过去，但是不能碰到山洞哦，否则你会很疼的。

利用不同高度的拱形门创设山洞，教师和幼儿一起边说儿歌边钻山洞："小狗狗钻洞洞，一个跟着一个钻，低下头弯下腰，千万别把头碰伤。"

3. 小狗游戏二：运粮忙

参考提问：

①狗狗们，我们玩得都饿了，赶快回到家里去吃饭吧，狗姥姥都把饭做好了。（幼儿在教师的带领下钻进皮筋围成的家）

②我们还剩下了很多食物，我们把这些狗粮送给小黑狗、小白狗、小粉狗、小黄狗吧。

③我们的朋友只吃和它们颜色一样的狗粮，所以，我们送粮食时要看清狗粮的颜色，然后找到跟狗粮颜色一样的小狗，再把食物送给它们，每只小狗只能送一样食物啊！

④小狗这么多，送粮食时要小心看路不碰撞啊。

场地周围设置了4种颜色小狗的家。幼儿往返送粮时，教师引导幼儿正确地钻。粮食送完后，教师和幼儿一起检查是否按颜色送粮了。

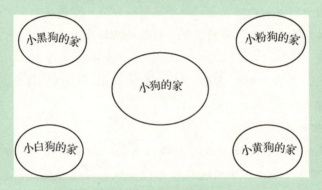

图 4-3　游戏场地设置图

4. 小狗游戏三：小狗找骨头

参考提问：

①家里没有粮食了，妈妈带你们去找骨头好不好？

②你们要仔细地听找骨头的方法啊：你们要钻过3个山洞（拱形门）后向前跑，取一根骨头从旁边跑回来，放在我们家旁边的大筐里。跑的时候要小心看路，互相不碰撞。

在欢快的音乐伴奏下，幼儿玩找骨头游戏。

5. 放松活动："我是小狗史奴比"

教师带领幼儿在歌曲的伴奏下做放松动作，游戏自然结束。

【教案三】不跟陌生人走

适宜年龄：

3～4岁。

活动由来：

新入园的幼儿，总会哭着向老师说找妈妈。尤其是晚上离园时，每位家长都急切地想第一个接到自己的宝宝。有的幼儿由多名家庭成员同时来接，有的幼儿则是今天爸爸妈妈接，明天爷爷奶奶接，后天又是叔叔阿姨接。众多家长的面孔，给教师的接待、离园工作带来了极大的挑战。同时，教师也感觉到，晚离园环节存在着安全隐患。为此，根据小班幼儿的年龄特点，教师采取设置情境的方法，让幼儿在其中获得亲身体验，并逐渐促使幼儿产生自觉的自护行为，养成良好的离园常规习惯。于是，幼儿园便有了"不跟陌生人走"的活动。

活动目标：

①培养幼儿树立"坚决不能跟陌生人走"的自我保护意识。

②通过模拟体验离园情境，让幼儿逐渐掌握离园常规习惯。例如，直到教师叫到名字后才能站起来有礼貌地离班。

活动准备：

一位由厨房工作人员扮演的陌生人、零食若干。

活动方法：

情境设置法、亲身体验法。

活动过程：

1. 情境体验：陌生人走进班里来接小朋友

参考提问：

①老师说："小朋友，你们喝完水后去寝室，一起听故事好不好？"（老师随机把稍微慢点的幼儿留在活动室）

②"小朋友好，我是你们妈妈的同事，你们妈妈让我来接你们，还让我给你们带来了很多好吃的，有巧克力、薯片，你们跟我走吧。"陌生人说。

③毛毛和豆豆看到食物就拉着陌生人要走。此时老师出来说："毛毛、豆豆，你们要做什么去呀？你们认识这个叔叔吗？"

④老师问："您好，您知道这些小朋友的妈妈叫什么名字吗？"陌生人答："不知道。"

⑤老师问："您知道小朋友们的家住在哪里吗？"陌人生答："不知道。"

⑥"这位叔叔不认识你们的妈妈，不知道你们的家住在哪里，你们还能跟他走吗？"老师问毛毛、豆豆。

2. 提问引导：为什么不能跟陌生人走

参考提问：

①为什么不能跟这个陌生的叔叔走呢？

②叔叔要给你们糖吃，你们跟他走吗？

③叔叔带你们去游乐场玩，你们去吗？

老师小结：不认识的人就是陌生人。陌生人来接时，我们千万不要跟他走。如果陌生人拿出好吃的，要带我们去游乐场玩儿，我们也不要跟着走，我们要等谁来接才走呢？幼儿答爸爸妈妈来接。爸爸妈妈没来的时候不要着急，要和老师在一起。如果爸爸妈妈都来接时，也不要着急，你们要等老师看清楚你们的爸爸妈妈后，叫到你们的名字才能离开座位去找爸爸妈妈。

3. 朗诵儿歌

教师自然引出儿歌《妈妈没来我不急》，引导幼儿一起朗诵。

幼儿园，门儿开，

爸爸妈妈都接来，

毛毛妈妈没有来，

毛毛急得哭起来，

陌生人，走过来，

千万不要去理睬，

不乱跑，慢等待，

爸爸妈妈一定来。

4. 幼儿模拟体验离园情境，活动自然结束

小朋友等老师叫到名字后才能站起来离开座位，自然走到院子里游戏。

【教案四】哭是一个好办法吗

适宜年龄：

3～4岁。

活动由来：

小班幼儿的心理特点是自我中心，不会主动与同伴交往，不会用恰当的方法表达自己的愿望，遇到问题经常用哭来表达自己的情感和愿望，以获得教师的关注。哭并不是一件不好的事情，教师不应该压抑幼儿的情感，适当的哭可

以帮助幼儿宣泄、调节不良的情绪，但是教师要通过游戏活动，引导幼儿学会用适当的方式来表达自己的情绪和想法，从而获得成人和同伴的帮助。

活动目标：

①通过活动让幼儿体会哭是一种表达情绪的方法，不是坏事。

②通过活动让幼儿学会更多情绪表达的方法，尝试用语言、动作等多种形式表达自己的情绪情感，体验表达的快乐。

③培养幼儿主动思考、主动寻求问题解决方法的好习惯。

活动方法：

亲身体验法、情境设置法。

活动过程：

1. 游戏：穿衣服比赛

游戏过程中，有的幼儿穿不上衣服急得哭了起来。

参考提问：

①×××小朋友为什么哭了？

②如果是你穿不上衣服，你怎么办？

③如果他不用哭声告诉我们，而是用语言告诉我们，我们是不是可以很好地帮助他？

2. 幼儿讨论：遇到什么事情的时候你会想哭

参考提问：

①你们都哭过吗？

②你遇到什么事情的时候会哭？

老师小结：当我们遇到困难时，当我们害怕时，当我们摔疼、生病时，我们都会哭，老师小时候也和你们一样，也会哭。现在老师长大了，看到我养的小动物死了，我也会哭呢，哭没有错，是我们表达情绪的一种方式。

3. 幼儿讨论：哭过以后有什么感觉

参考提问：

①你哭过以后有什么感觉？

②你哭的目的是什么？

4. 讲故事《这样比哭更好》

参考提问：

有的小朋友遇到困难或受伤的时候，就会情不自禁地哭起来。有没有比哭更好的办法呢？我们一起看看这些小朋友是怎么做的。

老师讲述故事：

玲玲在商场里找不到妈妈了，她没有哭，而是找到售货员阿姨说："我找不到妈妈了，您能帮我找一找吗？"阿姨帮她找到了妈妈。

丁丁在游戏的时候不小心摔了一跤，把腿摔破了。他没有哭，而是急忙爬起来告诉老师："老师，我的腿摔破了。"老师带丁丁去抹药，伤口一会儿就不疼了。

莹莹穿了一条新裙子，可漂亮了！午睡时要脱衣服，可是莹莹怎么也拉不开裙子后面的拉链，真着急呀！她找到老师说："老师，请您帮我脱衣服。"在老师的帮助下，莹莹把裙子脱下来了。

妈妈带莉莉去打预防针。看着医生手里的针，莉莉很害怕，但是她没有哭，而是对医生说："我怕疼，您能轻一点吗？"医生轻轻地给莉莉打了预防针，一点也不疼。

故事讲完后，老师进行提问。

参考提问：

①故事中的小朋友们哭了没有？

②玲玲是怎样做的？

③丁丁是怎样做的？

④莹莹是怎样做的？

⑤莉莉是怎样做的？

老师小结：遇到困难的时候，哭可以使心里变得舒服一些。但是，说出来请求别人的帮助会更好。

活动延伸：

当幼儿在生活中遇到困难的时候，老师引导幼儿不哭，而是让幼儿敢于表达自己的需要和感受。用图片记录下来这些好方法，然后把图片贴在活动室里提示小朋友遇到问题时可以看一看。

【教案五】碰到问题我敢说

适宜年龄：

3～4岁。

活动思路：

小班幼儿在家庭中倍受呵护，离开家庭走入幼儿园，他们会感到紧张，不知所措。在幼儿园里遇到了困难不敢和老师说，这又增加了他们的心理负担，

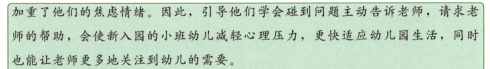

加重了他们的焦虑情绪。因此，引导他们学会碰到问题主动告诉老师，请求老师的帮助，会使新入园的小班幼儿减轻心理压力，更快适应幼儿园生活，同时也能让老师更多地关注到幼儿的需要。

活动目标：

①让幼儿知道在幼儿园里遇到困难要和老师说，并学会怎样说。

②引导幼儿学会和敢于大胆表达自己的需要。

活动准备：

自编故事，儿歌，图片(小熊要喝水、小熊没吃饱、小熊冷了、小熊热了、小熊想大便、小熊不舒服)。

活动方法：

兴趣引出法。

活动过程：

1. 出示手偶小熊并讲故事《小熊上幼儿园》

讲述故事：

今天是小熊第一天上幼儿园。呀，幼儿园里的小朋友真多呀，大家和老师一起唱歌、跳舞。玩了一会儿，小熊有点渴了，他刚想喊妈妈，一回头，发现妈妈不在，怎么办？他哇哇地哭了起来。小猫听到了赶紧跑过来说："小熊你为什么哭呀？"小熊说："我想喝水。"小猫说："快去告诉老师吧。"小熊说："可是——可是我不敢。"小猫说："你就对老师说，老师我想喝水。老师一定会帮助你的。"小熊听了，走到老师身边说："老师，我想喝水。"老师帮他拿了一个小水杯，告诉他去饮水桶那儿接水喝。小熊喝了一大杯水，真舒服。老师表扬小熊："有事敢跟老师说，你真勇敢！"听了老师的表扬小熊心里美滋滋的。

吃午饭了，小熊吃了一小碗饭，可肚子还空空的呢，他想起刚才喝水的事，就高高兴兴地举起了手，对老师说："老师，我还想吃！"老师又给小熊盛了一碗饭，这回小熊吃饱了。

睡过午觉，小熊和老师、小朋友一起到户外做游戏、玩皮球，玩得正高兴，突然肚子疼了起来，想要大便了。小熊赶忙走到老师身边说："老师，我想大便。"老师马上陪着小熊回到班里。大便后，小熊的肚子不疼了，跑起来也轻松多了。

一天的时间很快就过去了。晚上，妈妈来接小熊了，老师表扬小熊是个勇敢的好孩子，样样事情都敢跟老师说。

参考提问：

①边出示图片边提问：小熊在幼儿园里口渴了，他是怎么做的？

②吃午饭时，小熊没吃饱，他是怎么做的？

③在户外玩游戏时，小熊想大便，他是怎么做的？

④为什么小熊在幼儿园里遇到困难要告诉老师？

2. 学说儿歌《碰到问题我敢说》

幼儿园里朋友多，

有事要和老师说。

口渴了我敢说，

没吃饱我敢说，

尿床了我敢说，

冷了热了我敢说，

大便小便我敢说，

哪儿不舒服一定说。

老师夸我真勇敢，

样样事情都敢说。

老师小结：希望小朋友和小熊以后碰到问题都能告诉老师，做个勇敢的孩子。

活动延伸：

将儿歌及故事中的图片布置成墙饰，随时提醒幼儿敢于表达自己的愿望。

教案分享——中班安全教育案例

【教案一】保护我们的眼睛

适宜年龄：

4～5 岁。

活动思路：

年幼的孩子缺乏保护眼睛的意识，喜欢长时间看动画片，爱用脏手揉眼睛等，致使一些孩子视力下降。为了让孩子了解眼睛的重要性，掌握保护眼睛的方法，幼儿园设计了此活动，让孩子们在亲身体验中发现眼睛的重要性，在谈

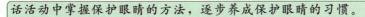

话活动中掌握保护眼睛的方法，逐步养成保护眼睛的习惯。

活动目标：

①通过亲身体验的方法感受眼睛的重要性。

②知道几种保护眼睛的方法，增强幼儿保护眼睛的意识。

活动准备：

眼罩、积木、缺鼻子的人物头像图片、磁铁扣、玩具筐（内装 3 种玩具）、其他图片。

活动方法：

亲身体验法、问题讨论法。

活动过程：

1. 戴上眼罩做游戏

游戏一："走障碍"

请参加游戏的幼儿戴上眼罩听老师指令绕障碍走（用软积木做障碍物）。

游戏二："贴鼻子"

请参加游戏的幼儿手拿磁铁扣做鼻子，将它贴在老师画好的大娃娃脸上。

游戏三："分玩具"

请参加游戏的幼儿将混放在一筐内的 3 种玩具分类放在 4 个小筐内（幼儿根据自己的意愿参加游戏，每一组的老师都要协助幼儿游戏并确保幼儿安全）。

休息时的参考提问：

小朋友，当你们的双眼被蒙住后，你们做游戏是一种什么感觉？

老师小结：

戴上眼罩绕障碍走时要慢慢蹭着往前走，还容易踩到障碍物；

戴上眼罩贴鼻子时容易辨不清方向远离图片或者把鼻子贴歪；

戴着眼罩分玩具速度慢，还容易把玩具分错。

2. 眼睛真重要

参考提问：

①如果不戴眼罩做事，还会出现刚才游戏中的问题吗？为什么？

②眼睛可以帮助我们做什么事？

老师小结：眼睛可以看到事物，使我们做事非常方便，可以帮助我们看书、画画、做游戏、玩玩具、吃饭、穿衣，帮助我们遇到危险可以躲避等。

3. 保护眼睛方法多

参考提问：

①强光下怎样保护眼睛？

②工人叔叔用焊枪时，为什么要戴一个大罩子护住眼睛和脸呢？

③在微弱的光线下看书，怎样保护眼睛？

④请小朋友说一说，我们班的图书区安排在哪里合适？为什么？

⑤看动画片时怎样保护眼睛？

⑥大风天气怎样保护眼睛？迷眼后怎么办？

引导幼儿朗诵儿歌：《迷了眼睛怎么办》

明明在阳光下看书。

东东喜欢看动画片，他经常一看就看两三个小时。

沙尘飞进玲玲的眼睛里，她赶快用手用力揉。

成成最喜欢躺在床上和沙发上看书。

……

⑦吃哪些食物对眼睛有好处？

4. 辨别对错游戏：对不对

老师设计保护眼睛的问答题，用图片的形式请幼儿判断对错，并说出原因。

【教案二】着火了怎么办

适宜年龄：

4～5 岁。

活动由来：

为了使幼儿了解和掌握一些火灾发生时保护自己的正确方法，教师设计了这一教育活动，目的是让幼儿在充分感受和体验的基础上，知道遇到危险时不惊慌，动脑筋想办法躲避危险。

活动目标：

①让幼儿知道遇到火情时的自护自救方法，并学会运用。

②鼓励幼儿遇到危险时不惊慌，动脑筋想办法躲避危险。

活动准备：

动画短片、盆、打火机、沾有酒精的毛巾、湿毛巾。

活动方法：

情境设置法、问题讨论法。

活动过程：

1. 观看动画片

动画情境一：

一只小鹿在森林游戏，突然离它不远处的地方着火了，这只小鹿吓得不知道应该怎么办，站在原地着急地喊起妈妈来。

参考提问：

①着火了，这只小鹿遇到火灾时是怎样做的？

②这个办法好吗？为什么？

老师小结：小鹿站在原地不动、等着妈妈来救的做法不好，大火会烧着它的，很危险。

动画情境二：

第二只小鹿在火场里乱跑乱叫。

参考提问：

①这只小鹿遇到危险时是怎样做的？

②这个办法好吗？为什么？

老师小结：它想赶紧跑出森林，它乱跑乱叫，朝着着火的地方跑，这样做是很危险的，烧下来的树枝会砸到它的。它这样乱跑，妈妈就会找不到它，它也找不到妈妈……

动画情境三：

第三只小鹿先是镇定地想了下，然后马上朝着森林边的小溪飞快地跑去，站在水源边上。

参考提问：

①这只小鹿遇到危险时用的什么办法？

②它是怎么跑的，往哪里跑的？

老师小结：这只小鹿自己先动脑筋想好办法，它知道往小溪那儿跑，因为那里没有火，火怕水……

2. 讨论：谁的方法好

参考提问：

①哪只小鹿的方法好，能更好地保护自己呢？

②你愿意做哪只小鹿？为什么？

老师小结：第三只小鹿的方法最安全，它也最聪明，遇到危险会动脑筋。

3. 再次观看动画片

老师小结：当发生大火的时候，第一只小鹿站在原地不动、等着妈妈来救它这样的做法不正确，大火会迅速地烧到它那里，这样做是很危险的。第二只小鹿乱跑乱叫可不好，不知道它会跑哪里去，也许它离火场更近了，离危险也更近了。在发生火情的时候，第三只小鹿不惊慌，动脑筋先想好往哪里跑，然后再快速跑开，远离危险的火场，这种办法最好，也是最安全的。

4. 情境体验——"着火了怎么办"

参考提问：

如果我们也像小鹿一样遇到着火的危险时该怎么办？

老师小结：火灾发生的时候会伴有很浓的黑烟，人们呼吸到这些浓烟，就会造成生命危险。这些黑烟会往房间的高处飘，我们要用湿毛巾捂着口和鼻子，低头、弯着腰，这样就不容易呼吸到有害的气体了。

情境体验：用打火机将沾有酒精的毛巾点燃，创设着火的情境。教师带领幼儿按照正确的自救方法寻找湿毛巾，低头、弯腰，顺着安全通道快速、有序地离开"火场"。

【案例三】夏天如何保护自己

适宜年龄：

4～5岁。

活动思路：

炎热的天气里，幼儿常在户外游戏。虽然教师经常提醒他们到阴凉的地方游戏，但幼儿依然不会躲避强烈的阳光。一会儿，他们便会满头大汗。针对幼儿的这种情况，教师要在调整户外活动时间和运动量的同时，引领幼儿在情境游戏中感受夏天保护自己的重要性，并结合自身生活经验总结夏天保护自己的方法，增强自我保护意识。

活动目标：

①引导幼儿在情境游戏中感受夏天活动时保护自己的重要性。

②帮助幼儿结合自身生活经验，总结在夏天保护自己的方法，增强自我保护意识。

活动准备：

遮阳伞、墨镜、防晒霜、帽子、水彩笔、画纸、水壶等。

活动方法：

判断选择法、问题讨论法。

活动过程：

1. 在户外阳光下游戏后，说一说感受

参考提问：

①刚才我们在户外阳光下游戏，你们有什么感觉？

②夏天炎热的天气对我们大家有什么影响和伤害吗？

老师小结：强烈的阳光会使人们的皮肤变黑，会把人们的皮肤晒伤，会使皮肤脱皮、出现皮疹等，会灼伤眼睛。天气特别热的时候，长时间在户外活动，人就会中暑，感觉头晕、恶心。

2. 夏天里怎样保护自己

参考提问：

小朋友在夏天里用什么方法保护自己，不让自己受到伤害呢？

老师小结：抹防晒霜、打遮阳伞就不容易被晒黑、晒伤；出门的时候戴上遮阳帽、太阳镜，眼睛就不难受了；走路的时候，要在阴凉的地方走；中午是一天当中最热的时候，尽量不要在中午出去玩儿，可以在家里睡午觉或者玩一些室内游戏；勤洗澡保持身体清洁和凉爽；多喝凉白开水，保持水量等。

3. 哪种防晒方法在幼儿园最适宜

孩子们根据自己找来的防晒物品，再次来到户外进行游戏。

参考提问：

①你们在游戏中感觉哪种防晒方法不适宜？为什么？

②你们在游戏中感觉哪种防晒方法最舒服？为什么？

③请你们把你们最喜欢的防晒方法用绘画的形式表达出来，然后我们制作一本防晒小册子放在班级，让所有的小朋友都相互学习吧。

【案例四】小工具，我会用

适宜年龄：

4～5岁。

活动由来：

近日班级投放了一种新型的塑料拼插玩具，这样幼儿可以用其中的小锤子、小改锥进行组装和拆卸。这样富有创造力的玩具深深地吸引了幼儿，尤其是男孩子们。与此同时，教师也发现幼儿玩得过度兴奋时就会忘记正确使用工具而出现一些危险动作。例如，用锤子或改锥朝小朋友比画，把改锥一头含在嘴里，用改锥去拧没有凹槽的钉子易打滑伤手等。为了加强对幼儿的安全教育，及时消除安全隐患，教师设计了"小工具，我会用"的活动，让幼儿进一步了解工具的正确使用方法，从而提高幼儿的安全自护能力。

活动目标：

①让幼儿进一步了解新玩具中的小工具，知道安全使用它们的方法。

②引导幼儿找出日常生活和游戏中常用的小工具(如订书机、胶条台、剪刀等)，了解正确的使用方法，提高自护能力。

活动准备：

带工具的插接玩具三箱，在活动室中摆放大头针、剪刀、胶带台等工具。

活动方法：

情境设置法、亲身体验法、问题讨论法。

活动过程：

1. 了解新玩具中的小工具，知道安全使用的方法

老师出示带工具的拼插玩具，并通过提问使幼儿了解插接玩具中不同小工具的安全使用方法。

参考提问：

①小朋友发现这套玩具和其他玩具有什么不同呢？

②请小朋友把所有工具找出来，并把相同的放在一起。

③让我们一起来认识认识这些小工具吧。

老师小结：小锤子、小钳子、螺丝刀、扳子等这些小工具能够帮我们把这些组装玩具变得结实牢固。

2. 小工具如何使用更安全

参考提问：

①如果两人合作用锤子怎么用？

②螺丝刀为何不一样？

③什么样的螺丝刀和什么样的螺丝是配套的？

④螺丝刀这样尖，我们在使用的时候要注意什么？

⑤扳子怎样用？

⑥钳子是做什么用的？怎样使用才安全？

老师小结：这些小工具都是来帮助我们的，但是在使用的时候如果不注意就会伤害到自己或者同伴，所以我们在使用过程中不要打闹，不要对着同伴，

一定要注意保护自己和同伴。

3. 认识日常生活中的小工具，了解它们安全的使用方法

(1)找一找、说一说

参考提问：在我们的班级中还有一些小工具能帮助我们做起事来既方便又省力，大家一起找一找吧。

老师小结：剪刀，大头针，胶带台，娃娃家的刀、叉、勺、筷子等这些小东西都叫工具。它们能够帮助你们做些什么事情？如果没有它们的帮助，你们会怎么样？

(2)安全使用我知道

参考提问：谁来告诉大家，这些工具怎样使用才安全？

老师小结：胶带台有尖齿会扎手，用时要小心，别碰有齿的地方；大头针要轻轻拿，不动针尖；使用剪刀时不要冲人比画，用完后要马上放回原处；如果小朋友借剪刀时，要握住剪刀尖递给别人……小朋友说的这些非常棒，那就请小朋友都记在心里，在使用的过程中一定要相互提醒，不要伤害到自己和同伴哟！

4. 大家一起说儿歌：《当心剪刀大嘴巴》

小剪刀，轻轻拿，当心剪刀大嘴巴。

剪纸时候才用它，走路时候要放下。

他人也要用剪刀，握住刀尖递给他。

别让大嘴咬到人，安全使用别忘了。

活动延伸：

请幼儿为活动区设计安全使用工具的标志，提醒大家在日常生活中要安全使用各种工具。

【案例五】我会安全乘车

适宜年龄：

4～5 岁。

活动思路：

日常生活中，幼儿乘车外出是件很平常的事情，这平常事情蕴含着许多安全教育因素。例如，上下车不拥挤，行车中不将头、手探出窗外，坐稳扶好保证安全等内容都应该成为我们的安全教育点。为此我们设计了情境游戏"我会安全乘车"活动，目的是引导幼儿在"郊游"游戏情境中，能调动自己的乘车经验和自我保护经验与教师、小朋友交流，进一步使幼儿树立安全乘车的意识，

掌握安全乘车的方法，学会保护自己，避免受到伤害。

活动目标：

①在"郊游"游戏情境中，掌握安全乘车的方法，获得自我保护的经验。

②能大胆清楚地与老师、小朋友交流自己的想法。

活动准备：

①场景：用8张桌子、16把椅子、6个轮胎、自制车门摆成一辆公共汽车的形状。

②小红旗一面。

③请配班老师扮演司机配合情境表演。

活动方法：

情境设置法、游戏体验法。

活动过程：

1. 情境游戏"我们去郊游"

老师高举小红旗激情饱满地带领幼儿进入"我们去郊游"的游戏情境。

情境一：上汽车

参考提问：今天，我们要去郊区游玩，需要乘坐旅游车，看！旅游车来了，我们上车吧！（幼儿会争先恐后地上车，拥堵在车门口）

讨论：刚才上车的时候出现什么问题了？怎样上车才安全？

老师小结：排好队，不拥挤，一个跟着一个上，又快又安全。

情境二：车上人多座位少

参考提问：车上座位少，没有座位的人怎么办？

老师小结：有座位的人要坐稳，没有座位的人要扶好椅子扶手，双腿分开站立、站稳，个子高的人拉好上边的拉手。

情境三：开车了

听着老师的旁白，感受模拟边坐车边看车窗外的风景——公园、行人、行驶的车辆。

参考提问：乘车时能把手伸出车窗吗？能把头伸出去张望吗？为什么？

老师小结：乘车时不能把手伸出车窗，这样会被其他车辆或物体碰伤，也不能把头伸出车窗，这样更危险，还不能边坐车边吃东西，否则刹车时容易噎着。

情境四：司机边开车边与身后的小朋友交谈

参考提问：你们发现司机师傅在开车的过程中都做了什么吗？哪些地方是

对的？哪些地方是不应该的？

老师小结：如果司机与别人说话就不能专心开车了，车前方发生事情时也不容易看到，会发生危险，所以乘车时不要打扰司机。

情境五：转弯时，车子倾斜了

参考提问：汽车转弯时身体会怎样？应该注意什么？

老师小结：汽车转弯时我们的身体容易左右倾斜，站不稳，所以要抓牢扶手，双脚分开使劲站住等。

情境六：遇到红灯，司机踩刹车

参考提问：司机刹车时我们的身体会怎样？应该注意什么？

老师小结：刹车时我们的身体容易前后倾斜，所以要抓牢扶手，保证自己的安全。

情境七：到站了，准备下车

参考提问：下车时怎样做才安全？

老师小结：下车时不能拥挤，手不要推前边的人，扶好扶手下台阶。

2. 分享交流安全乘车好经验

请幼儿说说自己安全乘车到公园后的感想，激励幼儿把自己的好经验告诉家长和好朋友。

教案分享——大班安全教育案例

【教案一】我会使用小铅笔

适宜年龄：

5～6岁。

活动思路：

幼儿升入大班以后，开始使用小铅笔，在使用铅笔的过程中，经常会表现出一些不良的行为习惯。例如，有的幼儿用铅笔尖冲着小朋友比比画画，有的幼儿喜欢咬铅笔杆，有的幼儿的握笔姿势不正确等，因此，如何教导幼儿正确使用小铅笔成为我们现阶段的培养目标。

活动目标：

①引导幼儿探讨使用铅笔的正确方法，并学会正确使用。

②教导幼儿在使用铅笔的过程中知道保护自己和他人。

活动准备：

拍摄小朋友使用铅笔情况的录像，红心形的纸每人一张，准备黑板、粉笔。

活动方法：

问题讨论法、情境设置法。

活动过程：

1. 认识铅笔

参考提问：小铅笔是什么样子？

老师小结：笔杆细细长长的，有铅笔尖，铅笔尖比较硬，蹭到手上会留下黑印，笔杆是木头的，外面有一层漂亮的图案……

2. 看录像找问题(1)

参考提问：老师把小朋友用铅笔的情况用摄像机拍下来了，请大家看一看，这几个小朋友是怎么使用铅笔的？这样使用对吗？

幼儿看录像：一个小朋友拿铅笔时用手摸铅笔尖；一个小朋友写作业时来回转铅笔；一个小朋友拿铅笔尖对着其他小朋友比比画画。

参考提问：这几个小朋友这样使用铅笔对吗？为什么不可以这样做？

老师小结：小朋友在使用铅笔时一定不能把铅笔含在嘴里；与小朋友讲话和游戏时一定要把铅笔放在桌子上。

3. 看录像找问题(2)

继续放录像：一个小朋友趴着写字，一个小朋友眼睛离纸很近地写字，一个小朋友用手攥着铅笔写字，一个小朋友胸离桌子很远地写字。

参考提问：这几个小朋友写字的姿势对吗？正确写字的姿势是什么样的？

老师小结：大家一定要记住，在写字时身体正直背不弯，不仅保护你们自己的眼睛，也会使写出来的字又快又好看。请你们拿起铅笔试一试正确的握笔方式吧。

4. 绘爱心提示卡

老师引导幼儿把正确的握笔姿势和方法记录下来，制成爱心提示卡，布置在活动室的墙面上。

【案例二】安全运动我知道

适宜年龄：

5～6岁。

活动思路：

户外分散活动是幼儿很快乐、很自由的活动，也是很容易出现安全问题的活动。这时候孩子们往往异常兴奋，忙着寻找自己喜欢的器械或和同伴在运动场地上追逐嬉戏。教师经常会发现孩子们做一些危险的动作，发明一些危险的游戏玩法，使他们自己和同伴处于危险当中。因此，教师要帮助幼儿熟悉运动场地，知道在合适的地方玩特殊的器械，懂得运用安全的方法游戏。

活动目标：

①引导幼儿发现运动中的不安全现象。

②培养幼儿仔细观察和发现问题的能力。

③学会运用已有的经验保护自己。

活动准备：

录像、电视、照片、黑板、绘画纸、笔、两张大纸。

活动方法：

亲身体验法、问题讨论法。

活动过程：

1. 看视频

幼儿在运动场地上高兴地游戏着，突然一名幼儿被旁边正在跳绳的小朋友抽到了脸，她捂着脸疼得哭了起来。

2. 引发讨论

参考提问：这个小朋友是怎么受伤的？应该怎样避免受伤呢？

3. 看 ppt 讨论分析

①两名幼儿玩大滚筒时，扶滚筒的手被滚筒挤伤。

②玩跳羊角球的幼儿没有注意到窗户护栏，快撞到头了。

③练习踩高跷的幼儿不经意已经走到树坑附近。

④一名幼儿从下往上爬滑梯，而上边的幼儿已经滑下来了快要踹着他了。

⑤两名幼儿在赛跑，但没有注意前方有原地拍球的幼儿。

⑥两名幼儿相对着走在平衡木上。

⑦在攀登架上，一名幼儿往上爬，另一名幼儿要下来已经踩到下面幼儿的手。

⑧一名幼儿衣服上的抽绳卡在了滑梯缝里。

引导幼儿讨论每张照片中的不安全因素，一起总结出正确解决问题的方法。

4. 大家来找"不安全"

参考提问：户外运动时还有哪些不安全的事情？

5. 绘画表达

请幼儿自由地用对比的方式表达一件不安全的事情，并把这件事情应该怎么做也表达出来。

6. 广而告之

组织幼儿将画好的提示图贴在准备好的两张有标题的大纸上，然后将其张贴到公共区域的安全展板上，使家长在看到幼儿作品的同时也能配合幼儿园对幼儿进行安全教育。

活动延伸：

活动后可引导幼儿对"运动后怎样休息"进行讨论，使幼儿知道剧烈运动后不立即停止、不马上饮水等。

【教案三】小警官破案系列

适宜年龄：

5～6 岁。

活动思路：

游戏是幼儿生活中最喜欢做的一件事，听故事更是幼儿喜爱的活动之一。教师将幼儿日常生活中积累和发现的自我保护及简单自救的实例编成故事和游戏，并用小动物的形象表现出来吸引幼儿，这样的活动形式会激发幼儿的认知兴趣和探索欲望。教师在故事和游戏情节中设计的各个疑点能够激发幼儿主动学习的情感，使幼儿尝试学会根据自己的亲身经历来破案，在破案中体会如何做才是正确的，记住一些技巧并运用到自己的实际生活中。

◆小警官之一：警官培训班

活动目标：

①引导幼儿发现容易发生意外的情境，使幼儿学会分析问题。

②教导幼儿知道什么情况下会发生意外，通过亲身体验和共同解决问题，了解自救的方法。

活动准备：

故事、图片、毛巾、创可贴、卫生纸、凉水、证书。

活动方法：

亲身体验法、情境设置法。

活动过程：

1. 培训小警察

参考提问：

①你们知道警察是做什么的吗？

②要想做一名警察，你们应该会哪些本领呢？

老师小结：要想当一名好的警察就需要有破案的本领。既然你们都想当警察，那就请你们来我们的警察培训班吧。敢于回答问题，愿意动脑筋想办法，最后拿到合格证的小朋友才能当警察呢。

2. 考题一：会观察、会分析

图片一：这只小兔子怎么了？（鼻子流血了）从什么地方看出来的？小兔子的鼻子为什么会流血？

鼓励幼儿根据自己的生活经验进行推理分析。例如，上火，喝水少，不小心和别的小动物碰在一起了，抠鼻子……

图片二：这头小象怎么了？（腿流血了）从什么地方看出来的？小象的腿为什么会流血？

鼓励幼儿根据自己的生活经验进行推理分析。例如，爬攀登架磕伤的，不小心和玩秋千的小动物撞上了，走路不小心摔伤的，乱跑不看人撞伤的，跑得太快站不住……

图片三：这只小猪怎么了？（被烫了）从什么地方看出来的？小猪为什么会烫伤？

鼓励幼儿根据自己的生活经验进行推理分析。例如，被热水壶烫伤的，被热锅烫伤的，被热气烫伤的……

图片四：这只小猴怎么了？（脚扭伤了）从什么地方看出来的？小猴的脚怎么扭伤的？

鼓励幼儿根据自己的生活经验进行推理分析。例如，鞋大小不合适，鞋的样式不合适，鞋的质地不合适，跑得太快，活动前没做准备运动……

3. 考题二：会解决

参考提问：

①小兔子流鼻血了怎么办？请小警官来演示。

老师小结：找大人帮忙，将卫生纸卷成小卷塞鼻孔里，多喝水……

②小象的腿流血了怎么办？请小警官来演示。

老师小结：找大人帮忙，磕得不严重时用清水冲净然后贴上创可贴，磕得严重时先压住伤口止血然后赶紧找大人帮忙。

③小猪被烫伤了怎么办？请小警官来演示。

老师小结：轻度烫伤时赶紧用凉水冲降温然后找大人。

④小猴的脚扭伤了怎么办？请小警官来演示。

老师小结：找大人，及时看医生，尽量不走路让脚休息……

4. 颁发警官培训合格证书

活动延伸：

①将受伤的原因和医治的方法画下来讲给其他小朋友听。

②小小警察署向小班的弟弟妹妹宣传自我保护的方法。

◆小警官之二：事故调查表（自我保护）

活动目标：

①使幼儿通过填表格的方式了解事故发生的原因。

②教导幼儿知道事故发生前后用什么方法保护自己和解决问题。

活动方法：

以小组的形式填表，分工合作，用自己的方式填写。

表 4-3　事故调查表

受伤幼儿姓名：	年龄：	性别：
事故发生地点：	受伤部位：	
发生经过：		
处理方法：		
分析原因：		
注意事项：		
	年　　月　　日	

◆小警官之三：小虎失踪之谜

活动目标：

①引导幼儿记住回家的路线，知道放学回家的路上不能贪玩，不跟随陌生人走。

②在游戏中引导幼儿通过观察找出小虎失踪事件的简单原因，尝试简单推理。

活动准备：

背景图、小虎的照片、水彩笔、画纸。

活动方法：

问题讨论法、儿歌故事法。

活动过程：

1. 老师以警察队长的身份出现，带幼儿走进游戏情境

铃！铃！铃！……警察局的电话响了！警察队长急忙拿起电话："喂？"电话里传出了小虎爸爸、小虎妈妈着急的声音："我家的小虎下午4点就应该下课了，可是现在还没回家。"警察队长抬头看了看挂钟，现在已经下午6点了。她把语气放轻松对小虎爸爸和小虎妈妈说："没关系，我们小警官们帮助您们，一定能找回小虎。"

2. 寻找小虎失踪线索，小警官做破案前的准备工作

图 4-4　小虎　　　　　　　　　　　　图 4-5　路线图

参考提问：仔细观察小虎的照片和路线图，了解小虎路过的地方，想一想会发生什么事情？

分组谈话：说一说你们的想法。

3. 根据线索分析破案，激发小警官的探索、推理欲望

启发幼儿根据自己的生活经验进行破案：小虎会在哪儿？发生了什么事情？

图4-6　小虎路过森林

参考提问:

①小虎路过树林时会遇到什么人？会发生什么事情？

②你是如何分析、推理的？请说出你的道理。

小警官甲：小虎可能在森林中迷路了。

小警官乙：小虎会不会被隐藏在树林背后的坏人抓走，卖到其他地方了？

小警官丙：小虎会不会随便吃了树林里好看的毒蘑菇？

图4-7　小虎路过游乐场

参考提问:

①小虎路过游乐场时会做什么？什么事情可能发生？

②谁的分析、推理最合理，为什么？请说出你的理由。

小警官甲：我认为小虎可能在游乐场玩耍忘了回家的时间，我们可以去游乐场找一找。

小警官乙：小虎可能玩了危险的玩具或者没有按要求去玩儿，受了伤被送到医院了。

小警官丙：不会的，我们小朋友都知道自己家的电话和住址，如果是那样医院的医生会通知爸爸妈妈的。

图 4-8　小虎路过小河

参考提问：

①小虎路过小河时会做什么？有什么危险事情可能发生？为什么？

②谁的分析、推理最合理，为什么？

小警官甲：小虎像故事《小猫钓鱼》里的小猫似的贪玩，不小心掉到小河里了。

小警官乙：小虎千万别去小河里游泳，那样多危险呀！

图 4-9　小虎路过马路

参考提问：

①小虎路过马路时会发生什么事情？为什么会发生这样的事情？还会发生什么事情？

②你是怎么分析、推理的，为什么？请说出你的理由。

小警官甲：小虎和小朋友在马路上玩儿被车撞伤了。

小警官乙：小虎帮助找不到妈妈的小弟弟找警察叔叔去了。

图 4-10 小虎路过集贸市场

参考提问：

①小虎路过的集贸市场是什么样的地方？会有什么事情发生呢？

②谁的分析、推理最合理，为什么？

小警官甲：我认为现在拐骗小孩儿的坏人太多了，小虎可能会在路过集贸市场时被坏人用糖果、好玩意儿骗走了。

小警官乙：对！我上回在电视里看见一个小孩儿的爸爸妈妈正在集贸市场买菜，一个坏阿姨就骗那个小孩儿说带他到商场买玩具，结果那个小孩儿就被坏人骗走了。

参考提问：如果小虎没走这条路，它又会到哪儿？会发生什么事情？

小警官甲：小虎也可能刚上学还不认识回家的路。

小警官乙：不会的，如果小虎不认识回家的路，他的妈妈会去接它的。

警官队长：小警官们都在动脑筋想办法，你们观察得很细致，分析得也很有道理。请你们按照自己的分析、推理，每人设计一个最合理的破案方案，然后再商议，咱们争取用最短的时间帮助小虎妈妈和小虎爸爸找回小虎。

活动延伸：

小警官设计破案方案(分组活动)：

①引导幼儿把自己的想法画下来。

②启发幼儿选择自己喜欢的方式进行表现，如用一幅画或连环画的形式表现。

【教案四】好朋友的建议

适宜年龄：

5～6岁。

活动思路：

幼儿进入大班以后，开始更加关注周围小朋友的活动和行为，同时也会对小朋友的一些行为提出建议。但是，在此过程中，由于提建议的幼儿语言表达不够准确，而被建议的幼儿又不善于接受同龄人的建议和帮助，常会发生矛盾并出现不愉快的事情。于是教师针对幼儿这一实际问题开展了"好朋友的建议"这一活动，引导幼儿学会用正确的方式方法去关心同伴，并能够接受小朋友的意见和建议，感受到同伴善意的关爱。

活动目标：

①引导幼儿学会正确地面对别人的意见和建议。

②在活动中引导幼儿体会同伴善意的关爱，体会同伴之间友谊的珍贵。

活动方法：

情境设置法、问题讨论法。

活动准备：

收集幼儿生活中遇到的困惑和需要解决的问题。

活动过程：

1. 看表演"洗手"

午饭前，东东洗手时只冲了一下就走，亮亮赶快叫住他说："东东你的手没有洗干净，吃了脏东西会生病的。"东东说："就你事儿多，我不用你提醒。"东东不再理睬亮亮，去吃饭了。亮亮告诉老师"东东不好好洗手就吃饭"，东东一边吃饭一边瞪了亮亮一眼。

2. 我们一起来讨论

参考提问：如果你是东东，有人提示你这么做是不对的，你会怎么做？

老师小结：我们首先要感谢亮亮的提醒，然后再去把手洗干净，以后记住洗手时一定不要着急，洗干净手是为了保护我们自己不生病，所以亮亮提示我们洗干净手再去吃饭是对的。

3. 表演小品

参考提问：哪个小朋友有勇气，把"洗手"再表演一遍？让我们所有小朋友都记住洗手的正确方法。

4. 解决问题办法多

参考提问：

①请问，我们在日常生活中，还会遇到哪些应该做好的，可总是做不好的事情呢？

②原来有这么多问题，那么我们怎样解决这些问题呢？

问题参考：

排队时，后来的小朋友站到你的前面，你该怎么办？

收玩具时，旁边的小朋友提醒你收玩具的方法不对，你该怎么办？

有两个小朋友正在玩球，你也想参加，可是他们说"我们不带你玩"，你该怎么办？

你搭的高楼总是不稳，一个小朋友说："我告诉你怎样搭。"你该怎么办？

你不会跳绳，别的小朋友想教你跳，你该怎么办？

【教案五】制作游戏棋

适宜年龄：

5～6岁。

活动思路：

大班幼儿喜欢富有挑战性和竞争性的棋类游戏，喜欢自己制作各种棋类进行游戏，以满足他们创造性发展的需要。在幼儿自我保护教育活动中，教师抓住幼儿的这一特点，通过引导幼儿设计、制作他们喜欢的自我保护棋类游戏，帮助幼儿掌握和巩固更多的自我保护方法，强化自我保护意识。

活动目标：

①结合自身生活经验，总结在夏天保护自己的多种方法，增强自我保护意识。

②了解棋类游戏的基本特点，学习设计棋盘的方法，制定棋类游戏的规则。

③体验与同伴制作成功的快乐。

活动准备：

①已经画好的"夏天保护自己的方法"图片。

②泡沫板1～50块、数字1～50。

③放大的"飞行棋"。

④大色子一个。

活动方法：

经验讲解法、问题讨论法。

活动过程：

1. 大家来讨论

参考提问：

①你们喜欢玩飞行棋吗？

②为什么喜欢玩飞行棋？

③咱们班级的飞行棋都是从哪里来的？

④我们能不能自己做飞行棋呢？

教师与幼儿共同玩飞行棋，激发幼儿对棋的兴趣，引导幼儿共同制作新棋。

2. 分析飞行棋的特点

参考提问：

①咱们一起来看看，这么多飞行棋，它们有哪些地方是一样的？有哪些地方是不一样的？

②每一种飞行棋的内容都是一样的吗？

老师小结：棋盘上必须有起点和终点，必须要有路线。棋盘上要有连接的方格，有的格里没有内容，代表继续前进；有的格里有内容，内容是不同的。有的内容是奖励前进，有的内容是惩罚倒退，在离终点很近的地方有"一步到达"的奖励。其他的格子里有数字，从1开始一直到终点，有的数字不连贯，是因为图案挡住了数字……

3. 讨论设计制作新棋的主题

参考提问：

①每一种飞行棋都有一个固定的主题内容，从起点到终点有困难、有奖励。如果你要做飞行棋，你想做什么内容呢？

②起点到终点之间，你会设置什么样的问题或者困难呢？

③起点到终点之间，你会设置什么样的奖励呢？

④我们一起拿"夏天"这个主题的飞行棋做讨论，它一共有外出注意防晒、勤洗澡、清淡饮食、多喝白开水、不吃腐烂的食物、游泳等问题，这些问题中，哪些需要你设置障碍？哪些障碍很容易越过呢？

4. 共同做大棋

参考提问：

你们可以自己做飞行棋，也可以找自己的好朋友一起做，找一找用什么材料，看看哪种更加适宜。

5. 大家来玩棋

大家一起在相互玩飞行棋的过程中发现其中的小问题，然后大家一起讨论解决，最终总结出更好的制作方法，并把制作方法进行展示，放在区域活动中，让大家随时可以制作或者丰富自己的飞行棋。

活动延伸：

大棋可以放在户外活动中玩。

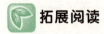 **拓展阅读**

安全教育儿歌

（选自北京市第四幼儿园的《幼儿自我保护新童谣》）

1. 特殊电话要记牢

119，我知道，
看到着火我报告。
消防队员来得快，
生命财产才能保。

120，我知道，
有人生病它快到。
急病就要抢时间，
治好病人开口笑。

110，我知道，
发现坏人快报告。
警察叔叔来得快，
坏人个个跑不掉。

121，我知道，
天气情况它来报。
根据天气穿好衣，
这样才能保健康。
特殊电话真不少，
小朋友们要记牢，
遇到危险别惊慌，
打准电话来报告。

2. 着火了怎么办

浓烟滚滚火太急，
湿巾来捂嘴和鼻。
烟往上冒地面稀，
弯下腰来伏在地。

电梯虽快不要进，
安全还是走楼梯。

3. 走失了怎么办

商场里，人真多，
找不到妈妈真难过，
对陌生人不要讲，
售货员阿姨来帮忙。
公园里，景物多，
找不到妈妈真难过，
站在原地不要动，
等着妈妈来找你。
大街上，车辆多，
找不到妈妈真难过，
不哭不闹不着急，
找到警察帮助你，
讲明电话和地址，
定会安全回家里。

4. 陌生人不能理

妈妈不在我看家，
门外有人把话搭，
我从门镜悄悄看，
从来没有见过他，
不是家人不说话。

5. 地震了，哪里躲

屋门摇，瓶子倒，
地震发生别乱跑。
桌子下面躲一躲，
小点的屋子藏一藏。
街上高楼要远离，
躲开路旁电线杆。

6. 小插座，我不动

插座有眼不会眨，
电在眼里安了家。
小朋友们要记牢，
两只手要远离它。

7. 安全乘汽车

大汽车，开来了，
进站靠边停稳了。
先下后上有序了，
大家就会不挤了。
手在车上抓牢了，
刹车就不碰着了。
头手不伸窗外了，
危险就会没有了。

8. 安全过马路

大马路，真热闹，
过路办法我知道。
一定要走人行道，
红灯亮，停一停，
绿灯亮，大步行。
如果没有人行道，
过天桥，走地道，
千万别怕把路绕。

9. 安全乘电梯

电梯关门不伸手，
各种按键我不扭，
电梯上下要站稳，
安全规则我遵守。

10. 捡拾玩具不磕碰

小朋友们玩玩具，
玩具一下掉在地。
低头弯腰蹲下去，
慢慢钻到桌子底，
捡到玩具往外钻，
抬头看好再站起。
做事小心不磕碰，
保护自己心欢喜。

11. 当心剪刀大嘴巴

小剪刀，轻轻拿，
当心它的大嘴巴。
剪纸时候才用它，
走路时候要放下。
姐妹她们用剪刀，
握住刀尖递给她。
别让嘴巴咬到人，
安全使用别忘啦！

12. 流了鼻血怎么办

小朋友，做游戏，
不小心，碰破鼻，
流血不止怎处理，
请你听我说仔细。
用手压住鼻两翼，
还要高高把手举，
等到鼻血停止流，
再用清水洗血迹。

13. 小药片不乱吃

我叫小药片，
治病本领强。
谁要生了病，
都请我帮忙。
可是提醒你，
吃药看仔细。
叫对我的名，
才能吃下去。
如果不认识，
一定放回去。

14. 我会安全上下楼

小朋友，楼梯口，
一手扶墙看路走。
上楼小脚要抬高，
脚跟着地站得牢。
下楼脚尖对台阶，
一步一级走得稳。

15. 不跟陌生人走

大门开了，
妈妈来了。
我轻轻地摆好小椅子，
对它说：再见！再见！
走到班门口，
我高兴地对老师说：
再见！再见！
走廊里人很多，
我不再猛跑，
对小伙伴说：
再见！再见！

院子里真热闹，

我对滑梯说：再见！再见！

我不跟陌生人走，

拉着妈妈的手，

跟着她一起走。

16. 幼儿自我保护新童谣

你拍一，我拍一，根据气候来穿衣。

你拍二，我拍二，自己天天带手绢。

你拍三，我拍三，洗手擦油手不干。

你拍四，我拍四，吃鱼当心小鱼刺。

你拍五，我拍五，睡觉不要把头捂。

你拍六，我拍六，手上倒刺不要揪。

你拍七，我拍七，细嚼慢咽别着急。

你拍八，我拍八，当心抽屉有嘴巴。

你拍九，我拍九，上下楼梯轻轻走。

你拍十，我拍十，自我保护要坚持。

3. 对家长的安全教育

（1）转变家长的安全观念

现在的家长都很爱护孩子，哪怕孩子在幼儿园出现一点点磕磕碰碰，就容易认为这是"大事一桩"，这是不利于幼儿自我保护能力提升的，同时也会给幼儿园教师带来很大的负担。幼儿园可以通过开家长会、办家长学校等方式请一些安全教育观念较新的家长介绍经验，让家长认识到，孩子在生活中磕磕碰碰是难免的，不必为了一点小伤大惊小怪，帮助家长形成正确的安全教育观。

（2）明确家长的安全职责

幼儿园可以让家长通过学习幼儿园的各项安全制度，使家长了解其内容并自觉遵守，同时与家长签订安全责任书，明确家长的安全职责，确保幼儿安全。

（3）充实家长的法律法规

幼儿园应该帮助家长学习和幼儿教育相关的法律法规，使家长了解法律知识，增强法律意识，使家长在面对幼儿伤害事故时能更理性地处理，学会用法律武器保护幼儿及家长的利益，减少事故带来的纠纷，使家长真正成为幼儿园的支持者、合作者。比如，某幼儿园每学期都会组织教师和家长一起开座谈讨论会，对一些幼儿伤害事故中比较常见的问题进行探讨，通过这样的方式让家长参与到保教活动中来，一方面可以提高幼儿园的管理水平，同时又可以增强教师和家长对幼儿教育相关法律法规的认识和理解水平。①

🌿 **案例** 北京市第四幼儿园家庭安全教育指导要点

一、家庭室内活动

①配合幼儿园指导幼儿养成良好的生活卫生习惯。

②指导幼儿不乱动电源插座、电灯、洗衣机、微波炉、电冰箱等电器，防止触电。

③指导幼儿不动消毒剂、洗涤剂，防止幼儿误食和被烧伤。

④尽量不让幼儿独自在家，指导幼儿独自在家时不给陌生人开门。

⑤指导幼儿不上窗台、不上家具，防止摔伤。

⑥不在厨房玩耍，不动切菜刀等危险物品，不动燃气灶、开水壶、热汤、热粥等，防止烫伤。

⑦进餐时引导幼儿养成良好文明的进餐习惯，注重幼儿膳食营养搭配均衡，引导幼儿不挑食、不喝过量的饮料。

⑧注意热汤、热粥，火锅要放在远离孩子的一侧，避免烫伤。

⑨家中药品要放在幼儿够不到的地方，成人、幼儿服药后马上收好；引导幼儿知道没病时不能服药，防止药物中毒。

⑩可以与幼儿一起讨论家庭中的不安全因素，用照片、绘画等形式制作安全标志，培养幼儿自我保护的意识与能力，丰富幼儿的安全知识。

⑪注意保护眼睛，不长时间看电视，不长时间玩电脑、游戏机。

⑫小心门缝、抽屉夹住手。

二、家庭外出活动

①外出前与幼儿共同讨论外出时的安全问题，渗透幼儿自我保护的意识，共同设想可能出现的安全问题，共同设想解决问题的方法。

---

① 王淼．在园幼儿人身伤害事故分析及预防与处理体系的构建[D]．呼和浩特：内蒙古师范大学，2010.

②指导幼儿知道在商场、公园、大街上走失后可以请警察、服务员、保安帮助，不离开原地，等待家长来找，不跟陌生人走，可以借用他人的电话与家人联系。

③注意交通安全，过马路走人行横道、地下通道、过街天桥，不在马路上玩耍，不踩井盖。

④乘家长的车时要系好安全带，不把头和身体探出车外。

⑤乘公共汽车时要等汽车停稳再上下，汽车行驶时要扶好，不把头、手、身体探出窗外。

⑥游泳时不离开家长，要做好准备活动再下水。

⑦划船时不把身体探出船外，不摇晃小船。

⑧在小区里散步时不逗小动物，以免被咬伤，不乱摸小昆虫。

⑨乘电梯时要与家长在一起，站稳扶好防止被夹伤。

⑩去动物园时在护栏外面观赏动物，不离得太近。

⑪知道避开有毒、有刺的植物。

（三）开展安全教育的形式

1. 文字资料的宣传教育

通过图文并茂的展板展示及总结展示、报纸杂志的宣传、签订责任书、上级下发文件等形式进行宣传教育。

2. 事故案例的宣传教育

通过电视等媒体报道的视频案例、发生在身边的真实案例等引发思考，进行宣传教育。

3. 亲身体验的宣传教育

通过学习正确使用消防器材和防护器材的实际操作、应对突发事件等各种演练进行宣传教育。

4. 走出去培训与请进来培训结合的宣传教育

幼儿园可与其他相关单位和部门联系，以教师外出参观体验培训与请专业人员来园培训相结合的形式进行宣传教育。

5. 日常生活中的安全教育

通过故事、儿歌、游戏以及一日生活中的各个环节对幼儿进行多方面的安全教育。

图 4-11　安全教育工作

六、进行安全检查

安全检查是治理整顿、建立良好的安全环境和生产秩序，做好园所安全工作的重要手段之一，要坚持领导和教职工相结合、普遍检查与专业检查相结合、检查与整改相结合的原则，做到制度化、经常化。

（一）基本要求

安全检查必须有明确的目的、要求和具体计划，必须建立有各级领导负责和有关人员参加的安全检查组。

安全检查的内容包括查思想、查领导、查制度、查管理、查隐患，包括检查人的不安全行为和物的不安全状态。

（二）组织形式

1. 日常安全检查

处在一线的班级教师，应严格履行教师岗位责任制，进行交接班检查和班中巡

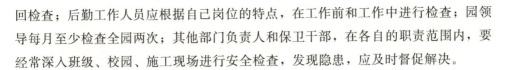

回检查；后勤工作人员应根据自己岗位的特点，在工作前和工作中进行检查；园领导每月至少检查全园两次；其他部门负责人和保卫干部，在各自的职责范围内，要经常深入班级、校园、施工现场进行安全检查，发现隐患，应及时督促解决。

2. 定期安全检查

相关人员按时按项对幼儿园的门窗、楼梯、屋顶、墙面、电路、电气设备等定期进行检查，不得漏检，每次检查都必须认真严肃，发现是否存在隐患、险情等。

3. 季节性安全检查

春季安全大检查：以防雷、防雨、防小动物以及消防安全为重点；

夏季安全大检查：以防暑降温、防雷、防风、防汛为重点；

秋季安全大检查：以防火、防风、防雾霾等几个方面为重点；

冬季安全大检查：以防火、防冻、防寒为重点。

4. 节假日安全检查

保卫干部和维修教师一起进行元旦、春节、五一劳动节、六一儿童节、国庆节节前检查，并将检查结果报园领导。节假日前，幼儿园要安排领导和教师值班，以技防设备、反恐设备、要害部位、防盗窃和信息联络、应急方案等检查为重点。

5. 专业性安全检查

专业性安全检查分别由保卫干部、保健医、维修教师组织协调，请专业人员参加，每年不少于两次。例如，请房管所进行消电检，请大型玩具生产商进行大型玩具检修，请燃气公司专业人士对燃气管道、气房进行安全检查等。

6. 不定期安全检查

根据实际情况，保卫干部自行组织进行检查。检查班级教室内的电源有无私接现象、有无超负荷用电现象、消防设施设备是否在安全期内、应急灯是否能够正常使用等。

(三)隐患整改

各级安全检查必须认真做好记录，对查出的隐患应逐项研究，制订整改方案，逐项落实整改措施，能整改的立即整改，不得拖延。凡查出的重大隐患在未彻底消除前，应采取有效的防范措施；对于暂时不能整改的项目，除采取有效的防范措施外，应列入检修计划，限期解决。

安全检查记录表案例

表4-4 班级每日安全自查记录表

班级每日安全自查记录表　　　班　　年　　月												
项目 ＼ 日期												
电器	电脑											
	电视											
	投影仪											
	实物投影仪											
	录音机											
	空调											
	消毒柜											
	热水器											
	洗衣机											
电源	电灯											
	接线板											
消防设施	安全通道											
	烟感报警器											
	紧急按钮											
物品摆放	消毒用品											
	幼儿药品											
	水壶											
	钥匙											
其他	水源											
	教师专用柜											
	门窗											
晚班教师签字												

说明：1.每日班级教师要随时检查班级安全情况，并由晚班教师在下班前再次检查并记录结果，要求电器电源已关闭，消防设施类确保为正常状态，物品摆放类在规定位置，门窗关闭并锁好；2.发现问题要及时上报相关人员并尽快解决。

表 4-5 厨房每日安全自查记录表

厨房每日安全自查记录表		年 月														
项目	日期															
电器	电饼铛															
	烤箱															
	微波炉															
	发酵箱															
	和面机															
	压面机															
	热水器															
	消毒柜															
	冰箱															
	空调															
	空调扇															
电源	防爆灯															
	电插座															
	电箱															
消防设施	灭火毯															
	灭火器															
	燃气报警器															
	安全通道															
其他	水龙头															
	气房															
	气闸															
	门窗															
晚班师傅签字																

说明：1. 每日厨房工作人员要随时检查厨房安全情况，并由晚班师傅在下班前再次检查并记录结果，要求电器电源已关闭，消防设施类确保为正常状态，门窗关闭并锁好；2. 发现问题要及时上报相关人员并尽快解决。

表 4-6 保安安全检查记录表

项目 \ 日期		保安安全检查记录表　　　　　　　年　　月															
消防设备	应急灯																
	灭火器																
	消防通道																
电源	灯具																
	电箱																
	电热水器																
	洗衣机																
	电磁炉																
	广场夜间照明																
反恐设备	垒球棍																
	钢叉																
	防身棍																
	防割手套																
	防刺背心																
技防设备	摄像头																
	红外线对射																
	电脑																
	电视视频																
	门禁																
其他	广播系统																
	电话																
	大门																
	户外大型玩具																
	门窗																
	水源																
	专业教室																
保安签字																	

说明：1. 每天两个保安师傅一起检查校园内的安全情况，并由保安班长记录结果，要求电器电源已关闭，消防设施类、技防设备类确保处于正常的能够使用状态并且摆放位置适宜取放，反恐设备摆放在规定位置，门窗关闭并锁好，水源关闭；2. 发现问题要及时上报相关人员并尽快解决。

八、建立幼儿园安全档案

安全档案是幼儿园各部门在从事日常工作中形成的与治安、安防、消防、稳定及综合治理工作有关的，对幼儿园安全及其他各项工作有保存价值的各种文字、数据、图表、声像、实物等不同形式的历史记录，主要内容如下。

(一)安全基础工作管理档案

①安全工作领导小组职能、岗位职责；

②安全工作领导小组及安全工作专题会议纪要；

③安全工作计划(年度及学期)、总结、汇报、报告；

④各类安全组织名单及工作纪要；

⑤各类安全管理制度；

⑥上级部门下发的各类文件；

⑦本单位制定的文件；

⑧上级与本园、本园与相关责任人签订的幼儿园安全工作目标责任书。

(二)应急管理档案

①各类应急预案；

②各类安全避险演练实施方案、总结、音像资料；

③应急宣传教育资料。

(三)消防管理档案

① 消防安全组织机构与岗位职责，内容包括工作计划、总结、会议纪要，日常维护、维修、隐患排查和整改资料，中控室值班记录，消防安全工作责任书；

②图表资料，内容包括幼儿园建筑设计图、安全验收合格证、消防安全验收意见，幼儿园水、电、暖、气线路图和总开关图，各类常规安全设施配备数量、规格表、分布示意图，消防设施配备分布、数量登记表，公共场所紧急逃生路线图，紧急疏散演练方案、总结资料，消防安全培训资料。

(四)技防管理档案

①技防建设规划与管理措施；

②技防工作检查记录、整改措施；

③日常维护、维修、检测报告记录；

④中控室值班记录；

⑤操作手册；

⑥本单位技防监控方位点数平面图；

⑦技防设施操作人员名单、培训记录、资质证书；

(五)交通安全管理档案

①交通安全组织机制与小组名单；

②交通安全教育计划、课件、总结、特色宣传活动等资料；

③交通安全协议书、致家长信、交通安全手册；

④各类车辆管理措施及车辆、驾驶员基本信息档案；

⑤车辆维护、保养和安全隐患排查登记台账；

⑥车辆出入校园登记记录；

⑦校车安全管理要求。

(六)安全生产管理档案

①施工单位安全生产建设，内容包括安全生产领导小组组织机构与职责，各类安全生产责任书，各类安全生产行为、合同、施工企业、施工人员资料档案，安全检查、整改记录，施工现场管理措施；

②各类教育教学基础设施日常维护、检测、维修、整改记录；

③特种设施设备(燃气、锅炉、高压变电室、电梯等)管理措施，内容包括日常检查、维护记录，特种作业人员岗位职责、上岗证、技术等级证书或培训资料，检查机构核发的使用许可证、年检合格标识；

④食堂设施设备管理措施，内容包括各类设备登记表与操作流程，火、电、水、气管理措施，消毒记录，排烟管道清洗记录与合同，防燃气泄漏报警系统检修记录。

(七)园内及周边综合治理管理档案

①流动人员存档资料(聘用合同、有效证件、背景审查、岗位培训等情况)；

②出租出借房屋管理措施；

③地下空间管理措施；

④幼儿园周边环境与秩序隐患的排查整改资料。

(八)安全宣传教育管理档案

安全宣传教育计划、活动方案、课件、特色活动、总结与信息报送资料。

(九)安全风险评估与隐患排查档案

①上级检查时下发的整改通知书、幼儿园整改报告；

②安全风险评估报告；

③各类安全隐患排查登记台账、整改资料；

④重大安全事故处置过程的记录；

⑤校方责任险有关幼儿名单、报案及受理、结案资料。

(十)其他安全工作的分类档案

①门卫、来客管理措施；

②大型活动审批与管理措施；

③重点人员统计与管理措施；

④外籍、少数民族教师和幼儿统计与管理措施；

⑤幼儿园自行添置的内容。

第五章　幼儿伤害事故处理办法及案例分析

　　近几年来，幼儿园里的幼儿伤害事故日益成为全社会关注的焦点。它引起人们关注的主要原因有两个。一方面，在当下社会转型时期，我国公民的权利意识和法制意识不断增强，自我保护意识也随之提高。由于幼儿年龄小易发生意外，若幼儿在幼儿园发生意外伤害，家长很难冷静对待。另一方面，我国有关幼儿园伤害事故的法律法规在不断地建立和完善，可见全社会高度重视幼儿的生命安全和健康，各级政府也意识到相关法制建设的重要性。① 教育部在2002年颁布了《学生伤害事故处理办法》，为幼儿在园期间发生的人身伤害事故的预防和处理做出了具体规范，为我们处理幼儿园伤害事故提供了法律依据。幼教工作者不能单凭经验处理幼儿伤害事故，而必须以法律为准绳，依法治园。

一、幼儿园常见伤害事故类型

（一）幼儿游戏中遭遇意外伤害

　　游戏是幼儿成长过程中的重要部分，可游戏潜藏着各种意想不到的伤害②，即使教师在现场，这些伤害往往也是不可避免的。幼儿在活动中很难对自己的行为进行有效控制，在游戏和追逐嬉戏中遭遇扭伤、骨折、脱臼、戳伤、擦伤、划伤及其他伤害是不可避免的。③ 但幼儿园如果没有履行相应职责，就很难证明自己是没有过错的。

（二）设施设备造成伤害事故

　　滑梯、攀登架、小城堡、海洋球、蹦蹦床、秋千等大型玩具，一般都安装在室外供幼儿集体游戏，容易腐蚀和损坏④，极易生锈老化。幼儿经常使用也

---

　　① 王淼. 在园幼儿人身伤害事故分析及预防与处理体系的构建[D]. 呼和浩特：内蒙古师范大学，2010.

　　② 杨小燕. 幼儿游戏中意外伤害的正确处理[J]. 山东教育，2008(09)：52～54.

　　③ 杨小燕. 幼儿游戏中意外伤害的正确处理[J]. 山东教育，2008(09)：52～54.

　　④ 李箕云. 对幼儿园采购玩具安全性的思考[J]. 中国教育技术装备，2012(26)：50～52.

会使它们出现螺丝松动等问题，这就存在着安全隐患。一旦发生事故，幼儿园必须承担相应的责任。幼儿园如未及时更换已经陈旧老化的器械或加强保养、管理和维护，必然会带来较多的质量问题，直接影响幼儿的安全。而教师若未发现存在的安全隐患，就很容易发生事故。此外，幼儿园园舍中楼房占大多数，教室、楼道、走廊、楼梯也是容易发生事故的地方。

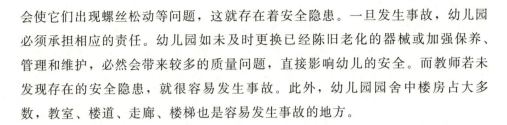

案例　攀爬设施老化引发事故

2000年8月11日，江西省某幼儿园攀爬设施老化并且没有保护垫，致使3名儿童在攀爬时，一个栏杆突然断裂，造成3名儿童中2名骨折，1名头部受伤。园方赔偿医疗费共计2万元。

(三)教师体罚和变相体罚幼儿

体罚是教师的行为造成幼儿人体损害的一种行为。广义的体罚还包括变相体罚，如罚蹲下起立、罚站、罚跪等。

(四)幼儿走失、冒领

幼儿走失和冒领都属于幼儿园严重事故，是幼儿园管理的失误，是幼儿园未尽好看管之职的后果。幼儿在幼儿园期间(指幼儿从踏入幼儿园门到离开幼儿园这段时间)，教师应该像家长一样对幼儿依法负有管理、保护的义务，在看管好幼儿的同时，对幼儿进行防走失教育。同时幼儿园也要采取一系列有力措施，如与家长签订接送幼儿安全责任书，严格执行接送卡制度，对中途离园幼儿进行详细记载，从而在根源上杜绝幼儿走失、冒领等安全事故的发生。在平时户外教学活动的每个环节，教师都要清点幼儿人数，确保万无一失。

(五)幼儿体质特殊或疾病突发

有些事故是由幼儿体质特殊或疾病突发引起的，如幼儿患某种疾病，体质弱，先天性心脏病复发等。这类伤害是意外事件，是幼儿园不可预见的。

(六)外来人员侵入

幼儿园的门卫制度不严，存在外来人员随意进入幼儿园的漏洞，未对外来人员做详细询问和入园登记。外来人员容易趁人不备，溜进幼儿园，造成损失。

（七）幼儿园组织校外活动引发事故

如果幼儿园外出活动组织得不够严密，教师麻痹大意，突发事故将会不期而至。

（八）校车安全事故

校车不符合国家标准，超载、将幼儿遗忘在车内等，造成幼儿伤害。

二、幼儿园伤害事故的预防与处理

根据过错责任的原则，幼儿园要想避免在事故发生时避免承担责任，就必须尽自己的义务。这些义务主要体现为以下几个方面。

（一）创设身心安全的环境

1. 定期检查活动场所和设施设备

幼儿园应增加教育投入，改善设备，消除安全隐患。《中华人民共和国教育法》第二十六条、第七十三条，《中华人民共和国未成年人保护法》第二十二条明确规定，学校建筑物和其他设施要符合标准，保证幼儿在园内的人身安全；如果明知校舍或其他设施存在安全隐患而不采取措施，造成人员重大伤亡的，将依法追究直接责任人员的刑事责任。《中华人民共和国教育法》第四十四条、《中华人民共和国未成年人保护法》第二十三条要求学校为幼儿提供安全的体育活动设施和卫生的校园环境。幼儿园要保证幼儿的饮水、饮食卫生，防止食物中毒，预防各种疾病在园内传播、流行；发现幼儿园的教学设施存在安全隐患时，要及时汇报，让幼儿远离危险设施，避免幼儿在危险的环境中活动。

2. 保证物品摆放的安全性

幼儿具有好奇心强、好动、随心所欲的特点，而且不知深浅，不明是非，常常趁教师不注意玩一些危险物品，做一些危险的事或到一些不安全的地方玩。因此，幼儿的安全就尤其重要，教师应该在开学的时候进行一次全面的安全隐患大清除工作，包括清除板凳和柜子上冒出的小钉子头，将小刀、针、剪刀等尖利的物品及灭蚊水、洁厕灵都收存放在幼儿够不到的柜子中……

3. 不体罚和变相体罚幼儿

幼儿园还应加强师德师风建设，端正教育思想。教师因故意行为造成幼儿伤害的，法律也有相应的责任规定。《中华人民共和国未成年人保护法》明确规定学校、幼儿园、托儿所教职员工对未成年人实施体罚、变相体罚或其他侮辱人格行为的，由其所在单位或者上级机关责令改正；情节严重的，依法给予处分。《〈中华人民共和国义务教育法〉实施细则》第四十二条进一步指出，对体罚学生情节严重，违反《中华人民共和国治安管理处罚条例》的，由公安机关给予行政处罚；构成犯罪的，依法追究刑事责任。

(二)重视全方位安全教育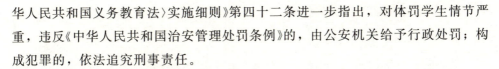

1. 加强教师的安全教育

幼儿园要大力强化教师的事故防范意识，特别要加强对教职工的安全教育和法制教育，利用多种形式，如通过讲座、集体学习讨论、发放宣传册等方法，帮助他们增强安全意识、丰富安全知识。教师要时刻保持对幼儿的关注，树立正确的素质教育新观念，防止教育方法简单化、粗暴化，为幼儿创造安全的生活和成长环境。[①]

2. 加强幼儿的安全教育

第一，加强幼儿的体能训练，提高幼儿自我保护能力。

第二，幼儿的自我保护意识非常差，所以培养幼儿的自我保护意识尤为重要。幼儿园可以采用情感体验法、故事法、戏剧表演法等方式开展安全教育，增强幼儿的安全防护意识，丰富幼儿的安全知识，不仅应该让幼儿知道哪里危险，更应该让他们学习如何躲避危险，在遇到危险的时候如何保护自己。上下楼梯对小班幼儿来说不安全的因素会加大，但幼儿园只有采取相应的安全措施，不给幼儿接触危险因素的机会，才能有效地保护幼儿的安全。例如，在上下楼梯时，教师教会幼儿掌握上下楼梯的基本动作，并常常练习，使幼儿双脚协调上下楼梯的技能提高。刚开始上下楼梯时，许多幼儿不敢独自上下，特别是胆子较小的幼儿。这时让他们借助教师的帮助上下楼梯，刚开始的时候教师用手轻轻地握住他们的小手，让他们克服心理恐惧，然后鼓励他们用自己的办法上下，直到他们基本都能独立上下楼梯了。

第三，安全教育作为幼儿园长期的教育内容，它需要与日常生活有机结合。例如，利用听故事"思杰走丢了"，让幼儿知道回家要等父母来接，坚决不跟陌生人走，也不吃陌生人给的东西；每天喝豆浆时，先试一试是否太烫；开门、关门时先要看看手是否放在门框上；吃饭时不嬉笑打闹；上下楼梯时，扶栏杆有序地走，等等。通过这些使安全教育与日常生活有机结合，不仅可以避免一些意外伤害的发

---

① 王淼. 在园幼儿人身伤害事故分析及预防与处理体系的构建[D]. 呼和浩特：内蒙古师范大学，2010.

生，而且可以增强幼儿的安全意识，为幼儿安全行为能力的发展奠定基础。

3. 增强教师工作责任心

幼儿园要严格按照《幼儿园工作规程》和幼儿园的规章制度对幼儿进行教育，不能以超出幼儿接受能力的方式进行教学。在正常的教学活动时间里，教师不能出现擅自调课、不请假而离岗、请人代岗的现象。教师如果在应在岗期间不在岗，未能了解事故发生的情况，出现事故没有采取有力措施进行抢救，不及时汇报，不按照教学常规来教学，都可能产生不利的法律后果。

案例 老师去哪儿了

> 2006年3月，某幼儿园的飞飞与晖晖正在玩耍嬉戏。为争一个气球，两个孩子发生斗殴，相互揪扯中，飞飞用手中的水彩笔击中了晖晖的左眼，顿时鲜血淋漓，而此时幼儿班内竟然没有老师在场。

上述案例中，教师工作责任心不强，存在玩忽职守的问题，没有及时发现幼儿间的冲突，造成了幼儿身体的伤害，教师是要承担相应责任的。

(三) 健全安全管理制度

1. 了解幼儿的健康状况

幼儿园要检查幼儿的身体状况，建立幼儿健康检查制度和幼儿健康档案，以防事故的发生。幼儿园要根据幼儿的身体状况安排具体的教育教学活动，对体质特殊或有疾病的幼儿给予适当照顾。

2. 外出活动保证幼儿安全

《中华人民共和国未成年人保护法》第二十二条规定，幼儿园组织幼儿参加集会、文化娱乐、社会实践等集体活动，要防止发生人身安全事故。幼儿园组织外出活动，一定要在保证安全的前提下进行。组织者要配备足够的教师，出发、集合、分散活动都要事先计划好，确定好详细的活动方案，确定具体的责任人。

3. 及时处理伤害事故

如果发生事故，要采取积极主动的态度和方法，及时将幼儿送到正规的医院诊断治疗并且尽早通知家长，妥善处理问题。因为有时安全事故的发生是大家都无法预期的，幼儿园又是众多幼儿集体生活的场所，所以无论教师怎样注意，也难以完全避免安全事故的发生。

为了防止幼儿在事故发生后，因不能及时得到抢救而使受到的损害扩大，幼儿园应该在事故发生后，对幼儿进行必要的照顾、保护，并即刻通知幼儿家长或监护人。幼儿园要主动与家长联系，认真听取意见和建议，取得家长的支持和配合。因疏于通知或采取错误的方法错失最佳抢救时机引发事故，幼儿园要承担相应的责任。

案例　错误方法致伤害更多

> 某幼儿园午饭时间，班级保育教师在搬动一锅汤时，不慎烫伤坐在旁边的幼儿的腿。教师看到后不是马上让烫伤的幼儿及时在自来水下冲，而是急着把烫伤幼儿的衣服剥下，从而造成幼儿遭受更大痛苦与后遗症。

案例中教师因为缺乏必要的安全知识，面对事故的发生，采取了错误的急救措施，给幼儿造成了更大的伤害和痛苦。

（四）建立多渠道赔偿体系

首先，理顺幼儿园与幼儿的法律关系，主要有四种不同观点：一是监护关系，二是准行政关系，三是民事关系，四是教育、管理和保护关系。

然后，争取社会支持和参加学校责任保险。保障每一名幼儿在幼儿园安全有序地活动及生活，是每位教育工作者的愿望和义务。幼儿园可以推行学校责任险，缓解园方压力。

三、幼儿园伤害事故预防与处理的典型案例

（一）外来侵害的伤害事故

这类伤害事故主要包括幼儿被冒领接走、绑架、伤害等事故。此类事故在幼儿园发生率较高，且往往伤害面大，程度严重，影响恶劣，反映出幼儿园目前在园门管理和幼儿接送环节中，漏洞较大，隐患较多。

表 5-1　外来侵害的伤害事故分析和对策

分析	目前，幼儿园在接送幼儿环节存在不少隐患：门卫管理不严，外来人员乘家长接幼儿时人多混进幼儿园；幼儿园只认接送卡不认人，外来人员拿着捡到的或偷来的接送卡将幼儿冒领；别有用心的亲戚或熟人骗领幼儿时，教师易放松警惕。种种因素造成了幼儿伤害事故。

对策	首先，门卫应是 50 岁以下强健男性，经过安全保卫技能培训，并严格执行门卫制度，当家长接送幼儿时必须站在门口把关，拒绝无接送卡的人进园，对陌生人要严加查问，严防可疑人员进入，必要时还可预备一些防卫器械，如电警棍、木棍等。 其次，幼儿园要实行接送卡制度，必须由固定接送人持卡接送幼儿，卡上只标明班级代码和幼儿编号，不出现幼儿姓名和照片，以防幼儿被对应冒领。 最后，当非固定接送者来接幼儿时，包括亲戚朋友，教师要更加留心，无论其是否有卡，都必须与原固定接送者取得联系（如打电话），得到许可后方能让其接走幼儿。

(二)幼儿自身原因的伤害事故

此类伤害事故主要包括走失、游戏、嬉戏打闹造成的事故。此类事故发生的频率在幼儿园事故中高居第二位。由于 3～6 岁的幼儿身心处于未成熟阶段，身体器官比较娇嫩，动作协调性也较差，自我身体的控制能力也在发展中，而且由于缺乏生活经验，缺乏安全意识，幼儿对自己行为将会产生的后果无法预见，所以来自幼儿自身的安全问题极易发生。

表 5-2　幼儿自身原因的伤害事故分析和对策

分析	一是幼儿自身疾病（如癫痫、心肌炎等）引起的事故。教师在不知情的情况下，没有采取积极的预防措施和针对性的救治。 二是幼儿走失。多数情况是幼儿初入园时情绪焦虑，为逃避集体生活，乘人不备独自出走回家，途中迷失，或幼儿自感在幼儿园受了挫折而独自出走，也有幼儿在幼儿园组织的郊游等外出活动时游离集体而走失的情况等。 三是幼儿在游戏时受伤。幼儿在活动中很难对自己的行为进行有效的控制，如不小心绊倒，相互碰撞等。这种意外伤害，即便教师在现场也是较难避免的。 四是幼儿在打闹中受伤。多数伤害是幼儿因争抢玩具等而发生矛盾冲突，教师不及时制止造成的。
对策	如何避免幼儿自身疾病引起的事故？幼儿园可在幼儿入园前与家长签订协议，要求家长不得隐瞒幼儿曾患过哮喘、癫痫、心肌炎、过敏等较严重的疾病，否则一旦幼儿旧病复发，因不能及时获得针对性的救治而产生不良后果的，责任应由家长自负。

四、幼儿园伤害事故的责任承担

发生校园意外伤害事故后，谁来负责？负多大责任？《中华人民共和国民法通则》规定，认定过错必须有 4 个条件，缺一不可，具体就是：①必须有损害事实；②必须有加害行为的违法性；③加害人的违法行为必须与事实损害有因果关系；④违法行为人的主观态度是故意的还是无意的。

　　由于教育工作的专业性，幼儿园在教育活动中有防止幼儿的身体或生命因教育活动而遭受侵害的义务。尽管幼儿园不是在园幼儿的监护人，但是，一旦因过失行为导致伤害事故发生，幼儿园就必须承担相应的责任。这样的过失在本质上是一种"业务过失"。相关法律将这种过失原因归类为过错责任。幼儿园在幼儿伤害事件中是否有违法、违规、违纪等行为，即幼儿园在事故中是否有过错或失误是幼儿园承担责任的前提。如果幼儿园的过错直接或间接地导致了幼儿伤害事故的发生，那么幼儿园要负相应责任。反之，幼儿园不承担事故责任。

　　最高人民法院《关于贯彻执行〈中华人民共和国民法通则〉若干问题的意见（试行）》第一百六十条具体解释了儿童损伤事件的责任问题："在幼儿园、学校生活、学习的无民事行为能力人……受到伤害或者给他人造成损害，单位有过错的，可以责令这些单位适当给予赔偿。"可见，依据法律，处理责任事故的前提是分清幼儿园在事故中的过错，并根据过错大小使幼儿园承担相应的责任。

　　依据法律，幼儿园对幼儿承担三项责任：教育责任、管理责任、保护责任。教育虽然是幼儿园的主要职能，但就责任的性质来说，教育责任更多是幼儿园的职责和功能，管理失范和保护不周才是承担法律责任的依据。幼儿园只有保证幼儿安全，才能实现其教育目的。《中华人民共和国未成年人保护法》第三章"学校保护"具体讲述了学校对幼儿的保护责任。学校保护最终是要通过学校的内部管理行为来实现的。在教育教学活动过程中，幼儿园应忠于职守，履行自己的职责，尽量避免事故的发生。

　　由此可见，幼儿园发生的幼儿人身伤害事故的赔偿责任是根据幼儿园的过错来确定的。幼儿园如果按照国家的法律规定以及幼儿园的规章制度履行了相应职责，可以减轻或避免承担责任。

五、幼儿园伤害事故责任承担的案例分析

　　幼儿园对幼儿承担监护职责吗？

　　近年来，幼儿园意外伤害事故日益成为人们关注的焦点。幼儿园的孩子均是未成年人，没有民事行为能力，他们在幼儿园受到伤害或者伤害了他人，责任应该由谁来承担？是幼儿园、幼儿家长，抑或是其他人？这是长期困扰着幼儿园及幼儿家长的一个难题。下文试图从实际发生的典型案例出发，对目前争议较大的一些相关问题谈谈看法。

案例 突发打架伤害谁负责

一天下午，到了幼儿园离园时间，家长纷纷到班上接幼儿。家长还没有到的幼儿就在活动室里玩玩具。东东和小明两名幼儿因争抢一支玩具手枪扭打起来，正在与其他家长沟通的小文老师闻声立即走上前去阻止他们，并没收了玩具手枪，教育他们不能打架。待两名幼儿各自去玩其他玩具后，小文老师继续接待来园的家长。此时东东心有不忿，突然跑到小明身后，用力将其推倒，造成小明额头摔破，缝了四针。

事故发生后，小明的家长要求幼儿园和东东的家长共同承担赔偿责任。但幼儿园认为自己不存在过错，无须承担损害赔偿。而东东的家长则认为，幼儿是在幼儿园将人推倒致伤的，是小文老师监管不力造成的，应该由幼儿园负全责。

这起伤害事故的法律责任，究竟应该由哪一方来承担呢？

案例分析

本案是关于幼儿在幼儿园里因争抢玩具发生伤害事故法律责任的认定问题。

根据《学生伤害事故处理办法》第八条："学生伤害事故的责任，应当根据相关当事人的行为与损害后果之间的因果关系依法确定。因学校、学生或者其他相关当事人的过错造成的学生伤害事故，相关当事人应当根据其行为过错程度的比例及其与损害后果之间的因果关系承担相应的责任。当事人的行为是损害后果发生的主要原因，应当承担主要责任；当事人的行为是损害后果发生的非主要原因，承担相应的责任。"《学生伤害事故处理办法》第十条第(二)项规定"学生行为具有危险性，学校、教师已经告诫、纠正，但学生不听劝阻、拒不改正的"造成学生伤害事故，学生或者未成年学生监护人应承担相应责任。

结合该案例，幼儿东东的行为与小明受损害的后果之间有直接的因果关系，东东是伤害事故的责任者。小文老师在发现东东和小明之间发生纠纷打闹时，及时劝阻幼儿间的不当行为并进行了教育，尽到了管理教育职责。东东事后报复伤人是小文老师无法预见和制止的突发行为，故教师和园方在此事件中已履行了相应职责，行为并无不当，并无过错，故无须负法律责任。这起幼儿间的伤害应由致害人承担责任，但造成伤害的幼儿东东是无民事行为能力人，所以应由东东的监护人承担民事损害赔偿责任。

根据此案例：

①幼儿园应多进行幼儿之间的友爱教育，通过开展各类适合幼儿的活动，帮助

幼儿发展良好的性格和品德，指导幼儿掌握合理解决矛盾、人际交往的初步方法。

②幼儿园要定期举办家长培训班，让家长了解和掌握教育幼儿的理念、方法、技巧和策略，加强幼儿园与家庭的联系。对攻击性强的幼儿，教师要协同家长共同做好教育工作。

③在日常生活中，家长也应密切注意自己孩子的语言和行为，发现幼儿有不良的语言、危险行为或举动时必须及时有效地制止，并认真地进行说理教育。

🍃 案例 佳欣在嬉戏中受伤谁负责

大虎和佳欣是某幼儿园大班的同班小朋友。一日，教师王某带领幼儿到户外活动，在排队时，王老师一再交代："小朋友排队下楼梯时，不要拥挤打闹。"下楼梯时，佳欣站在大虎的背后，两人均在队尾，趁队伍行走拉开距离时，二人嬉闹，大虎背佳欣时摔倒，导致佳欣的左股骨中段发生斜形闭合性骨折。事故发生后，幼儿园及时送佳欣到医院治疗，佳欣住院两个月后临床愈合。佳欣住院期间共花去医疗费 5680 元，佳欣父母的误工费、住宿费、医院伙食费、护理费、交通费及必要的营养费等共计 4450 元。佳欣的父母与幼儿园及大虎的父母就医疗费和赔偿问题多次进行协商，要求幼儿园和大虎的父母赔偿上述费用共计 10130 元。大虎的父母认为，大虎入园意味着自己已经将大虎及对其的监护责任托付给了幼儿园。大虎在幼儿园时，父母作为法定监护人不可能直接行使监护人责任，只有幼儿园才能监护幼儿，因此，自己不应承担赔偿责任。幼儿园则提出，在幼儿下楼之前，老师已经一再强调"不要拥挤打闹"，且事故发生之后幼儿园及时送佳欣到医院治疗，幼儿园主观和客观上都不存在过错，不应独自承担如此巨额的赔偿费用。协商未果，佳欣的父母作为代理人，以幼儿园及大虎的父母为被告，提起诉讼，要求幼儿园及大虎的父母赔偿医疗费、误工费等共计 10130 元。

案例分析

在上述案例中，要想明确应由谁来承担这次意外事故的责任，我们首先应该从法律上弄清以下四个问题。

1. 幼儿园是不是在园幼儿的监护人

当前多起幼儿在园意外伤害事故中，幼儿园是否是在园幼儿的监护人，是否承担监护责任，已经成了幼儿园是否承担赔偿责任、承担多大责任的焦点问题。

由于种种因素，公众舆论倾向于幼儿园理所当然地具有监护人的身份，应该对幼儿在园事故承担监护不力责任。其实，从法律的角度来分析，情况并非如此。最高人民法院《关于贯彻执行〈中华人民共和国民法通则〉若干问题的意见(试行)》第二十二条规定："监护人可以将监护职责部分或全部委托给他人。"但是，从现实情况以及监护制度的实质来看，幼儿园不是在园幼儿的委托监护人。《中华人民共和国民法通则》第十六条规定："未成年人的父母是未成年人的监护人。"父母对未成年人的监护权非因法定事由不能免除。此外，该条规定："未成年人的父母已经死亡或者没有监护能力的，由下列人员中有监护能力的人担任监护人：(一)祖父母、外祖父母；(二)兄、姐；(三)关系密切的其他亲属、朋友愿意承担监护责任，经未成年人的父、母的所在单位或者未成年人住所地的居民委员会、村民委员会同意的。对担任监护人有争议的，由未成年人的父、母的所在单位或者未成年人住所地的居民委员会、村民委员会在近亲属中指定……没有第一款、第二款规定的监护人的，由未成年人的父、母的所在单位或者未成年人住所地的居民委员会、村民委员会或者民政部门担任监护人。"可见，法律并未规定幼儿园能够成为未成年人的监护人，所以，即使父母把未成年人送进幼儿园学习、生活，使未成年人处于幼儿园的管理之下，幼儿园也并不因此具备监护人的主体资格。此外，根据这一规定，幼儿园担任在园幼儿的监护人，必须同时具备两个前提条件：一是被监护人没有父母或其他近亲属，或者是其父母和其他近亲属无监护能力；二是被监护人的父亲或者母亲的所在单位是幼儿园。一般情况下，幼儿园是不可能具备这两个条件的，因此，那种认为幼儿园是在园幼儿监护人的说法，在法律上是没有依据的。因此，在上述案例中，即使大虎的父母把大虎送进幼儿园学习、生活，幼儿园也并不因此而具备监护人的主体资格。不管大虎是在园内还是在园外，大虎的监护人仍然是也只能是大虎的父母。

2. 对幼儿的监护职责是否随着幼儿入园转移到幼儿园

幼儿园是否对在园幼儿承担监护职责？依上所述，我们已经可以比较清楚地知道，幼儿园根本不可能以法定或者指定监护人的身份承担法律责任。那么，在园幼儿不在其法定监护人监护之下时，幼儿园是否对在园幼儿承担监护职责？我国教育类的法律法规，如《中华人民共和国教育法》《中华人民共和国义务教育法》《中华人民共和国未成年人保护法》及《幼儿园管理条例》等都明确规定，在教育教学活动期间，幼儿园对幼儿负有进行安全教育、通过约束指导进行管理、保障其健康成长的职责，这说明幼儿园对在园幼儿主要负有三项责任：一是教育责任，二是管理责任，三是保护责任。幼儿园发生意外伤害事故后，人们往往将第三种保护责任与监护责任混为一谈。在此，需要指出的是，监护责任的范围远比保护责任广得多。《关于贯彻执行〈中华人民共和国民法通则〉若干问题的意见（试行）》第十条明确规定："监护人的监护职责包括：保护被监护人的身体健康，照顾被监护人的生活，管理和保护被监护人的财产，代表被监护人进行民事活动，对被监护人进行管理和教育，在被监护人合法权益受到侵害或者与人发生争议时，代表其进行诉讼。"因此，父母将幼儿送到幼儿园并没有发生监护权的转移。概言之，监护职责是基于亲权而产生的一种法定职责，幼儿园对幼儿的教养职责是基于教养机构的设置而产生的一种工作职责，两者性质不同。从职责范围来看，两者也不尽相同。根据《幼儿园工作规程》的规定，幼儿园的职责是实行保育与教育相结合的原则，对幼儿实施体、智、德、美诸方面全面发展的教育；而监护人的职责基于法律的规定，主要包括上述六方面的监护职责。据此，在上述案例中，大虎的父母承担对大虎的监护职责，幼儿园不应该承担监护不力的法律责任，而应该根据一定的归责原则来承担合法合理的法律责任。

3. 在园幼儿发生意外伤害事故后，幼儿园按什么原则承担民事责任

幼儿园应按什么原则承担民事责任？《关于贯彻执行〈中华人民共和国民法通则〉若干问题的意见（试行）》第一百六十条规定："在幼儿园、学校生活、学习的无民事行为能力人……受到伤害或者给他人造成损害，单位有过错的，可以责令这些单位适当给予赔偿。"可见，依据法律，幼儿园在赔偿问题上实行的是"过错原则"，即幼儿园对在园幼儿伤害承担责任与否，要看事故的发生与幼儿园管理职责的履行有无直接因果关系，要考虑事故与幼儿园教育教学活动有无联系，要看幼儿园教职工在履行职责中有无故意和过失的过错。根据过错原则归责，只有当幼儿园在与幼儿园教育教学活动相关联的活动中有过错，造成幼儿伤害，才应承担与过错程度相适应的责任，即损害赔偿额度应与幼儿园过错大小相联系。另外，《中华人民共和国民法通则》第一百三十三条规定："无民事行为能力人、限制民事行为能力人造成他人损害的，由监护人承担民事责任。监护人尽了监护责任的，可以适当减轻他的民事责任。"这一条表明，监护人对被监护人致他人损害承担的是无过错责任，即无论监护人是否有过错，监护人都要对被监护人所造成的侵权损害承担一定的法律责任，即使监护人尽了监护责任，也就是说没有过错，也只可以适当减轻他的民事责任，而不是免除责任。上述案例中，教师在下楼梯之前提醒幼儿"不要拥挤打闹"，教师在一定程度上已经正确行使了对幼儿的管

理和保护责任。但是，幼儿园没有注意到幼儿排队下楼存在的安全隐患，且未采取有效的措施，如未在幼儿排队下楼时在队尾增加一名教师看管来消除这一安全隐患，说明幼儿园未完全尽到妥善管理幼儿的义务，在教育教学活动的管理中存在过失，间接导致了该意外伤害事故的发生。因此，幼儿园应承担一定的赔偿责任。

4. 大虎的父母应承担什么责任

大虎的父母应承担什么责任呢？2002年9月1日起施行的《学生伤害事故处理办法》第十条规定："学生或者未成年学生监护人由于过错，有下列情形之一，造成学生伤害事故，应当依法承担相应的责任：（一）学生违反法律法规的规定，违反社会公共行为准则、学校的规章制度或者纪律，实施按其年龄和认知能力应当知道具有危险或者可能危及他人的行为的；（二）学生行为具有危险性，学校、教师已经告诫、纠正，但学生不听劝阻、拒不改正的。"第二十八条规定："未成年学生对学生伤害事故负有责任的，由其监护人依法承担相应的赔偿责任。"另外，《学生伤害事故处理办法》还明确规定："幼儿园发生的幼儿伤害事故，应当根据幼儿为完全无行为能力人的特点，参照本办法处理。"据此，在上述案例中，佳欣的伤害直接由两名幼儿不遵守幼儿园纪律"下楼梯时不要拥挤打闹"所致，因此，两名幼儿自身也应承担一定的责任。大虎的父母作为大虎的监护人，必须承担一定的赔偿责任。

保护在园幼儿的人身安全，积极采取各种措施防止各种意外伤害事故的发生，是幼儿园和幼儿家长的共同心愿。事故发生后，不管是幼儿园还是幼儿家长，都应学会运用法律手段妥善处理。此外，《学生伤害事故处理办法》明确提出："学校有条件的，应当依据保险法的有关规定，参加学校责任保险。教育行政部门可以根据实际情况，鼓励中小学参加学校责任保险。提倡学生自愿参加意外伤害保险。"据此，在幼儿园意外伤害事故的处理中，逐步建立幼儿园责任保险制度，让保险公司介入理赔，实现理赔市场化，应该说更是一条对幼儿园和家长都有利的解决问题的途径。

🌿 **案例** 点点在幼儿园摔伤，原因扑朔迷离

点点、小蓝、小杨均是兴宁某幼儿园日托制学生。2011年10月18日午餐时，两位值班教师中的一位在教室里看管幼儿用餐，另一位则在教室门口看管吃完饭的幼儿休息或自由活动。三个小朋友吃完饭后在园内保卫室旁的一张长板凳旁玩耍。玩耍中，点点突然摔倒在地，值班教师经幼儿报告后将点点扶起，接着打电话通知家长和向园长汇报，并送点点去医院治疗。

对于点点在幼儿园摔伤的事实，点点、小蓝、小杨的家长及幼儿园并没有异议，但对于点点是怎么受伤的，各方当事人说法不一，都不愿意承担责任。

幼儿园认为，点点是自己玩耍时不慎从长凳上摔下来的，事发后幼儿园也及时将点点送医治疗，已经尽到了应尽的教育、管理职责。小蓝、小杨的家长则认为，事实是点点吃过饭后过来要求小蓝、小杨把凳子抬起来玩耍，但小蓝、小杨不肯就走开了，之后点点自己摔倒了，并且孩子交给幼儿园，监护职责已经转移，"难道要我们天天守在幼儿园看着孩子上课"。

点点的家长则认为，在点点住院手术期间，小杨的妈妈和小蓝的奶奶前来探望，对点点表示了慰问，可以佐证点点所受伤害与小蓝和小杨有直接关系。

一审诉讼中，原审法院制作了调查笔录。两位值班教师称："当时，小蓝、小杨、点点三人吃完饭后，在外面的凳子旁玩，我们一个老师看管那么多学生时，不可能留意每个学生，具体摔倒的过程是瞬间发生的。"

一审法院依据过错原则判定幼儿园承担责任，依据公平责任判定三名幼儿均承担责任。一审认为，本案中幼儿园平时安排幼儿吃完午餐后，到教室外短时间休息或自由活动再进行午睡的制度，有益于幼儿的身体健康，且整个过程安排两位值班教师看护，其做法并无不妥，但事发当日值班教师没有预见到点点与小蓝、小杨在长凳旁玩耍有被致伤的可能性而未及时予以制止存在一定的过错，应承担25％的赔偿责任。而点点的损伤是点点、小蓝、小杨在长凳旁玩耍时瞬间发生的，三方对具体的损伤过程及过错大小各执一词。根据案件实际，依据公平原则，确定由点点、小蓝、小杨承担此事故的同等责任，即小蓝、小杨各承担25％的赔偿责任，其余25％由点点自行承担。

小蓝、小杨的家长不服提起上诉，坚持认为自己不应承担责任。

梅州中级人民法院二审后认为，幼儿园在接收点点入园后，即应对包括点点在内的幼儿履行教育、管理和保护的义务，保障其人身安全。当点点在长板凳上玩耍时，值班教师未及时发现并制止，导致损害结果的发生，幼儿园未尽到教育、管理职责，对点点身体受到伤害具有过错，应对点点因人身损害造成的损失承担相应的赔偿责任。点点作为无民事行为能力人，在玩耍时不慎摔伤，其法定监护人亦应对其损伤承担一定的责任。鉴于点点的法定监护人对原审确定点点自行承担25％的损失未提出上诉，予以确认。

据此，梅州中级人民法院做出终审判决：点点的父母自行承担25％的责任，其余75％的责任应由幼儿园承担，另两名幼儿不承担责任。

案例分析

"本案的 3 位小朋友均未满 10 周岁，在法律上属于无民事行为能力人。无民事行为能力人受到人身损害后，对事故的前因后果基本无法准确描述，不应该让他们或者已经无法实际管控他们的家长来证明学校有过错。"此案的承办法官李新红评析说，法律对此类事故采用了过错推定原则，即无民事行为能力人在学校学习、生活期间受到人身损害的，如学校不能证明自己无过错，就要承担责任。

在此案中，幼儿园没有证据证明自己对点点的人身损害的发生没有过错，就推定幼儿园存在过错，应当承担责任。在法庭调查中，各方对值班教师对事情发生之时的陈述均无异议，对于点点究竟是自己摔伤的，还是与小蓝、小杨玩耍时摔伤的，无法准确判断。因此，根据目前证据无法证实点点摔伤与小蓝、小杨的行为有因果关系，小蓝、小杨不承担赔偿责任。

未成年人特别是未满 10 周岁的无民事行为能力人天性好奇好动，但心智却远未成熟，对事物认识有限，缺乏自我保护的知识和能力，在学校等教育机构参加各类活动时难免受损害或致他人受损害，即使学校和教师尽了最大的注意义务，也很难保证无校园事故发生。在各地的审判实践中，一旦孩子出现意外，学校多多少少都要承担一定的责任，学校好像成了"冤大头"，这难免挫伤学校尤其是一线教师的积极性，导致其在教育管理尤其是组织各项活动中畏首畏尾，甚至放弃组织外出活动，不利于学生的全面发展。

因此，法官李新红建议学校可以通过以下措施防范和分散风险。

幼儿园尽量安装视频监控系统，通过视频监控，可以及时发现、制止事故苗头，同时也有利于学校举证证明已经尽到了相当的注意并且实施了合理的行为，以达到免责的目的，这不失为学校和学生家长都放心的措施。

推行学校责任险，分散风险，缓解学校的压力，也有利于发生损害后学生及时得到赔偿。校方责任险，由学校作为投保人，因校方过失导致学生伤亡的事故及财产损失，由保险公司来赔偿，学校也是受益方，是一种责任保险。

设立校园伤害赔偿准备金。教育行政部门可以统筹学校通过财政拨款、社会捐赠等形式设立学生伤害赔偿准备金，以备不时之需，减轻学校压力。

法官也建议家长应正确看待校园伤害事件，不要认为把孩子交给学校就等于可以放任不管。此外家长可以替孩子购买学生意外伤害险等保险，与学校责任险构成双重保护。幼儿园要在事故发生后及时保管好相关证据材料，利于以后维权。

与幼儿园安全管理相关的法律文件简介

《中华人民共和国未成年人保护法》

《中华人民共和国未成年人保护法》经1991年9月4日第七届全国人民代表大会常务委员会第二十一次会议通过，根据2012年10月26日第十一届全国人民代表大会常务委员会第二十九次会议通过的《全国人民代表大会常务委员会关于修改〈中华人民共和国未成年人保护法〉的决定》第二次修正，自2013年1月1日起施行。《中华人民共和国未成年人保护法》分为总则、家庭保护、学校保护、社会保护、司法保护、法律责任、附则，主要目的是保护未成年人身心健康，保障未成年人合法权益，促进未成年人在品德、智力、体质等方面全面发展，培养有理想、有道德、有文化、有纪律的社会主义建设者和接班人。

《企业事业单位内部治安保卫条例》

《企业事业单位内部治安保卫条例》经2004年9月13日国务院第64次常务会议通过，自2004年12月1日起施行，主要是为了规范企业事业单位(以下简称单位)内部的治安保卫工作，保护公民人身、财产安全和公共财产安全，维护单位的工作、生产、经营、教学和科研秩序。

《企业事业单位内部治安保卫条例》是规范和加强单位内部安全保卫工作的重要依据。认真落实好该条例，对搞好单位安全防范，落实社会治安综合治理具有重要意义。公安机关和各单位要高度重视内部安全保卫工作，加强和改进单位内部治安保卫机构建设，突出派出所在内部安全保卫工作中的作用，增强治安防范的能力。

《学生伤害事故处理办法》

《学生伤害事故处理办法》(以下简称《办法》)经2002年6月25日教育部令第12号发布，自2002年9月1日起施行。《办法》分为总则、事故与责任、事故处理程序、事故损害的赔偿、事故责任者的处理以及附则，主要目的是指导和帮助教育行政部门、各级各类学校积极预防、妥善处理学生伤害事故。

《办法》有利于促进学校提高自身的责任观念和预防意识，促进学校、教育行政部门加强对学生人身安全的保护；有利于在校学生人身伤害事故的妥善、正确处理，维护学生和学校的合法权益；有利于建立起良好的法制环境和制度框架，为学校实施素质教育，开展多种形式的活动，促进学生身心的全面发展创造必要的外部条件和有力的保障机制。

《中小学幼儿园安全管理办法》

根据教育法律法规和国务院的有关规定，教育部等部门制定了《中小学幼儿园安全管理办法》，自 2006 年 9 月 1 日起施行。《中小学幼儿园安全管理办法》的内容分为总则、安全管理责任、校内安全管理制度、日常安全管理、安全教育、校园周边安全管理、安全事故处理、奖励与责任和附则。

《中小学幼儿园安全管理办法》是专门针对中小学、幼儿园做出的安全管理规定，对有关部门的安全管理职责、校园周边和校内安全管理、安全教育等方面做出了全面规定，重在加强管理和预防安全事故。《中小学幼儿园安全管理办法》与《学生伤害事故处理办法》相互衔接配套，为学校、幼儿园安全管理工作提供了较为全面的依据。

《教育部关于加强依法治校工作的若干意见》

《教育部关于加强依法治校工作的若干意见》明确依法治校是依法治教的重要组成部分。各级各类学校要转变管理理念，明确依法治校的基本原则，制订推进依法治校的工作规划和目标；明确校内职能机构、工作岗位的职责与任务，形成各司其职、各负其责、全方位推进依法治校的工作格局，不断提高学校管理水平，促进学校发展。学校要通过聘请法律顾问或建立法制工作机构等形式，加强学校的法制教育和法律服务。学校要积极配合、接受教育行政部门和其他有关部门的检查、监督，认真落实行政申诉、行政复议决定及司法判决等法律文书中的义务，维护当事人的合法权益。

《中华人民共和国消防法》

《中华人民共和国消防法》经 2008 年 10 月 28 日第十一届全国人民代表大会常务委员会第五次会议修订通过，自 2009 年 5 月 1 日起施行。《中华人民共和国消防法》的主要内容有总则、火灾预防、消防组织、灭火救援、监督检查、法律责任和附则，主要目的是预防火灾和减小火灾危害，加强应急救援工作，保护人身、财产安全，维护公共安全。

《中华人民共和国消防法》是保障社会消防安全，加强消防管理工作的重要依据，是维护消防安全管理秩序的有力的法律武器。消防工作覆盖全社会，

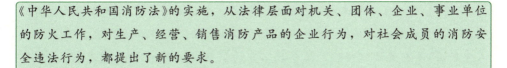

《中华人民共和国消防法》的实施，从法律层面对机关、团体、企业、事业单位的防火工作，对生产、经营、销售消防产品的企业行为，对社会成员的消防安全违法行为，都提出了新的要求。

《校车安全管理条例》

由于"夺命校车"事故频发，2012年3月，国务院常务会议审议通过了《校车安全管理条例》，内容分为八章：总则、学校和校车服务提供者、校车使用许可、校车驾驶人、校车通行安全、校车乘车安全、法律责任、附则。《校车安全管理条例》的颁布实施是为了加强校车安全管理，保障乘坐校车学生的人身安全。

《中小学幼儿园应急疏散演练指南》

2014年2月22日，《中小学幼儿园应急疏散演练指南》(以下简称《指南》)由教育部办公厅发布。该《指南》分为编制依据、目的意义、适用范围、基本原则、演练准备阶段、演练实施阶段和演练总结阶段。

制定《中小学幼儿园应急疏散演练指南》是为了加强对中小学、幼儿园(以下简称学校)应急疏散演练工作的指导，提升学校应急疏散演练的组织和管理水平，强化师生的安全意识和应急避险能力，培养学生终身受益的安全素养。

《北京市学前教育条例》

为了促进和保障北京市学前教育事业的发展，提高学前教育质量，根据《中华人民共和国教育法》《中华人民共和国未成年人保护法》以及有关法律法规，结合北京市实际情况，制定《北京市学前教育条例》(以下简称《条例》)，自2001年9月1日起施行。本《条例》适用于北京市行政区域内各种形式的学前教育。本《条例》所称学前教育是指对学龄前儿童实施的教育。本《条例》所称学前教育机构是指幼儿园、托儿所以及其他对学龄前儿童实施教育的机构。《条例》共分六章：总则、学前教育责任、学前教育机构和从业人员、学前教育保障、法律责任、附则。

《北京市未成年人保护条例》

《北京市未成年人保护条例》(以下简称《条例》)于1988年10月20日通过，经多次修订，包括总则、未成年人保护委员会、家庭保护和学校保护、政府保护和社会保护、特殊保护、司法保护、奖励与处罚、附则。

《条例》是为了维护未成年人的合法权益，优化未成年人的成长环境，保护未成年人健康成长，并根据《中华人民共和国宪法》和《中华人民共和国未成年人保护法》等有关法律法规，结合北京市的实际情况而制定的。《条例》突出了国家在保障未成年人权利中的作用，关注流浪人员子女接受教育的问题，体现了对未成年人的特别关怀。

《中小学、幼儿园安全技术防范系统要求》

为切实提升中小学、幼儿园的安全防范水平，保障广大学生、儿童和教职员工的生命财产安全，维护良好的校园治安秩序，公安部和教育部共同组织制定了国家标准《中小学、幼儿园安全技术防范系统要求》（以下简称《标准》），规定了中小学校和幼儿园的安全技术防范重点部位和区域及其防护要求、系统技术要求、保障措施等。本《标准》适用于各类中小学、幼儿园及其他未成年人集中教育培训机构或场所。

《关于进一步加强全市各类中小学及幼儿园安全防范的工作标准》

《关于进一步加强全市各类中小学及幼儿园安全防范的工作标准》（以下简称《标准》）的出台是为了进一步贯彻落实中央和北京市委、市政府关于做好校园安全防范工作的一系列指示精神，不断强化北京市中小学校和各类培训学校、打工子弟学校、幼儿园、托儿所等自办学校的安全防范工作，建立校园安全长效工作机制，着力提高各类校园安全防范能力和水平，坚决杜绝伤害中小学和幼儿园师生的极端事件的发生，维护首都的安全稳定。

《标准》通过校内安全防范标准和校外安全防范标准两个内容明确了中小学及幼儿园开展校园安全隐患大排查、大整治，采取严格、细致的安全防范措施等行动，是确保中小学及幼儿园不发生侵害中小学、幼儿园师生安全的重大案事件的重要条件。

《学校食物中毒事故行政责任追究暂行规定》

《学校食物中毒事故行政责任追究暂行规定》自2006年1月1日起施行。这是为加强学校食品卫生管理，预防学校食物中毒事故发生，落实管理责任，保护学校师生身体健康和生命安全，依据《中华人民共和国食品卫生法》《突发公共卫生事件应急条例》《国务院关于特大安全事故行政责任追究的规定》《国务院关于进一步加强食品安全工作的决定》《学校食堂与学生集体用餐卫生管理规定》

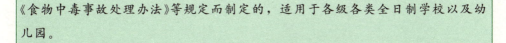

《食物中毒事故处理办法》等规定而制定的，适用于各级各类全日制学校以及幼儿园。

《托儿所幼儿园卫生保健管理办法》

《托儿所幼儿园卫生保健管理办法》（以下简称《办法》）已于 2010 年 3 月 1 日经卫生部部务会议审议通过，并经教育部同意，自 2010 年 11 月 1 日起施行，是为提高托儿所、幼儿园的卫生保健工作水平，预防和减少疾病发生，保障儿童身心健康而制定的。本《办法》适用于招收 0～6 岁儿童的各级各类托儿所、幼儿园。

参考文献

[1]李静. 学前卫生学[M]. 北京：北京师范大学出版社，2015.

[2]瞿瑛. 幼儿伤害事件的防范和处理[J]. 幼儿教育，2002(10).

[3]冷小刚. 幼儿体育活动中的卫生与安全[J]. 南京体育学院学报(社会科学版)，2002(05).

[4]李箕云. 对幼儿园采购玩具安全性的思考[J]. 中国教育技术装备，2012(26).

[5]肖永强，马琳. 浅析幼儿体育活动风险控制[J]. 西南农业大学学报(社会科学版)，2013(02).

[6]徐柏荣. 幼儿常见意外伤害的应急处理和预防(二)——意外窒息、器官异物和鼻出血的应急处理[J]. 早期教育(家教版)，2008(12).

[7]徐柏荣. 幼儿常见意外伤害的应急处理和预防(一)——创伤和中毒的应急处理[J]. 早期教育(家教版)，2008(11).

[8]杨小燕. 幼儿游戏中意外伤害的正确处理[J]. 山东教育，2008(09).

[9]邹慧敏. 浅论幼儿园安全管理[J]. 学前教育研究，2006(09).

[10]冯宝安. 幼儿园突发事件管理机制构建研究[D]. 重庆：西南大学，2013.

[11]吕猛. 武汉市幼儿园安全教育的问题研究[D]. 武汉：华中师范大学，2013.

[12]王淼. 在园幼儿人身伤害事故分析及预防与处理体系的构建[D]. 呼和浩特：内蒙古师范大学，2010.

[13]朱琳. 幼儿在园安全问题及对策研究[D]. 武汉：华中师范大学，2014.